O primeiro cinema

Flávia Cesarino Costa

O primeiro cinema

Espetáculo, narração, domesticação

azougue editorial
2005

coordenação editorial
Sergio Cohn

projeto gráfico
Sergio Cohn
(*gracias* a Silvio Da-Rin pelos ensinamentos)

capa
Dri Simões e Sergio Cohn

arte-final
Camila Cesarino Costa

revisão
Graziela Marcolin

logotipo da editora baseado no poema "asa" de Rodrigo Linares

---

C872p
    Costa, Flávia Cesarino -
    O primeiro cinema: espetáculo, narração, domesticação
    Rio de Janeiro: Azougue
    Editorial, 2005.
    256p. ; cm.

    ISBN 85-88338-56-4

    1. Cinema - História. I. Título

05-3223. CDD: 791.4309 CDU: 791.43(09)

---

azougue editorial
www.azougue.com.br

Apresentação

Arlindo Machado[1]

O mundo comemorou em 1995 o primeiro centenário do cinema. Há mais de cem anos, os irmãos Louis e Auguste Lumière fizeram projetar, no Salon Indien do Grand-Café de Paris, uma coleção de imagens fotográficas animadas e essa projeção foi considerada, por grande parte dos historiadores, a primeira exibição publica de cinema e, por extensão, o marco de nascimento dessa arte. Como qualquer outro marco, o do cinema não deixa de ter um valor puramente simbólico, já que de um ponto de vista histórico rigoroso ele é arbitrário. Hoje se sabe que os irmãos Max e Emile Skladanowsky na Alemanha e Jean Acme Leroy nos Estados Unidos já promoviam projeções públicas de cinema (inclusive sessões pagas) muito antes dos primeiros espectadores dos Lumiére contemplarem a chegada do trem na estação de La Ciotat, para não falar do quinetoscópio de Tomas A. Edison, uma espécie de cinematógrafo em versão individual (porém explorado em salas públicas semelhantes às dos modernos fliperamas), que já existia pelo menos dois anos antes da mitológica *primeira* sessão parisiense.

Mas o cinema não pode ser reduzido apenas a máquinas de projeção, imagens animadas e sessões públicas. Na verdade, a sua história

---

[1] Arlindo Machado é professor do Programa de Pós-graduação em Comunicação e Semiótica da Pontifícia Universidade Católica de São Paulo e do Departamento de Cinema, Rádio e Televisão da Escola de Comunicações e Artes da Universidade de São Paulo. É autor dos livros *Eisenstein: geometria do êxtase* (Brasiliense), *A ilusão especular* (Brasiliense), *A arte do vídeo* (Brasiliense), *Máquina e imaginário: o desafio das poéticas tecnológicas* (Edusp), *Pré-cinemas & Pós-cinemas* (Papirus), e *A televisão levada a sério* (Senac São Paulo).

compreende algo mais que as pesquisas científicas de laboratório ou investimentos na área industrial; ela inclui também um universo mais exótico de manifestações paraculturais, onde se incluem ainda o mediunismo, a fantasmagoria (as projeções de fantasmas de um Robertson, por exemplo), várias modalidades de espetáculos de massa (os prestidigitadores de feiras e quermesses, o *teatro ótico* de Reynaud), os fabricantes de brinquedos e adornos de mesa e até mesmo charlatões de todas as espécies. Conforme Léo Sauvage demonstra em seu iconoclasta *L´affaire Lumière* (Sauvage, 1985) as histórias do cinema pecam porque são em geral escritas por grupos (ou por sua influência) interessados em promover aspectos sócio-políticos particulares (uma certa concepção industrial de cinema que, todavia, só se impôs a partir da segunda década do século XX), quando não se fazem veículos de propaganda nacional-chauvinista, privilegiando os seus inventores. Mas não é só: tais histórias do cinema são sempre a história de sua positividade técnica, a história das teorias científicas da percepção e dos aparelhos destinados a operar a análise/síntese do movimento, cegas entretanto a toda uma acumulação subterrânea, uma vontade milenar de intervir no imaginário. A leitura que faz André Bazin do livro de Sadoul sobre as origens do cinema, apesar de seu indisfarçável idealismo, é uma exceção solitária. Diz Bazin (1983: 24): "Os fanáticos, os maníacos, os pioneiros desinteressados, capazes, como Bernard Palissi, de botar fogo em sua casa por alguns segundos de imagens tremeluzentes, não são cientistas ou industriais, mas indivíduos possuídos pela imaginação".

Já observou Comolli (1975: 51) que não há texto de história do cinema que não se desacerte todo na hora de estabelecer uma data de nascimento, um limite que possa servir de marco para dizer: aqui começa o cinema. Sadoul e Deslandes, autores dos volumes mais respeitados sobre a invenção técnica do cinema, assinalam como significativos para a invenção da fotografia por Nièpce e Daguerre, os experimentos com a persistência retiniana por Plateau, os exercícios de decomposição do movimento por Marey e Muybridge, até a reunião mais sistemática das várias descobertas num único aparelho por *bricoleurs* como Édison, Skladanowsky, Leroy e Lumière (Sadoul, 1946; Deslandes, 1966). Mas, assim fazendo, eles estão privilegiando algumas das técnicas constitutivas do cinema, justamente aquelas que se podem datar cronologicamente. Outras técnicas, entretanto, como é o caso da *camera obscura* e seu mecanismo de produção de perspectiva, bem como a decomposição/síntese do movimento, ou ainda as diversas formas de espetáculos baseadas na projeção de sombras, na criação de mundos virtuais e na materialização do imaginário perdem-se na noite do tempo. Já no século X, pelo menos, o matemático e astrônomo árabe Al-Hazen havia estudado vários procedimentos que hoje chamaríamos de cinematográficos. Platão (1973: 105-109), na célebre metáfora da caverna, descreve minuciosamente o mecanismo imaginário da sala escura de projeção, enquanto Lucrécio (1962: 138), em *De natura rerum*, escrito por volta de 50 a.C., já se refere a alguma espécie de dispositivo de análise/síntese do movimento, um pré-cinematógrafo capaz de desfilar seus fotogramas numa sala escura, de modo a simular o sonho.

Mas isso ainda não é tudo. Hoje, os cientistas que se dedicam ao estudo da cultura pré-histórica do período magdalenense não têm dúvidas: nossos antepassados iam às cavernas para fazer e assistir a sessões de cinema. Muitas das imagens encontradas nas paredes de Altamira, Lascaux ou Font-de-Gaume foram gravadas em relevo na rocha e os seus sulcos pintados com cores variadas. À medida que o observador se locomove nas trevas da caverna, a luz de sua tênue lanterna ilumina e obscurece parte dos desenhos: algumas linhas se sobressaem, suas cores são realçadas pela luz, enquanto outras desaparecem nas sombras. Então se pode perceber que, em determinadas posições, se vê uma determinada configuração do animal representado (por exemplo, um íbex com a cabeça dirigida à sua frente), enquanto, de outras posições, se vê outra configuração do mesmo animal (por exemplo, o íbex com a cabeça voltada para trás). E assim, à medida em que o observador caminha perante as figuras parietais, elas parecem *se movimentar* em relação a ele (o íbex em questão vira a cabeça para trás, ao perceber a aproximação do homem) e toda a caverna parece se agitar em imagens animadas.

> O que estou tentando demonstrar é que os artistas do Paleolítico tinham os instrumentos de pintor, mas os olhos e a mente do cineasta. Nas entranhas da terra, eles construíam imagens que pareciam se mover, imagens que cortavam para ou dissolviam-se em outras imagens, imagens ainda que podiam desaparecer e reaparecer. Numa palavra, eles já faziam cinema *underground* (Wachtel, 1993: 140).

Quanto mais os historiadores se afundam na história do cinema, na tentativa de desenterrar o primeiro ancestral, mais eles são remetidos para trás, até os mitos e ritos dos primórdios. Qualquer marco cronológico que eles possam eleger como inaugural será sempre arbitrário, pois o desejo e a procura do cinema são tão velhos quanto a civilização de que somos filhos. O filme de Werner Nekes *Was geschah wirklich zwischen den Bildern* (O filme antes do filme, 1985) é muito instrutivo nesse sentido, pois, ao lado das máquinas e processos que constituem, digamos assim, a história *oficial* do cinema, ele arrola também uma coleção interminável de bricabraques e geringonças caseiras, destinadas a projetar artesanalmente imagens em movimento e que se vêm acumulando séculos após séculos, sabe Deus desde quando. "Não é somente um velho sonho da humanidade que o cinema realiza, mas também uma série de velhas realidades empíricas e de velhas técnicas de representação que ele perpetua" (Comolli, 1975: 51).

Se é difícil dizer quando nasce o cinema, mais difícil ainda é reconstituir a sua história Estamos tão condicionados a um modelo de cinema que nem sempre nos é fácil perceber a sua diversidade e a descontinuidadede sua história. Mesmo se abstrairmos toda a história anterior e admitirmos a convenção de que o cinema nasce com os irmãos Lumière no Grand-Café de Paris, ainda assim há todo um período de obscuridade que precisa ser reconstituído, que é justamente o período representado pelos seus dez ou 15 primeiros anos, o período portanto imediatamente anterior ao enquadramento institucional do cinema.

O cinema, nos seus primórdios, não era ainda o que chamamos de cinema. Ele reunia, na sua base de celulóide, varias modalidades de espetáculos derivados das formas populares de cultura, como o circo, o carnaval, a pantomima, a prestidigitação, a lanterna mágica. Como tudo pertence à cultura popular, ele formava também um outro mundo, um mundo paralelo ao da cultura oficial, um mundo de cinismo, obcenidades, grossuras e ambigüidades, onde não cabia qualquer escrúpulo de elevação espiritualista abstrata. Mikhail Bakhtin, mesmo sem jamais se referir ao cinema, descreve maravilhosamente esse mundo, a propósito dos rituais, jogos e festividades populares da Idade Média e do Renascimento: trata-se de um mundo absolutamente extra-oficial (ainda que legalizado), que se baseia no princípio do riso e do prazer corporal; é um mundo *invertido*, que possibilita permutações constantes entre o elevado e o baixo, o sagrado e o profano, o nobre e o plebeu, o masculino e o feminino. A essa formas de expressão típicas das camadas mais desfavorecidas da população humana Bakhtin dá o nome de *realismo grotesco*: elas compreendem um sistema de imagens onde o princípio material e corporal (comer, beber, defecar, fornicar) comanda o espetáculo e onde abundam os gestos e expressões grosseiras, as profanaçoes, as heresias e as paródias () *grotesco carnavalesco* – para usar mais uma expressão de Bakhtin – permitia jogar um olhar divergente sobre o mundo, um olhar ainda não enquadrado pelo cabresto da civilização, de modo a tornar sensível à relatividade dos valores e a circunstancialidade dos poderes e saberes (Bakhtin, 1970).

A cultura oficial, sempre associada aos interditos, às restrições e à violência sanadora, não podia ver qualquer progresso nessas caretas e macaquices que remetiam sempre ao motivo carnavalesco da *máscara*, nessas palhaçadas em geral obscenas com que se zombava da seriedade intimidatória das instituições oficiais. Com o advento do capitalismo e das ideologias protestantes em que este se apoiava, ficava cada vez mais difícil para uma cultura *respeitável* conviver com formas de espetáculos populares francamente ofensivas às suscetibilidades éticas e estéticas, já que a nova civilização dependia, entre outras coisas, do ascetismo, da crença numa sinistra Providência, do papel dirigente jogado por categorias como o pecado, o sofrimento e a redenção pelo trabalho. Não sendo técnica ou politicamente viável a repressão pura e simples dessas formas de espetáculos ditas *baixas* ou *vulgares*, optou-se pelo seu confinamento em guetos, em geral situados na periferia das grandes cidades, junto aos cordões industriais, onde a diversão suspeita misturava-se facilmente com a prostituição e a marginalidade. Foi aí, nesses lugares iníquos, que o cinema nasceu e tomou força durante os seus dez ou 15 primeiros anos.

O livro de Flávia Cesarino Costa que o leitor tem em mãos descreve e analisa o movimento desse primeiro cinema, mas o faz com uma dose (necessária) de desmistificação, permitindo rever tal cinema fora das categorias convencionalmente aceitas da *infantilidade* ou da *ingenuidade*. O primeiro cinema – insiste a autora – não é apenas um momento anterior (ou inferior) a uma conquista que só se dará mais tarde nos planos técnico, industrial, semiótico e estético. Ele é diferente e nessa diferença ele aponta para uma fundamental heterogeneidade do fato fílmico. Nesse sentido, a análise da autora faz eco com outras abordagens atuais do cinema como lugar da diferença e como expressão/resultado de uma cultura, como é o caso das escolas experimentais, nacionais, minoritárias e atípicas, em geral esmagadas pelo peso monolítico do cinema de facção industrial.

Reunindo o conhecimento mais recente sobre uma forma de expressão quase desconhecida, a autora nos oferece uma rara oportunidade de atualização com relação a esse cinema esquisito e incômodo, que antes preferíamos chamar, por comodidade, de primitivo. Para conduzir tal empreitada, Flávia Cesarino Costa reuniu uma das bibliografias mais completas, mais extensas e mais atualizadas sobre o primeiro cinema, possibilitando ao leitor brasileiro o acesso a uma informação praticamente de primeira mão, além de confiável e processada com inteligência. Nesse sentido, este livro poderá ser igualmente útil tanto para o iniciante, que se aventura pela primeira vez num terreno desconhecido, como para o estudioso e / ou profissional de cinema, interessados em ampliar seus horizontes sobre o universo do audiovisual.

Que o leitor não espere, porém, encontrar aqui uma reflexão escolástica sobre um objeto morto ou um relato histórico acadêmico sobre um período exótico do passado. Não, o horizonte de Flávia Cesarino Costa é o presente, é a lição que podemos tirar do primeiro cinema para a produção de nosso tempo, é enfim uma tentativa de enriquecer o debate até agora ainda acanhado sobre o audiovisual contemporâneo e seus destinos num futuro próximo. Daí os paralelos constantes com a produção do presente, os movimentos de convergência e divergência que ela detecta nos caminhos tortuosos e descontínuos do cinema de todos os tempos. Ademais, a luz nova que hoje se pode lançar sobre o primeiro cinema não seria possível se novos meios como o vídeo e a informática não tivessem revalorizado e atualizado procedimentos que se supunham soterrados no passado. O cinema – esta parece ser a lição deste livro incomum de Flávia Cesarino Costa – é um meio ainda a ser descoberto.

Obras citadas:

BAKHTIN, Mikhail. *L'ouvre de François Rabelais et la culture populaire au Moyen Age et sous la Renaissance.* Paris, Gallimard, 1970.

BAZIN, André. *Qu'est-ce que le cinéma?* Paris, Cerf, 1983.

COMOLLI, Jean-Louis. Technique et ideologie (I). *Cahiers du Cinéma*, Paris, 230, juillet 1971.

DESLANDES, Jacques. *Histoire comparée du cinéma.* Paris, Casterman, 1966, tomo I.

LUCRÉCIO CARO, Tito. *Da natureza das coisas.* Porto Alegre, Globo, 1962.

PLATÃO. *A República.* São Paulo, Difusão Européia, 1973, v. 2.

SADOUL, George. *Histoire Générale du cinéma. Tome 1: L'invention du cinéma.* Paris, Denoël, 1946.

SAUVAGE, Léo. *L'affaire Lumière: enquête sur les origines du cinéma.* Paris, Lherminier, 1985.

WACHTEL, Edward. The First Picture Show: Cinematic Aspects of Cave Art. *Leonardo*, San Francisco, vol. 26, n° 2, 1993.

Agradecimentos

Este livro é baseado na dissertação de mestrado que desenvolvi no Programa de Pós-Graduação em Comunicação em Semiótica da Pontifícia Universidade Católica de São Paulo, defendida em 1994. Gostaria de agradecer:

Ao meu orientador, Prof. Arlindo Machado, que ajudou a transformar meu fascínio pelos primeiros filmes num trabalho cotidiano de pesquisa, com delicadeza e respeito paciente.

Aos professores do Programa de Pós-Graduação em Comunicação em Semiótica, principalmente àqueles que me guiaram para um pensamento reanimado pelo oxigênio da interdisciplinaridade: Lúcia Santaella, Samira Chalhub e Amálio Pinheiro.

Ao Prof. Ismail Xavier, pela participação calorosa e prolífica na banca examinadora, e pelas observações atenciosas e fundamentais para que eu pudesse melhorar este trabalho.

Ao Prof. Tom Gunning, pela simpatia e honestidade, e por sua disposição desarmada de conversar sobre meu trabalho e de me enviar os seus textos.

Ao Prof André Gaudreault, pela clareza de suas explicações e pelo bom humor acolhedor com que costuma presentear os pesquisadores iniciantes.

À Coordenadoria de Aperfeiçoamento de Pessoal em Estudos e Pesquisas (Capes) pela concessão da bolsa de estudos que viabilizou este trabalho.

À Cinemateca Brasileira, pela ajuda paciente de Zuleide Medeiros e Ana Franco na pesquisa e exibição de filmes e o carinho de Carlos Roberto de Souza.

À Paula Cesarino Costa pela cumplicidade silenciosa e o apoio decisivo.

À Suely Rolnik, cuidadosa operadora dos monstros do imaginário.

Ao Roberto Franco Moreira por jamais reclamar de volta os muitos livros que me emprestou.

Ao Luiz Carlos Costa e à Maria de Lourdes Cesarino Costa, pelo abrigo incondicional, desde sempre, a todos os começos, tropeços e recomeços.

A Adela Gueller, Ana Maria Niemeyer Cesarino, Antonio Carlos Cesarino, Aquiles Esté, Barbara Corrales, Betisa Malaman, Camila Cesarino Costa, Cláudio Galperin, Daisy Perelmutter, Denis Simard, família Trevas, Fernanda Ferreira de Paula, Fernando Bonassi, Fernando Cali Amaral, Fernando Trevas Falcone, Gabriela Garcia Fernandez, Marcos Fernandes Gonçalves da Silva, Miriam Chnaiderman, Peter Pal Pélbart, Roney Cytrynowicz e Vitor Navas pelo apoio emocional e intelectual, ajudas variadas, empréstimos de livros, ombros, ouvidos, idéias, tempo e atenção.

1 Introdução

O surgimento do cinema no final do século 19 marcou o início de uma era de predominância da imagem. Os filmes desenvolveram uma linguagem audiovisual que se tornou dominante no planeta e que foi assimilada pela televisão e pelas mídias eletrônicas. O padrão de organização de imagens e sons criados pela linguagem cinematográfica tem, desde então, influenciado nossas maneiras de conceber e representar o mundo, nossa subjetividade, nosso modo de vivenciar nossas experiências, de armazenar conhecimento, e de transmitir informações.

Esta imbricação da linguagem cinematográfica em nossas vidas talvez nos impeça de tentar imaginar o cinema em seus estágios iniciais, quando a exibição de filmes se misturava a outras formas de diversão até mais importantes e rentáveis. Os primeiros filmes encontraram um mundo muito diferente daquele que se configuraria apenas vinte anos depois. Inicialmente uma atividade artesanal, o cinema apareceu misturado a outras formas de diversão populares, como feiras de atrações, circo, espetáculos de magia e de aberrações, ou integrado aos círculos científicos, como uma das várias invenções que a virada do século apresentou. As primeiras imagens fotográficas em movimento surgiram, assim, num contexto totalmente diferente das salas escuras, limpas e comportadas em que os cinemas se transformariam depois. O que ajuda a explicar algumas formas de representação deste cinema, bastante distintas das atuais.

Explosion of a motor car (Hepworth, 1900) é um filme inglês que possui muitas das coisas que desde o começo me cativaram nos primeiros filmes: brevidade, anarquia, senso de humor, trucagens. Esta microcomédia dura apenas poucos segundos. Vemos em plano geral um automóvel que se aproxima da câmera por uma estrada. Um velho calhambeque, lotado de pessoas que têm a animação de quem saiu de uma festa, acenando, gritando, gesticulando energicamente. De repente, uma trucagem substitui toda esta alegria por uma explosão de fumaça que, ao se dissipar, deixa ver apenas algumas peças do carro, amontoadas e retorcidas. Um guarda chega correndo e percebendo a explosão, usa uma luneta para observar no céu as partes que se espalharam pelo ar. Mas tem que se proteger, porque começam a cair lá de cima pedaços de corpos humanos. Logo o guarda assume a postura estilizada de autoridade, pegando seu bloquinho de papéis para fazer o relatório, remexendo partes de pernas, braços e troncos com a seriedade de quem apenas cumpre o seu dever. O filme ridiculariza a autoridade com a mesma naturalidade com que utiliza a parada para substituição. Não conta história nenhuma, apenas mostra uma explosão. O efeito hilariante dessa mistura de situação fantástica, trucagens explícitas, comportamentos protocolares e descompromisso com a narrativa e com qualquer moralidade vai se repetir em muitos dos outros filmes do mesmo período.

Resolvi enveredar pelo tema deste trabalho em 1989, quando tomei contato pela primeira vez com as imagens irreverentes e anárquicas dos primeiros filmes, nas aulas do professor Arlindo Machado sobre a narrativa no cinema e na televisão no Programa de Pós Graduação em Comunicação e Semiótica da PUC-SP. Ao contrário do ritmo mais lento e da maior duração dos filmes imediatamente posteriores, feitos a partir da sistematização da gramática fílmica por D. W. Griffith, os primeiros filmes pareciam tão rápidos, estranhos ou engraçados que me deixavam sempre num estado de riso incontido. Estes primeiros filmes são normalmente usados como exemplos de um tempo onde a chamada "linguagem do cinema" ainda não está estabelecida. São, apesar disso, filmes que revelam uma intensa energia, feita de experimentação, referências intertextuais e uma convivência intrigante de preconceitos ou estereótipos de todo tipo com uma evidente ausência de moralismo. Se estes filmes mostravam sinais de "primitivismo", como ensina uma visão mais tradicional da história do cinema, o que neles me chamava à atenção não eram as suas fragilidades, mas sim uma série de características que até então eu não suspeitava que estivessem ali presentes.

Uma das características é uma aparente improvisação nas encenações: há confusão e muito movimento. Várias ações acontecem ao mesmo tempo, e os atores parecem buscar fora de campo uma aprovação sobre sua performance. Muitos olham diretamente para nós, espectadores. Outra característica é a descontinuidade gritante entre planos e cenas na montagem destes filmes. São filmes com um ritmo diferente: às vezes a ação se realiza tão rápido que termina antes que possamos entender do que se trata. Além disso, cenas inteiras são mostradas a grande distância da câmera, impedindo que se veja muito bem o rosto das pessoas filmadas.

Ao mesmo tempo, apesar da precariedade técnica, percebe-se que há uma consciência explícita do meio que está sendo utilizado, com referências metalingüísticas. É o caso de filmes com *Uncle Josh at the moving picture show* (Edison, Porter, 1902), *La lanterne magique* (1903, Star Film, Georges Méliès) ou *The story the Biograph told* (America Mutoscope and Biograph, W. McCutcheon, 1904). *Uncle Josh at the moving picture show* ridicularizava a exigüidade do repertório cultural de um caipira que não conseguia distinguir entre imagem e realidade. O personagem entrava num cinema e ficava tão excitado com as imagens de um casal namorando que tentava pegá-los, pendurando-se na tela e destruindo-a, para desespero do operador que estava atrás dela. Em *The story the*

Em The Story the Biograph Told *(Biograph, 1904) o cinema faz alarde de seu incontestável e inédito poder de revelar os segredos da vida privada.*

Biograph told um garoto filma escondido seu chefe namorando a secretária. No quadro seguinte, o adúltero vai ao cinema com a esposa e é flagrado nas telas.

As estranhezas destes filmes, ao mesmo tempo que nos incomodavam, incitavam-nos a várias reflexões: o que é que existia, afinal, antes da linguagem do cinema? Se há um caráter historico nesta linguagem, qual era o contexto dos primeiros filmes? Que pensamento e que sensibilidade estavam por trás destas montagens encavaladas, destas imagens descentradas? Estas perguntas me estimularam a pesquisar os filmes feitos entre 1895 e 1910, em minha dissertação de mestrado, defendida em 1994 no Programa de Pós Graduação em Comunicação e Semiótica da PUC-SP, que é a base deste livro.

Os primeiros filmes, enquanto objetos de pesquisa, vinham sendo, até o surgimento de uma nova historiografia no final dos anos 1970, analisados e entendidos pela história do cinema sob o ponto de vista do cinema narrativo clássico. A partir de então novas pesquisas vêm descobrindo no primeiro cinema algo mais do que balbucios infantis de linguagem: uma lógica e um projeto que não se relacionam imediatamente com aquilo no que o cinema se transformaria posteriormente.

O objetivo desse livro é delinear a fase inicial dos primeiros tempos do cinema e indicar, para o leitor de língua portuguesa, o estado das pesquisas internacionais sobre este tema. A primeira edição deste livro foi publicada em 1995 com o objetivo de comentar os trabalhos mais importantes que não estavam traduzidos para o português. Entretanto, apesar dos enormes avanços internacionais da história do começo do cinema nos últimos dez anos, ainda há muito poucos trabalhos publicados em português. Optei por não modificar o texto original do livro, mas acrescentei à bibliografia os textos mais importantes que foram publicados de 1995 até hoje. Pretendemos que a bibliografia sirva não apenas como uma indicação detalhada das fontes deste trabalho, mas também como orientação para os que venham a se interessar pelo tema.

No primeiro capítulo comentamos o contexto histórico dos primeiros filmes, tentando dar uma idéia do conteúdo destes filmes e das condições em que eram produzidos e exibidos. Explicamos também porque escolhemos o termo *primeiro cinema* para traduzir a expressão em inglês *early films*. No segundo capítulo comentamos a maneira pela qual os primeiros filmes têm sido tradicionalmente entendidos, a crítica da nova historiografia a este entendimento e as propostas que ela faz para um novo tipo de abordagem destes filmes. No terceiro capítulo efetuamos uma discussão – evidentemente não exaustiva – de algumas das múltiplas características destes filmes, com base em algumas noções teóricas criadas por alguns dos novos historiadores.

Lidamos mais aprofundadamente com a situação norte-americana, porque conseguimos ter acesso a uma maior quantidade de textos, filmes e material de pesquisa vindos dos Estados Unidos. Isto não significa que o cinema norte-americano tenha maior importância do que os outros, mas o fato de estar mais acessível aos pesquisadores fez com que até agora a maior parte das reflexões tenha surgido a partir do contato com esses filmes. Como se sabe, nos primeiros anos do cinema era a Pathé francesa quem dominava o mercado internacional, mas seus filmes apenas recentemente começam a ser estudados com mais detalhamento. Infelizmente o acesso a importantes filmografias do período como a francesa, a alemã, a russa, a nórdica, além das não-européias e não-americanas ainda é bastante difícil e permanece como um desafio aos pesquisadores do primeiro cinema.

Os filmes que citamos neste trabalho aparecem grafados em itálico no corpo do texto, tendo logo em seguida (na primeira vez em que são mencionados), entre parênteses e se estiverem disponíveis, as seguintes informações: companhia produtora, realizador ou diretor do filme, fotógrafo e a data de produção ou registro do filme. Nos primeiros tempos a realização, direção, produção ou fotografia eram funções muitas vezes exercida pela mesma pessoa, o que explica que em alguns casos um diretor apareça como fotógrafo ou vice-versa, conforme a fonte bibliográfica utilizada. As informações entre parênteses aparecem abreviadas, mas podem ser encontradas na sua forma completa na filmografia citada que existe no final deste volume, onde aparecem também as traduções literais dos títulos dos filmes.

2 O primeiro cinema

Quando a Exposição Universal de Paris foi inaugurada em 14 de abril de 1900, os irmãos Lumière estavam patrocinando demonstrações públicas do seu Cinematógrafo e do processo de fotografia em cores que tinham inventado. Eles promoveram a apresentação de um cinematógrafo gigante que projetava 15 filmes e 15 fotografias em cores numa tela de 21 m de largura por 18 de altura, instalada no Champs-de-Mars, num programa de 25 minutos de duração. As 326 sessões deste espetáculo, de 15 de maio a 12 de novembro, foram vistas por quase 1,5 milhão de pessoas.[1]

Estes números não significam, porém, que o cinema tivesse alguma respeitabilidade como atração autônoma, muito menos como uma forma de arte. A demonstração dos irmãos Lumière era mais uma maneira de propagandear seu produto do que uma aparição apoteótica de uma mídia economicamente promissora. Nesta exposição o cinema foi usado, em geral, como uma técnica meramente auxiliar, para incrementar as atrações de alguns pavilhões. Participava como coadjuvante em atrações visuais mais numerosas e populares, como era o caso dos panoramas e dioramas, ou mesmo das performances teatrais. Por isso, como afirma Emmanuelle Toulet, "em 1900 o cinema, ainda longe de obter uma forma definitiva, moldava-se a formas mais antigas de espetáculo".[2]

[1] Emmanuelle Toulet, "Cinema at the Universal Exposition", *Persistence of Vision*, número 9, 1991, pp. 15-16.
[2] Emmanuelle Toulet, Op. Cit., p. 23.

Pode-se dizer que as exposições universais da passagem do século XIX para o XX funcionavam como um microcosmo do mundo civilizado. Uma espécie de vitrine onde as várias nações mostravam sua cultura e tecnologia. Cada país se fazia representar com grandes prédios ou instalações, onde exibia suas particularidades culturais, seus principais produtos, seus sinais de progresso. Estas exposições eram também um espaço para as indústrias: fabricantes, cientistas e comerciantes exibiam para o mundo seus novos produtos, serviços e invenções. Eram, enfim, feiras de novidades tecnológicas, artísticas e culturais.

Estas feiras nos interessam porque corporificam o habitat cultural e social do tempo dos primeiros filmes. A confiança positivista no progresso técnico e nas descobertas da ciência materializava-se com o advento da eletricidade e com o aumento da produção industrial pela mecanização e pela divisão do trabalho. O cinema surgiu nos Estados Unidos e na Europa, no final do século XIX, em plena vigência de uma cultura racionalista e de crença nas vantagens da modernidade. Emergiam novas técnicas e invenções que prometiam acelerar o ritmo dos processos industriais. As nações mais poderosas competiam encarniçadamente por novos mercados, lançando-se à disputa imperialista que é característica do período anterior à Primeira Guerra.

Com a revolução científico-tecnológica ocorrida a partir de 1870, uma série de fatores passou a alterar drasticamente a vida das pessoas nas cidades da Europa e dos Estados Unidos. A estrutura de produção industrial, até então baseada em pequenas fábricas, deu lugar à formação de grandes conglomerados produtivos. Por suas dimensões, essas indústrias exigiam o investimento de capitais privados, associados a setores estatais que passam a viabilizar a produção em escala de siderurgia, produtos químicos, energia. A chegada da eletricidade certamente transformou as percepções. A invenção dos aparelhos ligados à captação e recriação de imagens em movimento também acompanhou o movimento destas transformações. Inicialmente seguindo o modelo artesanal das produções científicas de então, os aparelhos de produção e reprodução visual de imagens entraram na corrente da industrialização massiva ao mesmo tempo em que acenaram com capacidades de gerar lucro e de expandir mercado.

Em que consistiam as atrações visuais representadas na feira de Paris? A maioria delas se resumia a métodos de ilusionismo utilizando imagens, fotográficas ou não, para simular viagens no tempo e no espaço. Eram o que os contemporâneos chamavam de espetáculos "totais" ou "ultra-realistas", muito comuns no início do século XX, entre os quais estava o cinema.[3] Emmanuelle Toulet descreve-nos alguns tipos de espetáculo apresentados na Exposição de Paris. Existiam, em primeiro lugar, os panoramas estacionários. Neles, pinturas detalhadas reproduziam paisagens de terras distantes, particularmente as colônias francesas, como para mostrar aos incrédulos a pujança do expansionismo francês. Era o caso dos panoramas do Congo e de Madagascar e dos dioramas do Saara e de Fachoda. Havia ainda os panoramas animados, que pretendiam criar atrações ainda mais emocionantes, através do movimento, como o sterorama ou o mareorama.

O stereorama estava "instalado no pavilhão da exposição argelina, [era] um trabalho de pintores orientalistas, e reproduzia uma viagem pelo Mediterrâneo ao longo da costa argelina, partindo de Bône ao amanhecer e chegando em Orã no pôr-do-sol".[4] Uma tela móvel e efeitos de luz davam ao público uma sensação indescritível (pelo menos era isso que o catálogo de publicidade prometia) de deslocamento, dentro da paisagem que se movia lentamente diante dos olhos do espectador.

---

[3] Cf. Raymond Fielding, "Hale's Tours: Ultrarealism in the Pre-1910 Motion Picture", in John Fell (ed.), *Film Before Griffith*, Berkeley/Los Angeles/London, University of California Press, 1983, pp.116-130.

[4] Emmanuelle Toulet, Op. Cit., p. 18.

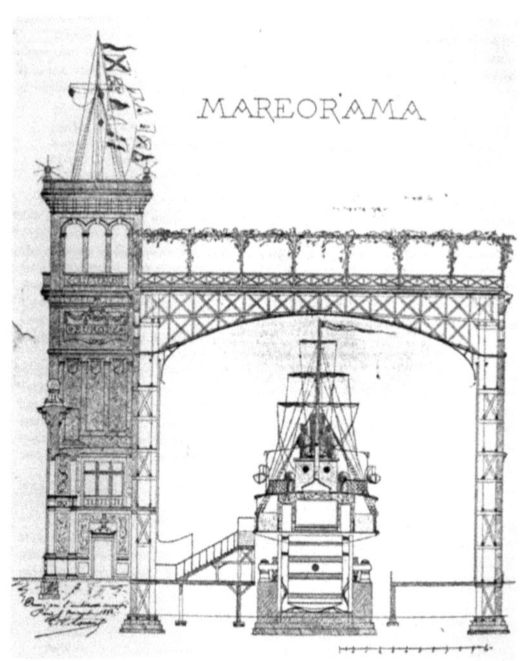

Ilustração da época mostra corte esquemático do Mareorama, uma das atrações da Exposição Universal de Paris, em 1900.

O mareorama era ainda mais sofisticado. Estava construído num prédio de quarenta metros de altura, onde cabiam mil e quinhentas pessoas. Sua atração era a simulação de uma viagem pelo Mediterrâneo, entre Marselha e Constantinopla. Os espectadores entravam numa cabine de navio simulada, diante da qual uma imensa tela de 15 m de altura mostrava uma paisagem pintada. Atores vestidos de marinheiros e eventuais músicos e dançarinos recebiam os passageiros.[5] Enquanto isso, uma equipe escondida trabalhava para movimentar a cabine dos passageiros simulando oscilações marítimas. Desenrolavam lentamente os mil metros de tela, fazendo desfilar a paisagem, e controlavam os efeitos de luz – que variavam conforme a hora do dia que fosse representada. Movimentavam ainda uma plataforma coberta de algas marinhas, para criar a ilusão (olfativa!) de uma brisa marítima.

[5] Emmanuelle Toulet, Op. Cit., p. 19-20.

*Poster de 1900 desenhado por Louis
Galice mostra o balão Cineorama, que
fazia projeções animadas de panoramas.
Os espectadores ficavam no centro,
suspensos por uma cesta e a projeção se
fazia na parede que a circundava.*

O objetivo principal deste tipo de atração era maravilhar o espectador. Na passagem do século, cada novo tipo de performance era batizado com um nome inédito, e muitas vezes era patenteado, no caso de envolver maquinário específico. Os empreendedores escondiam seus segredos e enfrentavam acirrada competição. Em 13 de novembro de 1896, Grimoin-Samson patenteou um panorama que, ao invés de utilizar telas pintadas, mostrava filmes de paisagens: o cineorama,[6] que simulava uma viagem de um balão sobre a Europa. A audiência subia numa plataforma circular e assistia à projeção, numa tela circular em 360 graus, de um filme de 70 mm feito a partir de um vôo de balão real e colorido à mão.[7]

Havia também, na Exposição de Paris, o Phono-Cinéma-Théatre, que envolvia a projeção de filmes e a execução de gravações

---

[6] Emmanuelle Toulet, Op. Cit., p. 21.
[7] Raymond Fielding, Op. Cit., p. 118.

Ao lado, o cartaz de Francois Flameng, de 1900, fornece o programa do Phono-Cinema-Theatre, *atração que tentava unir a palavra à imagem. Acima, um selo feito para a Exposição Universal de 1900 reproduz o cartaz.*

fonográficas. Ao seu lado estava instalado o Théatroscope, que combinava "imagens cinemáticas e ilusões de ótica, misturadas com dioramas e acompanhadas de performances musicais e gravações fonográficas".[8] E ainda podia-se visitar o Pavilhão das Viagens Animadas, onde sete programas diferentes mostravam filmes dos Lumière e fotos em cores de Gaumont e Lévy, acompanhadas por música e declamações ao vivo.[9]

Dentro de um contexto como o desta feira, os filmes que se exibiam eram em geral aqueles que reproduziam paisagens externas, com caráter documentário: gente tomando banho de rio, o mar batendo nas pedras, desfiles de autoridades, cenas urbanas, multidões. Mas desde 1895 já circulavam pela França outros tipos de filmes, que mostravam números de magia, *gags* burlescas, encenações de canções populares e contos de fada. Estes filmes eram mostrados em quermesses, vaudeviles, lojas de departamento, museus de cera, circos e teatros populares. Na verdade, este era o principal caminho pelo qual o cinema se expandia nos seus primeiros anos. As feiras universais deste período funcionaram como um mostruário espetacular das maravilhas tecnológicas que o novo século prometia. Mas, como afirma Toulet, embora se tenham ofcrecido muitos usos para o cinema, ele não era visto como uma atividade promissora. O cinema permaneceria ainda alguns anos como atividade marginal e acessória. Durante esse período, os filmes produzidos para o cinema tinham de fato este caráter de espetáculo popular e, ao contrário dos panoramas, não eram vistos como diversões sofisticadas, nem encarados como formas narrativas construídas segundo o modelo das artes nobres da época.

Os espetáculos ultra-realistas também existiam nos Estados Unidos. Raymond Fielding pesquisou o mais importante destes espetáculos na América, os Hale's Tours. Ele conta que George C. Hale era

---

[8] Emmanuelle Toulet, Op. Cit., p. 27.
[9] Emmanuelle Toulet, Op. Cit., p. 27.

um ex-chefe de bombeiros que, além de inventar novos instrumentos, encenava performances de combate ao fogo. Hale conheceu as atrações de Paris quando foi fazer um de seus espetáculos na Exposição Universal. Ao retornar, comprou os direitos sobre um tipo de diversão que ele batizou de "Hale's Tours and Scenes of the World". Era um vagão artificial de trem que ficava estacionário, enquanto numa grande tela à frente eram projetadas imagens de cinema, filmadas a partir da frente de um trem em movimento.

O primeiro show aconteceu em 28 de maio de 1905. O vagão era sacudido, o trem apitava, as rodas faziam barulho, ventava. Compunha-se assim um tipo de experiência de simulação que se espalhou pelos Estados Unidos, Canadá e Grã-Bretanha. Era uma diversão sempre presente nos parques de diversão. Muita gente teve seu primeiro contato com o cinema através dos Hale's Tours. E também seu primeiro contato (ainda que não exatamente real) com a experiência (cara) de andar de trem.[10] Segundo Raymond Fielding, os jornais da época diziam que

> a ilusão era tão boa que quando se mostrava o trem atravessando cidades, membros da audiência freqüentemente acenavam para que os pedestres saíssem do caminho e não fossem atropelados. Um destes espectadores começou a voltar todos os dias, pensando que mais cedo ou mais tarde o maquinista iria cometer um erro e ele veria um desastre de trem.[11]

Os cinco anos que separam as primeiras apresentações dos Hale's Tours das atrações da Exposição Universal de Paris viram acontecer, porém, grandes transformações nas formas de produção e de concepção dos filmes. Na exposição de 1900, os filmes dos Lumière mostra-

---

[10] Raymond Fielding, Op. Cit., p. 119-124.
[11] Raymond Fielding, Op. Cit., p. 123-124.

vam cenas documentárias, filmadas ao redor do mundo. Mas em 1906, o Hale's Tours de Nova York incluía, entre seus filmes, *The hold-up of the Rocky Mountain Express* (Biograph, Bitzer, 1906) e *The great train robbery* (Edison, Porter, 1903).[12] Esses filmes eram já pequenas ficções, que possuíam uma estrutura narrativa mínima e refletiam muitas mudanças. Estas mudanças são um dos assuntos que trataremos adiante.

O intervalo de tempo que vai das primeiras projeções de filmes até a consolidação do cinema como uma forma narrativa auto-suficiente é pequeno, mas crucial. Não apenas porque engloba um conjunto de rápidas e importantes transformações, mas principalmente porque estas transformações resultam de um jogo de tendências múltiplas, muitas vezes conflitantes, que então determinam a maneira de se fazer e consumir filmes. Estas tendências agem num contexto cultural de transição entre os séculos XIX e XX e estão ligadas ao nascimento de uma nova forma de percepção diante do que se chamaria de mundo contemporâneo: urbanização, industrialização, aceleração dos transportes e das comunicações, expansão da classe média. Um mundo que via nascer uma outra velocidade, outras demandas, e que estava começando a gerar outros medos.

A invenção da fotografia, ao mesmo tempo em que atualizou o sonho de reprodução total da realidade, trouxe uma nova forma de visibilidade para a passagem do tempo: o instantâneo. Como afirma Lúcia Santaella, a eternização do instante da fotografia "inevitavelmente aponta para seu avesso: a irrepetibilidade e morte irremediável do flagrante capturado".[13] É intrigante como os primeiros filmes nos trazem essa consciência incômoda do instante assassinado com muito

---

[12] Cf. Charles Musser, *The Emergence of Cinema: The American Screen to 1907*, Nova York/ Toronto/Oxford, Charles Scribner's Sons/ Collier Macmillan/Maxwell Macmillan, 1990, p. 429-430.

[13] Lúcia Santaella, "O signo à luz do espelho", in *Cultura das mídias*, São Paulo, Razão Social, 1992, p. 40.

mais força do que os filmes mais recentes, o que certamente ajuda a explicar o poder dos atuais modelos narrativos sobre nossa percepção. A narração atua, talvez, como uma espécie de conforto psicológico, fazendo-nos esquecer aquela morte do instante e criando a sensação de uma duração perpétua, sempre repetida, imortal. Os primeiros filmes evidentemente escancaram essa morte do instante mesmo quando tentam ser narrativos. Para o nosso olhar contemporâneo, a narratividade deles é precária, fugidia. Precisa ser retomada a todo momento, pois se desfaz em cada erro na manutenção dos efeitos ilusórios da ficção. Ao contrário do cinema narrativo posterior, em que o espectador sabe-se protegido pelo muro invisível dessa ficção, o primeiro cinema exibe numerosas descontinuidades. Além disso, o observador é repetidamente chamado a participar da cena e responder aos acenos e piscadelas dos atores, que se dirigem ostensivamente à câmara e deixam claro que sabem de nossa presença. Há, enfim, inúmeros momentos em que se rompe a *diegese*.

Costuma-se usar o termo *diegese* para designar o ambiente autônomo da ficção, o mundo da história que está sendo contada. Diegese é o processo pelo qual o trabalho de narração constrói um enredo que deslancha de forma aparentemente automática, como se fosse real, mas numa dimensão espaço-temporal que não inclui o espectador. O efeito diegético será mais intenso quanto menos evidentes forem as marcas de enunciação do discurso. A diegese articula-se diretamente com certas formas de narração, seja ela literária, teatral ou cinematográfica. Quanto maior é a impressão de realidade, mais diegético é o efeito da ficção. A diegese pode ser solapada, inversamente, todas as vezes em que aparecem sinais de que se trata de um discurso construído: é o que acontece no teatro de Brecht, no cinema experimental, no descompasso de som e imagem dos filmes de Godard ou de Glauber Rocha e mesmo nos espetáculos de canto e dança dos filmes musicais clássicos. No primeiro cinema percebemos claramente a precariedade desse efeito diegético, mesmo nos documentários daquela época, as chamadas "atualidades", que misturavam "realidade" e "ficção".

Diante dos primeiros filmes temos, hoje, várias impressões contraditórias. Percebemos neles uma grande energia, meio anárquica, meio irreverente. Mas estes filmes nos dão, ao mesmo tempo, uma sensação estranha de morte. Todas as coisas que vemos ali já desapareceram, mudaram, morreram, incrustadas na finitude de uma duração que se extinguiu. O curioso, e é isso que nos interessa, é que esta sensação desaparece à medida que vemos filmes mais recentes, isto é, à medida que os filmes vão se tornando narrativos. Um filme dos anos 1930 tem provavelmente tantos mortos quanto um filme do início do século, mas no primeiro caso nós facilmente nos esquecemos disso. Talvez seja uma certa mágica pacificadora da narrativa. Não é à toa que os grupos reformadores dos anos 1910, nos Estados Unidos, atacavam no cinema exatamente suas formas não narrativas, que, para eles, "estimulavam um nervosismo insalubre",[14] já que os eventos mostrados não tinham uma conexão real entre si e poderiam gerar uma espécie de intranqüilidade explosiva. O fato é que assistir desavisadamente a qualquer filme do primeiro período nos dá hoje uma grande sensação de desconforto, de dificuldade de entender exatamente o que se passa. Começamos a nos perguntar sobre como é que, afinal, se entendiam, naquela época, tais filmes. O que teria acontecido para que a linguagem do cinema saísse desse estado que nos causa tanto estranhamento, para se tornar algo tão automático em nossa percepção? A partir destas indagações pretendemos descrever o que era este primeiro cinema e, desta forma, dimensionar o abismo histórico que nos separa das primeiras imagens em movimento.

Sabemos que nosso desconforto é uma sensação contemporânea, a sensação de quem está acostumado a assistir, no escuro do cine-

[14] Tom Gunning, "The Cinema of Attractions: Early film, its Spectator and the Avant-Garde", in Thomas Elsaesser (ed.), *Early Cinema: Space-Frame-Narrative*, London, BFI, 1990, p. 60.

ma, a histórias narradas. Esquecemo-nos de que algum dia tivemos de aprender a linguagem dessas histórias narradas em imagens. Precisamos, antes de tudo, tentar resgatar o tipo de experiência que os primeiros filmes representavam em sua própria época.

*   *   *

Designaremos como *primeiro cinema* os filmes e práticas a eles correlatas surgidos no período que os historiadores costumam localizar, aproximadamente, entre 1894 e 1908. Traduzimos como *primeiro cinema* a expressão inglesa *early cinema*. Sabemos que *early cinema* muitas vezes se refere às duas primeiras décadas do cinema, em que se destacam um primeiro período não narrativo (1894 a 1908), que vamos trabalhar aqui, e um segundo período (1908 a 1915), de crescente narratividade. Ocorre que as características atribuídas geralmente aos *early films* são aquelas que nos interessam neste trabalho e que servem para lidar com os primeiros filmes no sentido em que nos propomos fazer aqui. Da mesma maneira, traduziremos *early films* por primeiros filmes. Não consideramos adequados os termos *cinema primitivo* ou *filmes primitivos*, utilizados, por exemplo, por Noel Burch. Do nosso ponto de vista, o termo *primitivo* permanece muito associado a uma visão determinista da história do cinema – que considera os primeiros filmes como pouco evoluídos dentro de uma escala ascendente de aperfeiçoamento da linguagem do cinema. O próprio Burch critica este tipo de historiografia, mas não se separa totalmente de seus pressupostos – a primazia da linguagem institucional ou clássica – ao manter este termo. Também não quisemos traduzir *early cinema* pela expressão *cinema dos primeiros tempos (cinéma des prémiers temps)*, criada em francês por André Gaudreault para eliminar a carga teleológica do adjetivo *primitivo* quando associado a este cinema. Quisemos, ainda, evitar os termos *cinema das origens* ou *dos inícios* porque a discussão em torno da questão das origens do cinema é polêmica e por si só exigiria um trabalho bem mais extenso do que aquele pretendido aqui. Na verdade, o termo de Gaudreault é o que nos parece mais adequado para indicar uma definição o mais isenta possível. O problema com o termo de Gaudreault é que ele foi criado na tentativa de construir uma teoria dos processos narrativos do cinema, e nossa preocupação é descrever este primeiro cinema de um ponto de vista não apenas semiótico, mas também histórico.

As datas referentes ao primeiro cinema não são arbitrárias. A delimitação do período abarcado pelo primeiro cinema fundamenta-se na constatação, por parte da historiografia recente, da presença de algumas características constantes no cinema até 1908. São características relativas aos modos de produção e exibição dos filmes, à composição e comportamento do público e às formas de representação destes filmes. A dificuldade em descrevermos o primeiro cinema decorre do fato de que este período é um momento de constantes transformações. Há, como afirma Musser, poucos elementos de estabilidade.[15] Existe mudança e diversidade nas formas de produção de filmes, nas práticas de exibição destes filmes, na composição do público, nas estratégias de comercialização, nos temas filmados e na maneira de filmá-los. É um tempo em que a falta de controle institucional e também a ausência de regras rígidas, tanto formais quanto morais, dão aos primeiros cineastas uma certa liberdade de criação. Mas à medida em que os filmes vão dialogando com as mudanças de seu tempo, vão também se modificando rapidamente. O primeiro cinema é sobretudo um processo de transformação – transformação que é visível na evolução técnica dos aparelhos e na qualidade das películas, na rápida transição de uma atividade artesanal e quase circense para uma estrutura industrial de produção e consumo, na incor-

---

[15] Charles Musser, *The Emergence of Cinema*, Op. Cit., p. 2.

poração de parcelas crescentes do público. E, paralelamente, o primeiro cinema inclui também as transformações formais na linguagem que este contexto propicia. Todas estas mudanças acontecem, como já afirmamos, num período relativamente curto, que merecerá nossa atenção.

Charles Musser explica que para entendermos o início do cinema é preciso lembrar que a história das "imagens em movimento" não inclui apenas as "imagens fotográficas projetadas na tela para um grupo de pessoas" (como habitualmente se define o cinema). Inclui tam-

Salão de fonógrafos e quinetoscópios em Detroit, EUA, em foto de 1894, pertencente ao acervo do National Film Archive *de Londres.*

bém formas individualizadas de exibição de imagens, que não envolviam projeção: o quinetoscópio e o mutoscópio.[16]

O quinetoscópio era uma máquina que apareceu em 1894 nos Estados Unidos, inventada por Thomas Edison. Possuía um visor através do qual se podia assistir, mediante a inserção de uma moeda, à exibição de uma pequena tira de filme em que apareciam imagens em movimento de lutas de boxe, bailarinas, cenas eróticas, números

---

[16] Charles Musser, *The Emergence of Cinema*, Op. Cit., p. 1.

cômicos, animais amestrados[17] ou quadros da Paixão de Cristo. Filmes como *Sandow* (Edison, Dickson/ Heise, março 1894), *Cock fight* (Edison, James White/Heise, dezembro 1896), ou *Anabelle serpentine dance* (Edison, Dickson/Heise, inverno de 1895) foram feitos no estúdio da Cia. Edison, o Black Maria, para serem mostrados nessas maquininhas. *Sandow* mostrava o artista Eugene Sandow exibindo seus músculos da mesma maneira como ele se apresentava ao vivo, quando atuava para quadros vivos acompa-

O funcionamento interno de um quinetoscópio de 1891, com um filme de 15 metros de comprimento que deslizava por uma série de roldanas e alimentava um visor.

nhado de música. *Cock fight* mostrava uma briga de galo que teve de ser refilmada, já que a primeira versão, de 1894, perdeu-se. *Anabelle serpentine dance* mostra a dançarina Annabelle Whitford (que apareceu em muitos filmes de Edison) executando uma dança muito popular no final do século XIX.[18]

Tanto o quinetoscópio como o quinetógrafo – a câmera que fazia os filmes para o quinetoscópio – eram invenções desenvolvidas nos laboratórios de Thomas Edison em West Orange, New Jersey, por William Kennedy Laurie Dickson,[19] a partir de 1887.[20] O quinetógrafo, patenteado em 1891, é a câmera com a qual todos os filmes

[17] Gordon Hendricks, "The History of Kinetoscope" in Tino Balio (ed.), *The American Film Industry*, Madison, University of Wisconsin Press, 1985, p. 43.

[18] Cf. Charles Musser, no texto que acompanha o volume 1 da coleção em vídeo *The Movies Beguin*, Kino International Co., 1994.

[19] Cf. Tino Balio, "A Novelty Spawn Businesses, 1894-1908" in Tino Balio (ed.), *The American Film Industry*, Op. Cit., p. 3.

[20] Cf. Robert C Allen, "Vitascope/Cinematographe: Initial Patterns of American Film Industrial Practice", Op. Cit., p. 144.

Desenho mostra a primeira versão conhecida de um mutoscópio, segundo John Barnes, publicado pela primeira vez na revista Scientific American *de 17 de abril de 1897.*

nos Estados Unidos, até 1896, foram filmados. O primeiro quinetoscópio foi vendido em abril de 1894. O invento fez sucesso rapidamente. Em poucos meses os quinetoscópios tinham se espalhado pelos salões de diversões da época (*penny arcades, phonograph parlors*), além de saguões de hotéis e parques de diversões.[21]

O mutoscópio também era uma máquina que mostrava imagens fotográficas por um visor. Eram imagens semelhantes aos fotogramas dos filmes, só que impressas em papel. Um mecanismo folheava estas fotos, dando a ilusão de movimento. Os mutoscópios também foram inventados por Dickson em 1895. Neste ano, Dickson saiu da Cia. Edison e fundou, em 27 de dezembro, com outros três sócios, a American Mutoscope Company. A empresa também aperfeiçoou um projetor, o Biograph, que conseguiu mostrar filmes "maiores e fotograficamente superiores"[22] aos que existiam. A empresa tornou-se a principal concorrente de Edison. Passaria a se chamar American Mutoscope and Biograph Company e teria um papel importante na década seguinte.

Apesar do interesse pelas pequeninas e bruxuleantes imagens mostradas pelos quinetoscópios ter diminuído logo, estas máquinas conseguiram arrecadar muito mais dinheiro do que as outras atrações

[21] Cf. Robert C Allen. Op. Cit., p. 144-145.
[22] Tino Balio, "A novelty spawn busineses, 1894-1908", Op. Cit., p. 13.

óticas do período. Como aponta Michael Chanan,[23] o conhecido historiador Jacques Deslandes tem razão ao dizer que o sucesso econômico do quinetoscópio é que explica o início do cinema, já que evidenciava a viabilidade comercial deste tipo de diversão:

> É inútil reanimar as controvérsias de anterioridade concernentes às particularidades técnicas dos primeiros aparelhos de projeção ou de filmagem cinematográfica. O fio condutor não está ali. (...) O fato essencial, o ponto de partida que conduziu enfim à realização prática das projeções animadas, é o níquel que o espectador americano fazia deslizar na fenda do quinetoscópio Edison, são os 25 centavos que o passante parisiense pagava em setembro de 1894 para poder grudar os seus olhos no visor do quinetoscópio (...). É isso que explica o nascimento do espetáculo cinematográfico na França, na Inglaterra, na Alemanha, nos Estados Unidos, durante o ano de 1895. As fotografias animadas não eram apenas experiências de laboratório, curiosidades científicas, mas elas podiam, de agora em diante, ser consideradas como uma forma rentável de espetáculo.[24]

Quando os irmãos Lumière mostraram pela primeira vez o seu Cinematógrafo, a 28 de dezembro de 1895, em Paris, Edison ainda não tinha conseguido aperfeiçoar um projetor que funcionasse satisfatoriamente. Mas em janeiro de 1896, diante da notícia de que o cinematógrafo Lumière estava chegando à América, Edison começou a fabricar o vitascópio, um projetor inventado em Washington por Thomas Armat e Francis Jenkins. Norman Raff e Frank Gammon, vendedores exclusivos do quinetoscópio desde setembro de 1894, também

[23] Michael Chanan, *The Dream that Kicks: the Prehistory and Early Years of Cinema in Britain*, London/Boston/Henley, Routledge and Kegan Paul, 1980, p. 105.
[24] Jacques Deslandes, *Histoire comparée du cinéma*, Tome I: de la cinematique au cinematographe 1826-1896, Tournai, Casterman, 1966, p. 213-214.

se tornaram os únicos licenciados para a venda de vitascópios e filmes. Mas eles acabaram falindo no final de 1896, porque não tinham privilegiado, em sua estratégia de vendas, o principal comprador de filmes daquele ano: a rede de vaudeviles[25] e teatros de variedades. Os irmãos Lumière estavam muito melhor adaptados para servir ao mercado dos vaudeviles, o qual dominaram até serem expulsos pelas ameaças de Edison no verão de 1897.[26]

Cartaz de 1896 faz propaganda do Cinematógrafo Lumière.

Os primeiros filmes apareceram em 1895. Começaram a ser exibidos em feiras, circos, teatros de ilusionismo, parques de diversões, cafés e em todos os lugares onde houvesse espetáculos de variedades. Mas o principal local de exibição de filmes eram os vaudeviles. Os vaudeviles tinham surgido a partir de teatros de variedades – com conotações exclusivamente eróticas – que, em geral funcionavam anexos aos chamados "salões de curiosidades" (*curio halls*, que exibiam coisas como mulheres barbadas, anões, bichos de duas cabeças e outras

[25] Robert C Allen. Op. Cit.
[26] Georges Sadoul, *Louis Lumière*, Paris, Seghers, 1964, p. 135-136. Citado por Robert C Allen. Op. Cit., p. 152.

aberrações) dos *dime museums* (museus cujas atrações custavam dez centavos). Mas nas últimas décadas do século XIX o vaudevile já estava deixando de ser um espaço pervertido.[27] Eileen Bowser descreve esta transformação:

> Antes o vaudevile tinha sido domínio de uma audiência de classe baixa, predominantemente masculina, um lugar onde se vendiam bebidas alcoólicas e onde não era difícil encontrar prostitutas. Mas no período que estamos considerando [1900-1906], os vaudeviles tinham eliminado a venda de álcool, criaram ambientes elegantemente decorados, limparam os números oferecidos pelos *performers* e começaram a atrair uma audiência familiar. A atmosfera de baixo nível continuou, apesar disso, nos espetáculos burlescos, que tomaram o lugar do antigo vaudevile e eram o segundo maior setor de consumo de filmes. Filmes eram mostrados nos *dime museums, freak shows, peep shows*, espetáculos itinerantes e eram transportados por todo o país por *showmen* itinerantes. Mas eram os vaudeviles que mais usavam os filmes, e continuaram a usá-los bastante mesmo depois do surgimento dos *nickelodeons* e dos *store-front cinemas*.[28]

Assim, em 1896 o vaudevile estava se tornando a forma mais freqüente de diversão popular e a competição entre os teatros começou a se acirrar intensamente. É nesse contexto, em maio de 1895, que a Cinematógrafo Lumière estreou nos Estados Unidos, fazendo um tremendo sucesso. Ficou em cartaz por várias semanas no Union Square Theater de Nova York, pois dobrou o faturamento habitual da casa.[29]

---

[27] Tino Balio, "A novelty spawn busineses, 1894-1908", Op. Cit., p. 59.
[28] Eileen Bowser, "Preparation for Brighton – The American Contribution" in Roger Holman (ed.), *Cinema 1900-1906*, Bruxelas, F.I.A.F., 1982, volume 1, p. 5.
[29] Robert C Allen. Op. Cit., p. 148.

O dime museum de C. A. Bradenburgh, em Filadélfia.
Fotografia encontrada por Charles Musser na
Philadelphia Free Library/ Theater Collection.

No final do século XIX o show de vaudevile compunha-se de uma série de atos, de dez a vinte minutos, encenados em seqüência e sem nenhuma conexão narrativa ou temática entre si:

> Uma sessão típica de vaudevile em 1895 podia incluir um ato de acrobacia de animais, uma comédia pastelão, uma declamação de poesia inspirada, um tenor irlandês, placas de lanterna mágica sobre a África selvagem, um time de acrobatas europeus e um pequeno número dramático de vinte minutos encenado por um casal de estrelas da Broadway.[30]

Os primeiros filmes, portanto, tinham herdado essa característica de serem atrações autônomas, que se encaixavam facilmente nas mais diferentes programações. Os filmes, em sua ampla maioria feitos em uma única tomada, eram pouco integrados a uma eventual cadeia narrativa.

Os irmãos Lumière ofereciam um esquema de marketing muito interessante para os vaudeviles, que eram seu alvo predileto no mercado. Eles forneciam os projetores, o suprimento de filmes e os operadores das máquinas, e se encaixavam nas programações locais. Mas parte do sucesso do cinematógrafo Lumière deve-se ao seu design. Enquanto o vitascópio pesava cerca de quinhentos quilos e precisava de eletricidade para funcionar, a maquina dos Lumière era ao mesmo tempo câmera e projetor, não utilizava luz elétrica e era acionada por manivela. Devido ao seu pouco peso, podia ser transportada facilmente e assim filmar assuntos mais interessantes que os de estúdio, encontrados nas paisagens urbanas e rurais, ao ar livre ou em locais de acesso complicado.[31] Além disso, os operadores do Lumière atuavam também como cinegrafistas e multiplicavam as imagens do mundo para fazê-las figurarem nos seus catálogos.

---

[30] Robert C. Allen, "The Movies in Vaudeville: Historial Context of the Movies as Popular Entertainment" in Tino Balio (ed.), *The American Film Industry*, Op. Cit., p. 62.
[31] Robert C Allen, "Vitascope/Cinematographe", Op. Cit., p. 149.

Poster de 1900 usado por uma companhia itinerante de exibição de filmes.

Em 1897 Edison conseguiu expulsar os irmãos Lumière da América e aperfeiçoar outro projetor, o Projecting Kinetoscope. Mas como afirma Allen, os Lumière criaram "um padrão de prática industrial que sobreviveu para a década seguinte: o fornecimento, para os vaudeviles, de um ato completo incluindo projetor, filmes e operador", num esquema que o mesmo autor chama de pré-industrial e que foi determinante para o período do primeiro cinema nos Estados Unidos,[32] pois mantinha a autonomia dos exibidores de filmes em relação à produção:

> Os irmãos Lumière, a Biograph e a Vitagraph forneciam um serviço ao vaudevile. Esta dependência do vaudevile adiou temporariamente a necessidade de o cinema americano desenvolver seus próprios caminhos de exibição, mas também impediu que o filme adquirisse autonomia industrial. A estrutura industrial do vaudevile não requeria uma divisão do trabalho no sentido usual, ela acontecia, ao invés disso, dentro da própria apresentação do vaudevile: cada ato era uma entre oito ou mais unidades funcionais (...). O uso dos filmes no vaudevile não requeria uma divisão da indústria entre as unidades de produção, distri-

---

[32] Robert C Allen, "Vitascope/Cinematographe", Op. Cit., p. 152.

buição e exibição. Na verdade, ele fazia com que estas funções recaíssem sobre o operador, que era quem, com seu projetor, tornava-se um número autônomo de vaudevile.[33]

Tal esquema de autonomia dos exibidores durou até cerca de 1900, quando as próprias produtoras começaram a ter maior controle sobre os filmes, enquanto produtos finais. Elas aumentaram a duração dos filmes e o número de planos, ao mesmo tempo em que tentaram descobrir técnicas de montagem. Uma crise de público aconteceu entre 1900 e 1903. Aparentemente, a platéia começou a se aborrecer com os filmes. De qualquer modo, os exibidores estavam menos dispostos a se preocupar com o acompanhamento sonoro dos filmes e com a ordem das atrações nos programas, enquanto as companhias produtoras de filmes começaram a assumir a tarefa de construir números acabados, antes exercida pelos exibidores.[34]

Controlado pelos operadores/exibidores, ou determinado pelos produtores, a verdade é que o primeiro cinema manteve o caráter anárquico do espetáculo de variedades. Durante toda a primeira década, a fronteira entre ficção e documentário era tênue. Como afirma Eileen Bowser, misturavam-se livremente filmes encenados e aqueles chamados de "atualidades". Nas atualidades apareciam não apenas cenas reais da vida cotidiana, cenários naturais, paisagens de terras distantes, desfiles e multidões nas ruas, mas também encenações de acontecimentos recentes – as "atualidades reconstituídas" – como guerras, incêndios, terremotos e assassinatos famosos, não havendo uma clara diferenciação no tratamento daquilo que tinha sido captado no calor da hora e o que tinha sido representado diante das câmeras por atores de teatro ou até parentes dos realizadores. Estas encenações de acontecimentos reais "eram mostradas como uma novidade dentro do pro-

[33] Robert C Allen, "Vitascope/Cinematographe", Op. Cit., p. 152.
[34] Charles Musser, *The Emergence of Cinema*, Op. Cit., p. 297-298.

grama do vaudevile, onde a livre mistura entre artifício e realidade aparentemente não incomodava a audiência",[35] talvez porque ninguém duvidasse de que se tratava realmente de uma série de truques. A intenção realista no cinema só viria muito depois, acompanhando de certa forma a narrativização.

Até 1906, os filmes de atualidades ou pequenas *gags*, iguais às que eram encenadas no circo ou nos vaudeviles, superavam em número os filmes de ficção, já que a maioria dos filmes encenados não tinha pretensão narrativa. Em geral, os filmes exibidos nos vaudeviles incluíam filmagens dos números encenados nos próprios vaudeviles, além de números de magia e ilusionismo, e quadros vivos sobre temas religiosos ou populares, muitas vezes retratados em músicas, piadas e *cartoons*. Incorporados às atrações de feiras típicas do século XIX, circos, espetáculos itinerantes e encenações burlescas, tais filmes não eram, definitivamente, produtos acabados. As apresentações constavam de filmes curtos, compostos na sua maioria por apenas um plano. Quando um filme incluía muitos planos, estes eram comercializados em rolos separados e ficava a critério do exibidor a escolha e a ordem dos rolos que ele julgasse mais interessantes ou adequados para o seu público. Em seus primeiros catálogos, as produtoras de filmes exibiam cada um destes rolos como um *quadro* diferente.

Os primeiros filmes foram influenciados pelos espetáculos de lanterna mágica, que eram muito populares na época e sempre apresentados por um conferencista. Estes espetáculos descreviam viagens a terras distantes, histórias populares ou canções e misturavam filmes com projeção de imagens coloridas das placas das lanternas mágicas. Também a Igreja se utilizava de sessões de lanterna mágica com o objetivo de atrair os fiéis nos seus momentos de lazer, segundo Georges Sadoul, para lhes mostrar "os horrores do

---

[35] Eileen Bowser, "Silent Fiction: Reframing Early Cinema" in William Sloan (ed.), *Circulating Film Library Catalog*, New York, Museum of Modern Art, 1984, p. 12.

C. Goodwin Norton, famoso lanternista e também realizador e exibidor de filmes, posa ao lado de sua lanterna mágica tripla, em foto de 1896, do Science Museum de Londres.

inferno".[36] Quando apareceram os primeiros filmes, eles foram incorporados nestas apresentações. As Paixões de Cristo foram alguns dos primeiros exemplos de filmes com mais de um plano. Eram compostas de planos autônomos que descreviam os diferentes momentos da vida de Cristo na forma de quadros vivos, encenados segundo o modelo das *Passion plays*.[37]

A tradição do uso da lanterna mágica para mostrar lugares exóticos e distantes, nos *travelogues* (palestras ilustradas sobre viagens), também levou os produtores a fazerem muitos filmes com esses assuntos. Até 1903, a maioria dos filmes mostrava atualidades.[38] Este tipo de filme se tornou muito popular por causa do envolvimento da Europa e dos Estados Unidos em guerras imperialistas. Havia filmes de atualidades que documentavam situações reais, como os dos Lumière. Mas alguns filmes também misturavam encena-

---

[36] Georges Sadoul, *Histoire générale du cinema*, Tome I: L'invention du cinema 1832-1897, Paris, Denöel, 1948, p. 217.

[37] As *Passion Plays* mais famosas eram encenações do Evangelho feitas na Europa, em locações naturais no ar livre e das quais participavam como atores os próprios habitantes das cidades, em sua maioria componeses. Algumas delas eram mundialmente famosas como a de Oberammergau e a de Horitz. Foram estas encenações que forneceram o modelo e a estrutura para as primeiras filmagens da Paixão. Ver Roland Cosandey, André Gaudreault e Tom Gunning (eds.), *Une invention du diable? Cinéma des premiers temps et réligion*, Québec/Lausanne, Les Presses de L'Université Laval/Éditions Payot Lausanne, 1992.

[38] Robert C Allen, "The Movies in Vaudeville", Op. Cit., p. 73.

ções e maquetes dos eventos reais. Eram as chamadas "atualidades reconstituídas", em que fatos recentes eram mostrados de forma muitas vezes sensacionalista. Os vários planos dos filmes, quando havia mais de um, eram juntados sem muita preocupação de continuidade ou inteligibilidade, já que se pressupunha que seriam explicados pelo comentador no momento da apresentação.

Havia filmes que, como as Paixões filmadas, consistiam numa série de quadros (chamados de *tableaux*) ligados entre si pelo tema e visualmente determinados pela estética do final do século XX: presença de molduras, alegorias personalizadas por atores, imobilidade. Eram filmes sobre temas políticos, como *The martyred presidents* (Edison, Porter, 1901), alusivos à natureza, como *The four seasons* (Biograph, Bitzer, 1904), ou alusivos à natureza humana, como *The seven ages* (Edison, Porter, 1905). Segundo Tom Gunning este tipo de filme surgiu muito cedo e desapareceu antes de 1905.[39]

A maioria dos filmes de ficção era composta de comédias – em 1903 elas representavam 30% dos filmes norte-americanos. Mas havia também os *trick films* (filmes de truques ou com trucagens), as *gags* (piadas ou histórias engraçadas e curtas) e as encenações de momentos-chave de dramas maiores. Exemplos de *trick films* são aqueles que utilizavam as paradas para substituição e rearranjo da cena, sobreposições e máscaras (como os filmes de transformações, mutilações e explosões). Havia poucos filmes sentimentais ou moralistas. A Biograph era líder na produção de filmes eróticos[40] cuja principal forma de exibição não eram as telas, mas os mutoscópios. Segundo Tom Gunning, o próprio Griffith teria dirigido vários destes filmes em 1908.[41] As comédias eram

---

[39] Tom Gunning, "Non-continuity, Continuity, Discontinuity: A Theory of Genres in Early Films" in Thomas Elsaesser (ed.), *Early Cinema: Space-Frame-Narrative*, London, British Film Institute, 1990, p. 90.

[40] Cf. Eileen Bowser, "Preparation for Brighton – The American Contribution", Op. Cit., p. 5.

[41] Tom Gunning, *D.W.Griffith and the Origins of American Narrative Film: The Early Years at Biograph*, Urbana/Chicago: University of Illinois Press, 1991, p. 157.

o gênero mais comum e popular entre os filmes de ficção, e envolviam sempre algum tipo de malvadeza. As vítimas eram muitas: "amantes, policiais, cozinheiros, vagabundos, tintureiros chineses, proprietários de mercearias".[42] Havia bagunça de todo tipo: guerras de travesseiros entre internas, guerras de farinha de trigo e de tortas entre adultos, brigas entre policiais e civis. Estas comédias eram "freqüentemente cínicas em relação à autoridade e à moralidade vigente. Esperava-se a infidelidade. A corrupção era motivo de piada. Proliferavam estereótipos raciais e profissionais".[43]

Este clima de irreverência e avacalhação invadia também os *filmes de perseguição*, que foram as primeiras formas de narrativa freqüentes entre os anos de 1903 e 1906.[44] Tom Gunning esclarece que "apesar de haver protótipos da *chase form* tão cedo como em 1901 (em *Stop thief!*, de Williamson)" esta forma só se tornou importante em 1904,[45] pois "o gênero aparentemente dominante (em número de filmes feitos) até 1903" era a narrativa de um plano só.[46]

Os filmes de perseguição compunham-se de um quadro inicial, em que acontecia uma ação que gerava algum tipo de perseguição, e de quadros subseqüentes em que a perseguição se desenrolava e terminava. Eram portanto filmes mais longos, que passaram a utilizar cenários naturais, cuja amplitude podia conter as pequenas multidões que estas histórias geravam. A existência destes filmes demonstra, para Gunning, que "estava em curso uma síntese entre atrações e narrativa". Por um lado "a perseguição tinha sido a narrativa verdadeiramente

---

[42] Eileen Bowser, "Preparation for Brighton – The American Contribution", Op. Cit., p. 10.

[43] Eileen Bowser, "Preparation for Brighton – The American Contribution", Op. Cit., p. 6.

[44] Utilizo aqui o termo *filmes de perseguição* para traduzir as expressões *chase films* (em ingles) e *films de course-poursuite* (em francês).

[45] Tom Gunning, "Non-Continuity, Continuity, Discontinuity: A Theory of Genres in Early Films", in Thomas Elsaesser (ed.), Op. Cit., p. 91.

[46] Tom Gunning, "Non-Continuity, Continuity, Discontinuity: A Theory of Genres in Early Films", in Thomas Elsaesser (ed.), Op. Cit., p. 89.

Mulheres pulam uma cerca ao perseguir um candidato a noivo em Dix femmes pour um mari, *filme da Pathé, de 1905.*

original do cinema, fornecendo um modelo para a causalidade e para linearidade assim como para a montagem em continuidade". Mas, por outro lado, as perseguições construíam cada plano como uma verdadeira atração, na medida em que cada plano mostrava o perseguido e os perseguidores tendo que ultrapassar obstáculos variados: cercas, lagos, subidas etc.[47] A atração podia estar na possibilidade de ver as roupas de baixo ou as pernas das personagens femininas (algumas vezes encarnadas por homens) que participavam da confusão. Estava também na destruição da postura comportada destes homens, mulheres, crianças e até animais, por força do desespero histérico que os atingia por causas diversas. O motivo podia ser o simples roubo de uma salsicha ou até mesmo, como em *Personal* (Biograph, McCutcheon, 1904), um solteiro rico procurando uma noiva.

A estrutura dos filmes de perseguição revela alguns traços de ambivalência nesse cinema. Apesar de tender à linearização dos planos e à ligação entre estes planos, como aponta Burch,[48] o filme de

[47] Tom Gunning, "The Cinema of Attractions", Op. Cit., p. 60.
[48] Noel Burch, "Passion, poursuite: La linéarization", *Communications*, número 38, Paris, Seuil, 1983, pp. 30-50.

perseguição tem cada plano estruturado como uma atração. Vemos o perseguido chegando bem de longe. Ele se aproxima correndo, supera algum tipo de obstáculo, tropeça, cai, mas continua, até sair de quadro. A multidão aparece, se aproxima, sem corte. Alguns superam o obstáculo, outros caem, forma-se uma pequena confusão, até que todos se recolocam no caminho original e saem de quadro. Ao final, depois de vários planos que repetem esta estrutura, vem um último plano em que a multidão alcança o perseguido: fim da narrativa, fim das atrações.

A perseguição esboça uma tentativa de construção de um espaço contínuo fictício. Mas esta construção não se completa, fica apenas indicada. Se para o cinema narrativo clássico foi fundamental inventar gradualmente uma maneira de representar, através de imagens, uma ficção de continuidade do tempo e de homogeneidade do espaço, este não era o projeto do cinema antes de 1906. Charles Musser compara estes dois tipos de cinema:

> O primeiro cinema era predominantemente sincrético, apresentativo e não linear, enquanto o cinema hollywoodiano clássico posterior apoiava-se na consistência, na verossimilhança e numa estrutura narrativa linear, particularmente nos seus dramas e comédias leves.[49]

Outro historiador do primeiro cinema, Tom Gunning, explica, por sua vez, como ele entende o cinema anterior a 1906, que ele chama de *cinema de atrações*:

> O que é, precisamente, o cinema de atrações? Em primeiro lugar, é um cinema que se baseia na (...) sua habilidade de mostrar alguma coisa. Em contraste com o aspecto voyeurista do cinema narrativo analisado

---

[49] Charles Musser, *The Emergence of Cinema*, Op. Cit., p. 4.

por Christian Metz, este é um cinema exibicionista. Há um aspecto do primeiro cinema (...) que representa esta relação diferente que o cinema de atrações constrói com seu espectador: as freqüentes olhadas que os atores dão na direção da câmera. Esta ação, que mais tarde é considerada como um entrave à ilusão realista do cinema, aqui é executada enfaticamente, estabelecendo contato com a audiência. Dos comediantes que interpelam a câmera à gestualidade afetada e reverente dos prestidigitadores nos filmes de mágica, este é um cinema que mostra sua própria visibilidade, disposto a romper o mundo ficcional autosuficiente e tentar chamar a atenção do espectador.[50]

Neste sentido, se a tendência dominante no primeiro cinema é o cinema de atrações, é equivocada a oposição, freqüentemente apontada, entre as obras fantásticas de Georges Méliès e as imagens de Louis Lumière, como representando a oposição, respectivamente, entre filmes narrativos e não narrativos. "Pode-se uni-los numa concepção que vê o cinema menos como uma forma de contar histórias e mais como uma forma de apresentar uma série de vistas (*views*) para uma audiência".[51] O autor explica que utiliza o termo *atração* por dois motivos. Em primeiro lugar, para marcar uma relação que o primeiro cinema estabelecia com o espectador e que seria posteriormente retomada por Eisenstein e as vanguardas. Gunning explica que o futurismo de Marinetti " não apenas prezava a estética do espanto e da estimulação, mas particularmente o fato de ela criar um novo espectador, que contrastava com o *voyeur* estúpido e estático do teatro tradicional. O espectador do teatro de variedades sentia-se diretamente atingido pelo espetáculo e juntava-se a ele".[52]

[50] Tom Gunning, "The Cinema of Attractions", Op. Cit., p. 57.
[51] Tom Gunning, "The Cinema of Attractions", Op. Cit., p. 57.
[52] Tom Gunning, "The Cinema of Attractions", Op. Cit., p. 59.

Em segundo lugar, o termo *atração* tem a ver com o tipo de experiência visual que se tem nas feiras e parques de diversões: atrações são *performances* cujo objetivo é espantar, maravilhar o espectador, e cuja aparição já é, em si, um acontecimento. Assim, nos primeiros anos do cinema muitas vezes não eram *The great train robbery* (Edison, Porter, 1903) ou *L'homme à la tête de caoutchouc* (Star Film, Méliès, 1902) que entravam em cartaz, mas se anunciava apresentações do bioscópio, do vitascópio ou do cinematógrafo Lumière. É o tipo de experiência que se promovia tanto nas feiras universais da passagem do século, que descrevemos no início deste capítulo, quanto nas feiras populares.

Até 1906, o cinema está, portanto, ligado ao espetáculo de variedades, que era a principal forma de exibição de filmes. Para Charles Musser as formas de representação do primeiro cinema são *apresentativas* no "estilo de atuação, no desenho do cenário e na composição visual, assim como na sua forma de representar o tempo, o espaço e a narrativa". A forma de atuação é baseada no teatro do século XIX, em que os atores fazem gestos estilizados e afetados, sempre de frente para o público e sempre se dirigindo a este público, ou à câmera. No final do século XIX, este estilo apresentativo foi substituído, no teatro, por uma encenação mais contida e verossimilhante, como pedia o teatro naturalista. "Mas as antigas técnicas de representação continuaram em outras formas culturais mais populares, que incluíam não apenas gêneros teatrais como o melodrama e o burlesco, mas também a lanterna mágica, as histórias em quadrinhos (*cartoon strips*) e o cinema".[53]

Os elementos dos cenários dos primeiros filmes eram organizados como no teatro, não de forma realista, mas sim de modo a poderem ser vistos pela audiência. Não havia o desejo de verossimilhança, razão pela qual muitos ambientes são apenas indicados por painéis e objetos pintados. Comentando o cenário de um filme em que o lustre é

---

[53] Charles Musser, *The Emergence of Cinema*, Op. Cit., p. 5.

um objeto real, mas os raios de luz são pintados, Charles Musser afirma que este cinema é "sincrético", porque mistura elementos do estilo apresentativo com elementos de um estilo mais realista.[54]

Os próprios filmes de atualidades assumem ora a característica de espetáculos apresentativos (pelo uso constante de composições frontais no caso das encenações de estúdio ou do uso de maquetes), ora a característica de espetáculos mais realistas (quando filmados em ambientes externos com o uso da profundidade de campo, para captar o movimento de automóveis, trens ou cavalos que se movem em direção à câmera). Misturam-se locações naturais com cenários ostensivamente artificiais, e mesmo dentro dos cenários "alguns elementos são desenhos planos enquanto outros são tridimensionais ou reais".[55] Toda esta mistura entre o artificial e o realista é mais um elemento que diferencia o primeiro cinema do cinema clássico que viria depois, como bem aponta Charles Musser:

> Os realizadores de filmes rotineiramente alternavam entre diferentes níveis de representação da realidade. Este sincretismo pode ser contrastado com a ênfase na consistência mimética predominante no cinema posterior.[56]

Pode-se perguntar como a audiência recebia estes filmes, como ela os entendia, já que eram feitos de forma tão pouco homogênea. Charles Musser responde que o próprio público e seus mecanismos de compreensão eram bastante diversificados e que por isso "o primeiro cinema pode ser definido negativamente: seu sistema representativo *não* podia apresentar uma narrativa inédita capaz de ser compreendida independentemente das circunstâncias de exibição ou do conhecimento cultural específico do espectador".[57]

---

[54] Charles Musser, *The Emergence of Cinema*, Op. Cit., p. 4.
[55] Charles Musser, *The Emergence of Cinema*, Op. Cit., p. 4.
[56] Charles Musser, *The Emergence of Cinema*, Op. Cit., p. 4.
[57] Charles Musser, *The Emergence of Cinema*, Op. Cit., p. 2.

Dentro desta negatividade, Musser considera três formas básicas de entendimento destes filmes. O assunto precisava ser conhecido de antemão pelos espectadores, remetendo a fatos ou ficções já tratados por outras mídias: a Paixão de Cristo, canções populares, contos de fada, catástrofes ou crimes recentes, peças de teatro famosas etc. Outra possibilidade era a explicação da história mostrada na tela, por meio de narração ao vivo feita por um conferencista ou pelo exibidor do filme, que podia utilizar, por sua vez, vários outros recursos sonoros, como ruídos e música. Havia ainda uma terceira possibilidade: o filme podia ter uma narrativa tão simples que era capaz de ser entendida pelo espectador sem ajuda externa. É, por exemplo, o caso das comédias e piadas curtas, ou de alguns filmes de Méliès.

Dada a diversidade do público, a pluralidade de suas respostas e a variedade de formas de exibição no primeiro cinema, podemos dizer que os filmes da época constituíam, na grande maioria dos casos, formas abertas de relato, já que podiam ser entendidos de múltiplas maneiras. É evidente que hoje a interpretação dos filmes também está atravessada pelo imaginário individual e pelo ambiente cultural do público, mas, nos primeiros tempos, a existência de enredos imprecisos, pouco narrativos, dava uma amplitude muito maior a esta leitura diferenciada. No momento em que se instala a narrativa, existe a possibilidade de modalizações do relato, mas há uma uniformidade mínima no enredo perceptível pelo público. Tal pluralidade de sentidos era reforçada pela falta de individualização dos personagens, no caso das ficções. Havia uma forte tendência à frontalidade da câmera em relação à cena. A concepção do plano como uma unidade que pudesse conter o desenvolvimento de uma ação inteira obrigava a um certo afastamento da câmera, suficiente para que as feições dos atores não fossem vistas com nitidez. Daí a interpretação normalmente afetada e gestualmente exagerada dos atores. Outra característica era a configuração temporal pouco ou nada linear, seja no arranjo entre os planos, seja nas entradas e saídas de cena. Disso resultavam as elipses freqüentes e exageradas e os muitos encavalamentos temporais. Musser comenta, neste sentido, a elipse que aparece no filme *Lost in the Alps* (Edison, Porter, 1907): uma pobre mãe resolve procurar seu filho e sai de cena. Volta logo em seguida, apesar da procura ter demorado muito tempo. A audiência sabe que foi uma longa procura, porque já conhece a história.

Os encavalamentos temporais, bastante freqüentes, eram uma forma que os cineastas encontraram para retomar a ação de um outro ponto de vista. A concepção de cada plano como unidade autônoma impedia, porém, que se pensasse em cortá-los para serem montados em continuidade, como acontece hoje. Da mesma forma, na maioria das vezes, as ações simultâneas ocorridas em locais diferentes eram mostradas sempre de forma sucessiva.

Apenas nos últimos 35 anos é que a história do cinema vem sistematicamente se dando conta das diferenças entre o primeiro cinema e o cinema que se seguiu a ele, e mostrando que não há exatamente oposição entre estes dois tipos de cinema, mas uma convivência "dialética entre espetáculo e narrativa" que permanece em proporções diferentes no próprio cinema narrativo clássico. Neste sentido, Tom Gunning sublinha que é importante conceber a radical heterogeneidade que vemos no primeiro cinema não como "um programa verdadeiramente oposto e irreconciliável com o crescimento do cinema narrativo", pois "esta visão é muito sentimental e muito a-histórica". A convivência do espetacular e do narrativo é considerada por este autor como uma "herança ambígua do primeiro cinema", que existe tanto nos primeiros filmes quanto no "recente cinema de efeitos do tipo Spielberg-Lucas-Coppola".[58]

---

[58] Tom Gunning, "The Cinema of Attractions", Op. Cit., p. 61.

*   *   *

Já comentamos que o vaudevile era a forma dominante de exibição de filmes entre 1895 e 1900, mas não era a única. Havia também exibidores itinerantes que levavam os filmes para as áreas afastadas dos grandes centros urbanos. Eram *showmen* que alugavam salões e exibiam os filmes, misturados a outras atrações, inclusive decidindo a ordem dos quadros e a maneira de exibi-los segundo as diferentes demandas do público. Todo este período caracteriza-se por uma grande autonomia dos exibidores de filmes, que tinham tanto poder de intervir na apresentação final quanto os produtores. Nos locais onde os primeiros filmes eram mostrados os exibidores-operadores decidiam a ordem, o acompanhamento, enfim, a maneira de apresentar os filmes. Muitas vezes, eles também atuavam como comentadores e narradores. As apresentações da *Paixão de Cristo*, por exemplo, poderiam em alguns casos incluir a anunciação, a dança de Salomé diante de Herodes e pular direto para a crucificação. Em outros casos, era melhor mostrar o nascimento de Cristo, o batismo, a última ceia, Pilatos, a crucificação e a ascensão. A ação do exibidor era decisiva:

> O operador era responsável pela ordem em que os filmes (muitos deles consistindo num único plano) eram mostrados. Ele podia fazer mudanças de acordo com a reação da audiência. Podia fazer o filme ir mais rápido ou mais devagar, ou até para trás. Seu monólogo explicava a ação e dirigia a atenção do espectador.[59]

Pode-se dizer, nesse sentido, que os filmes eram recriados pelos exibidores a cada vez que eram exibidos. Os comentadores eram

---

[59] Eileen Bowser, "Silent Fiction: Reframing Early Cinema", Op. Cit., p. 12.

fundamentais nas apresentações de lanterna mágica e em todas as *conferências ilustradas* que utilizavam imagens projetadas. Podiam ser padres que patrocinavam sessões de catequese ou leigos que faziam conferências sobre viagens a terras distantes e exóticas – os *travelogues* – feitas muitas vezes por eles mesmos.

Os filmes de viagens que começaram a aparecer nos travelogues ficaram muito populares entre 1902 e 1903. Figuravam nos catálogos de todas as companhias produtoras e exibidoras da época. Charles Musser mostra que metade dos filmes que aparecem, por exemplo, no catálogo de atrações principais da Cia. Vitagraph em 1903 eram assuntos de viagens. Havia empresas especializadas na exibição performática destes filmes de viagens. Uma delas era a Sociedade Geológica e Histórica de Wyoming, que anunciava para o seu tour anual de 1903 "sete grandes séries de imagens em movimento" sobre Índia, Japão, Arábia, África, Suíça, Inglaterra e América, comentadas pelo senhor Lyman Howe, famoso apresentador de relatos de viagem.[60]

As conferências de viagem, que existiam antes da chegada dos filmes, pressupunham uma proposta de educação para conhecimentos gerais que revelava a mentalidade característica daqueles anos. Faziam a apologia de valores ocidentais cultivados pela classe média, como a racionalidade e o senso comum, mas através de imagens espetaculares e de retórica sensacionalista. Segundo Charles Musser as imagens mostradas, seja através das placas de lanterna, dos diapositivos estereoscópicos ou dos primeiros filmes, "podiam transmitir ricos e freqüentemente inquietantes significados: idéias relativas ao imperialismo, à superioridade cultural e racial, ao sexismo e ao darwinismo como concepção de sociedade".[61]

[60] Charles Musser, "The Travel Genre in 1903-1904: Moving Towards Ficcional Narrative" in Thomas Elsaesser (ed.), Op. Cit., p. 123.
[61] Charles Musser, "The Travel Genre in 1903-1904", Op. Cit., p. 123.

O tema do trem, nas suas aparições na tela ou nas imagens tomadas dele, era uma presença recorrente nos filmes mostrados nestas conferências de viagem e em muitos dos primeiros filmes. O mundo visto a partir do trem, mostrado como uma paisagem que desfila rapidamente diante do retângulo da janela, aludia a uma experiência sensorial da velocidade que era inteiramente inédita. Surgia uma nova percepção do mundo, mediada pelas formas mecanizadas de deslocamento, mas transformada em percepção visual com o auxílio direto do próprio cinema, única mídia capaz de reproduzir a sensação de velocidade. Proliferavam no primeiro período as imagens de cinema tomadas a partir de meios de transporte rápido: trens e automóveis. Assim, além de serem os organizadores do espetáculo, os exibidores faziam também as vezes de professores de uma certa ideologia e mestres de cerimônia de uma nova forma de percepção visual.

Podemos dizer que o período do primeiro cinema termina quando começa a se generalizar esta nova forma de percepção, no momento em que ela começa a se materializar em linguagem codificada e massificada. O filme, como espetáculo industrializado de massa, só pôde se generalizar depois de um período de aculturação, de transição, quando a compreensão uniforme das imagens se tornou uma prioridade e o cinema deixou de ser atividade marginal. Esta transição aconteceu, nos Estados Unidos, no período dos chamados *nickelodeons*, que sucede o período dos vaudeviles. Assim, de 1906 a 1915 os filmes passam a ser exibidos como atrações exclusivas devido ao seu enorme sucesso, em grandes armazéns que eram transformados em cinemas do dia para a noite, impulsionados pela altíssima lucratividade do empreendimento. E os filmes começam a enfrentar o desafio de se tornar cada vez mais narrativos.

A era dos nickelodeons, de 1906 até 1915, é um período em que ocorre um aumento do público do cinema, o surgimento de grandes empresas no controle dos distintos ramos da atividade cinematográfica e a gradual *domesticação* das formas de representação e exibição dos filmes. É também um tempo de repressão e institucionalização, quando a anarquia dos primeiros ambientes de exibição exclusiva de filmes passa a incomodar as elites. Os produtores e exibidores de filmes se organizam industrialmente e passam a tentar moralizar o cinema e criar formas de autocensura e auto-regulamentação. Objetivam com isso incorporar as classes médias que, dotadas de maior poder aquisitivo, garantiriam a sobrevivência econômica da indústria do cinema. Finalmente, um terceiro período se inicia entre 1913 e 1915, quando começam a aparecer os filmes de longa metragem, ao mesmo tempo em que se dá o aperfeiçoamento dos dispositivos narrativos surgidos na fase anterior. Tratava-se, a partir daí, de assegurar a hegemonia da indústria cinematográfica norte-americana.

Como surgiram os nickelodeons? A partir de 1905, muitos empresários de diversões começaram a utilizar espaços bem maiores que os vaudeviles, para a exibição exclusiva de filmes, depois de uma crise de público ocorrida entre 1900 e 1903. Ao contrário dos teatros, cafés ou dos próprios vaudeviles freqüentados por uma classe média de composição diversificada, estes novos ambientes eram, em geral, grandes depósitos ou armazéns adaptados para exibir filmes para o maior número possível de pessoas, em geral de poucos recursos: os *storefront theaters* ou *nickelodeons*. Eram locais rústicos, abafados e pouco confortáveis, onde muitas vezes os espectadores viam os filmes em pé, se a lotação estivesse completa. Mas ali se oferecia a diversão mais barata do momento: o ingresso custava 5 centavos de dólar – ou um níquel, daí o seu nome. Os nickelodeons foram adotados imediatamente pelas populações de baixo poder aquisitivo que habitavam os bairros operários das cidades norte-americanas.[62] Fizeram sucesso instantâneo, enriquecendo pequenos e grandes exibidores e se espalhando por todos os Estados

---

[62] Cf. Robert Sklar, *História social do cinema americano*, São Paulo, Cultrix, 1978, p. 30.

Unidos, e marcam o início de uma atividade cinematográfica verdadeiramente industrial. Sua expansão traria grandes mudanças na composição do público do cinema e nas formas de produção, comercialização e exibição de filmes, assim como nos métodos de representação.

A explosão na demanda de filmes causada pela expansão dos nickelodeons forçou uma reorganização da produção. As companhias produtoras de filmes dividiram-se nos diferentes setores da produção e organizaram-se industrialmente, adotando uma estrutura hierárquica centralizada. Esta especialização substituía o que Charles Musser denomina "sistema colaborativo"[63] do período do vaudevile. Antes de 1907, empresas como a Edison, a Vitagraph e a American Mutoscope & Biograph produziam filmes num sistema de trabalho regido pela parceria. Em geral, dois realizadores dividiam o trabalho de operação de máquinas e de confecção dos filmes (o que torna a discussão da autoria nos primeiros filmes de uma tarefa particularmente complicada). Este sistema foi extinto com o aumento na produção de filmes logo depois deste primeiro período. Também a comercialização dos filmes se alterou a partir de 1907. Surgiram os distribuidores de filmes, uma vez que o antigo sistema de venda direta foi substituído pelo aluguel. A especialização na tarefa de distribuição era mais uma parte da industrialização do cinema.

Os nickelodeons surgiram inicialmente como forma de diversão não controlada pelos poderes institucionais. Robert Sklar comenta que o fato de estes locais de exibição terem se transformado em populosos centros de diversão, apesar de ainda não disciplinados pelas instituições, começou a se tornar um problema visível:

O que ainda mais mortificava muita gente nos distritos e subúrbios prósperos da cidade e nas cidades pequenas de população abastada

[63] Cf. Charles Musser, "Pre-Classical American Cinema: Its Changing Modes of Film Production", *Persistence of Vision*, número 9, 1991, p. 45-65.

era a idéia de que os trabalhadores e imigrantes tinham encontrado uma fonte própria de entretenimento e informação – uma fonte não supervisada e não aprovada pelas igrejas e pelas escolas, pelos críticos e pelos professores, que serviam de guardas e disseminadores da cultura norte-americana oficial.[64]

Os nickelodeons pareciam conter uma energia bruta que poderia se tornar perigosa para uma sociedade tão conservadora quanto a norte-americana:

No meio do alarido de uma rua movimentada num distrito operário, multidões de homens e mulheres, moças desacompanhadas e crianças não supervisionadas estudavam cartazes lúridos, entravam num teatro e saíam de outro. No interior da sala de espetáculos, a primeira impressão que se tinha era de ranço, de ar parado, de cheiro de suor e de corpos não lavados. A escuridão era total, excetuando-se a tela e o fuste de luz projetor debaixo do teto.[65]

É evidente que quando estes ambientes começaram a se multiplicar no mesmo ritmo de seus lucros, eles começaram a chamar a atenção dos "homens e mulheres da classe média que serviam às instituições de controle social – as igrejas, os grupos de reformadores, alguns segmentos da imprensa e, por fim, a polícia".[66] Tom Gunning lembra-nos que a fisionomia das diversões populares é determinada pelas pressões cíclicas de grupos defensores da moralidade e que, no caso do cinema, a resposta habitual é a autocensura.[67] Naquela conjun-

---

[64] Robert Sklar, Op. Cit., p. 31.
[65] Robert Sklar, Op. Cit., p. 31.
[66] Robert Sklar, Op. Cit., p. 44.
[67] Tom Gunning, "De la fumerie d'opium au théâtre de la moralité: discours moral et concéption du septième art dans le cinéma primitif américain" in Jean Mottet (ed.), *D.W.Griffith: Colloque International*, Paris, Publications de La Sorbonne/ Éditions L'Harmattan, p. 74.

tura, a resposta das companhias produtoras às ameaças de fechamento dos cinemas e de lançamento dos filmes ao limbo das diversões não recomendadas foi a criação de um órgão de auto-regulamentação, em 1908: a Motion Pictures Patents Company. Mas a MPPC tinha também objetivos comerciais: pretendia monopolizar as atividades de produção, distribuição e exibição de filmes nos Estados Unidos. Gunning demonstra que, com a MPPC, a indústria do cinema queria sobretudo assentar sua atividade "sobre sólidas bases econômicas", precisando para isso aumentar o preço dos ingressos e conseqüentemente o preço dos aluguéis de filmes. Para isso, tinha de atrair as classes médias "transformando o cinema no divertimento de todas as classes sociais", e não mais no chamado "teatro de operários". Em 1909, a MPPC propagandeava seus filmes como "divertimentos morais, educativos e sãos".[68]

A aparição dos nickelodeons marca, portanto, o início do fim das formas de representação características do primeiro cinema. Se o tempo dos primeiros filmes compreendia a dominância do espetáculo na dialética entre atração e narrativa, o período seguinte (de 1906 a 1915) "representa a verdadeira narrativização do cinema, culminando com a aparição dos longas metragens, que reformulam radicalmente o formato das variedades".[69] Esta transição se completa em 1914. É só a partir daí que, nos Estados Unidos, o filme toma a forma de uma narrativa "perfeitamente compreensível sem nenhuma ajuda exterior às imagens que desfilam na tela".[70]

Se antes o cinema se dirigia a uma platéia predominantemente pobre, operária e urbana, os anos 1908 e 1909 podem ser entendidos como o que Gunning considera "a origem de um esforço unificado para atrair a classe média para o cinema". A indústria do cinema precisava

---

[68] Tom Gunning, "De la fumerie d'opium au théâtre de la moralité", Op. Cit., p. 76.
[69] Tom Gunning, "The Cinema of Attractions", Op. Cit., p. 60.
[70] Tom Gunning, "De la fumerie d'opium au théâtre de la moralité", Op. Cit., p. 84.

conseguir "respeitabilidade social", trazendo os filmes para perto das "tradições burguesas de representação". Daí a multiplicação das tentativas de se adaptar para as telas romances, peças de teatro e poemas famosos.[71]

O problema é que estas tentativas de contar histórias desembocaram em filmes que o público não entendeu. O cinema, cuja estética estava até então baseada em fontes como o "vaudevile, o burlesco, os contos infantis, as histórias em quadrinhos e as canções populares", favorecia mais "os efeitos espetaculares ou as ações físicas do que as motivações psicológicas" individuais que apareciam nos dramas burgueses e precisavam ser representadas na tela.[72] Uma das formas de resolver este problema foi a tentativa de se aperfeiçoar o uso da montagem para representar, na linearidade dos filmes, a simultaneidade de duas situações afastadas. Os primeiros exemplos de montagem paralela aparecem por volta de 1907. "Em 1909 a montagem paralela tinha se tornado dominante nas situações de salvamento-no-último-minuto e tinha desalojado quase completamente o antigo formato dos filmes de perseguição".[73]

O papel de D. W. Griffith foi crucial neste período de transição, de mudança na linguagem, após o primeiro cinema, entre 1908 e 1915. Seu trabalho, como demonstra Tom Gunning, foi o de responder ao desafio de "integrar o cinema à cultura dominante",[74] em resposta a uma verdadeira "crise da estética cinematográfica"[75] revelada pela incapacidade de conseguir adaptar obras literárias famosas de uma maneira inteligível para a nova platéia. O uso que Griffith começou a fazer da alternância de tempos e espaços, da técnica do campo/

[71] Tom Gunning, "Weaving a Narrative: Style and Economic Background in Griffith's Biograph Films" in Thomas Elsaesser (ed.), Op. Cit., p. 339.

[72] Tom Gunning, "Weaving a Narrative", Op. Cit., p. 340.

[73] Tom Gunning, "Non-Continuity, Continuity, Discontinuity", Op. Cit., p. 92-93.

[74] Tom Gunning, "De la fumerie d'opium au théatre de la moralité", Op. Cit., p. 79.

[75] Tom Gunning, "De la fumerie d'opium au théatre de la moralité", Op. Cit., p. 83.

contracampo, da aproximação da câmera para definir psicologicamente e do ponto de vista subjetivo os personagens, deu aos filmes uma nova legibilidade, capaz de transmitir "o conteúdo moral e psicológico da narração".[76]

Nos Estados Unidos, esse período de transição dominado pelos nickelodeons tem algumas particularidades. É uma espécie de intervalo, em que a maioria do público deixa de ser aquela predominantemente pequeno-burguesa dos vaudeviles e passa a ser composta por proletários e marginais. Este público operário e pobre é que vai alimentar os grandes lucros dos nickelodeons. Curiosamente, os filmes desse período ainda se dirigem àquele público pequeno-burguês branco que freqüenta os vaudeviles, mas que representa uma parte diminuta do total do público. Filmes com conteúdos racistas, sexistas, que ridicularizavam os imigrantes e os caipiras recém-urbanizados, bem ao gosto dos burgueses dos vaudeviles, eram na verdade consumidos em escala crescente pela massa de proletários dos nickelodeons. Isso mostra que os produtores de filmes não se adaptaram imediatamente à explosão de público e de demanda por filmes iniciada em 1907. Mas os espectadores dos filmes exibidos nos nickelodeons não tinham muitas outras opções de diversão barata. Para este público de trabalhadores pobres, os nickelodeons funcionavam como locais de encontro com seus pares de trabalho ou nação, mas não eram espaços de diversão saudável, familiar ou educativa.

Ao mesmo tempo, é um período de alta lucratividade e de estabilização do cinema como indústria, que fomenta a discussão sobre as formas de se reconquistar as classes *respeitáveis*. Este esforço de atrair a classe média é visível tanto nas novas maneiras de fazer filmes, nas quais o papel de Griffith foi decisivo, quanto na tematização estética do cinema, feita pela crítica e pela imprensa especializada da época,

---

[76] Tom Gunning, "De la fumerie d'opium au théatre de la moralité", Op. Cit., p. 85.

que chegava a propor de maneira quase normativa o uso de certas estratégias, como a proibição do olhar do ator na direção da câmera, a definição de padrões estéticos para heróis e heroínas e mesmo a freqüência dos finais felizes e do fracasso das opções pela marginalidade ou pelo crime. Procurava-se, propunha-se e debatia-se explicitamente a necessidade de uma estética mais refinada, que agradasse à sensibilidade das senhoras e à inocência dos mais jovens, bem como ensinasse às camadas mais baixas o valor do trabalho, da honestidade ou do senso comum. Num certo sentido, sabia-se que a burguesia só poderia entrar nos cinemas quando ver filmes se tornasse uma prática respeitável, familiar, educativa, e que evitasse os perigosos impulsos de afirmação das classes subalternas, pela repressão ou pela tutela didática de idéias sensatas. Deve-se lembrar que esses objetivos estavam em perfeita consonância com o contexto ideológico dentro do qual o cinema tinha surgido e que é assim resumido por Ismail Xavier:

> Um credo de fé na ciência positiva, a perspectiva otimista de seu progresso material ilimitado, conduzindo o homem ao domínio crescente da natureza, a hipertrofia do aspecto técnico da cultura como depósito das mais altas significações. Uma ideologia da solução material dos problemas humanos como efeito direto do aumento da capacidade produtiva da sociedade e da racionalização crescente das relações entre os homens, entendida como harmonização obtida pelo uso do bom senso próprio à atitude do sábio perante seu objetivo.[77]

Há um grande esforço de domesticação destes espaços selvagens dos cinemas, para afastar os temores da gente refinada: diminuição da escuridão absoluta nas salas de projeção, presença do lanterninha, eventual presença de um comentador em alguns casos, manutenção

---

[77] Ismail Xavier, *Sétima arte: um culto moderno*, São Paulo, Perspectiva, 1978, p. 24.

de ambientes limpos, arejados etc. Assim, junto com a estabilização da indústria do cinema inicia-se a criação de um padrão ambiental para o consumo de filmes, um padrão narrativo e um processo de massificação de um gosto pequeno-burguês. O período dos nickelodeons é a verdadeira transição entre o primeiro cinema e o cinema inconstitucional, transição na qual se apagam as evidências visuais, estéticas e ambientais das diferenças de classe, diferenças de sexo, diferenças técnicas. A transição é, neste sentido, uma forma de homogeneização.

Noel Burch descreve muito bem tal processo, mostrando como nos Estados Unidos esta trajetória do cinema implica a negação de toda uma camada da sociedade que, apesar de tudo, era a maioria do público dos nickelodeons. Ele mostra como a criação de um público de massas é um processo especificamente norte-americano, baseado no humor racista e antiimigrante que era típico dos vaudeviles. Mas aos poucos o espctáculo de vaudevile se tornou uma atividade destinada a inculcar nos pequenos funcionários de serviços "uma espécie de humanismo cientificista, uma fé na grandeza e na superioridade dos homens", implícitos nas antigas sessões de domesticação de animais, hipnotismo e magia desmistificada, que, nos vaudeviles, tentavam substituir as crenças religiosas tradicionais por um espetáculo sensato e respeitável.[78]

Enquanto o público dos vaudeviles era "socialmente homogêneo e sexualmente misto",[79] puritano e familiar, o dos nickelodeons era masculino e impedia que qualquer homem de respeito levasse sua mulher. Daí que a conquista da respeitabilidade passava a significar a conquista, pelos cinemas, da mulher burguesa típica. Num clima de forte condenação moral do cinema, que culminou com o movimento

[78] Noel Burch, *El tragaluz del infinito*, Madrid, Catedra, 1987, p. 121-125.
[79] Noel Burch, *El tragaluz del infinito*, Op. Cit., p. 130.

de autocensura pelas próprias companhias produtoras, impunha-se ao cinema retomar uma função de tutela didática e pacificadora diante das influências malignas, por parte das classes trabalhadoras, de vícios como o alcoolismo ou das tentações de uma vida de criminalidade. Exaltavam-se, pelo contrário, valores como honestidade, temperança e trabalho. Daí o começo de toda uma tipificação da maneira adequada para se construir heróis e heroínas, enredos e formas de filmar.

É possível que a opção de Griffith pelas estruturas do melodrama também se relacione com tudo isso. De qualquer forma, Burch parece estar certo em reconhecer o papel decisivo da "obliteração aparente das distinções de classe e o estabelecimento de todas as instâncias possíveis de consenso", não apenas no estabelecimento de um certo tipo de cinema nos Estados Unidos, mas na consolidação do próprio sistema sócio-econômico norte-americano como um todo.[80]

*   *   *

A possibilidade de designar como *domesticação* este processo de integração do cinema a uma cultura dominante e a sua transformação em espetáculo de massa justifica o título deste trabalho. Estamos chamando de domesticação esta transformação que começa a se operar no final do período do primeiro cinema. Daí o sentido de assim ordenar as palavras do título: espetáculo, narração, domesticação. É uma tentativa de metaforizar o percurso do cinema, da dominância do espetáculo popular até a dominância de um modelo narrativo consagrado pela tradição.

---

[80] Noel Burch, *El tragaluz del infinito*, Op. Cit., p. 143.

Esta domesticação não se refere apenas à adequação do cinema a um novo público de classe média, à moralização temática dos filmes, à familiarização do ambiente em que eram exibidos, ou ao que Noel Burch chama de codificação capitalista da propriedade da imagem sobre um estado anterior (de apropriação do cinema pelas massas e pela cultura popular).[81] Quando falamos em domesticação, estamos nos referindo também a uma submissão civilizatória, através da transformação do próprio código narrativo do cinema. O que se traduz também na perda daquele sentimento de desamparo mencionado no início deste capítulo, de desalento diante do decorrido, do irrecuperável, da "vida que aparece para morrer a cada instante".[82]

A domesticação que vai se instaurando no primeiro cinema parece ter a chancela do senso comum. Ela se estabelece como um processo de homogeneização na representação do espaço e do tempo, como um processo de enquadramento de forças divergentes, de fabricação de personagens sem ambigüidade, de finais felizes necessários. Ela faz uma moralização das trajetórias, realiza um certo encarceramento dos movimentos histéricos e incontroláveis, presentes nos objetos repentinamente animados e nos personagens possuídos que povoam os filmes de transformações. A instalação gradual do princípio de alternância na narração do cinema está ligada a este movimento maior, talvez mais sutil, desta produção de uma causação necessária de aventuras, perdições e punições. A domesticação pode ser entendida nesse sentido como uma força homogeneizante, esta é a sua principal característica, e ela gradualmente se tornou dominante, seja

---

[81] Veja "Intervention de M. Noel Burch au Symposium de Brighton – Juin 1978, Session 4" in Roger Holman (ed.), *Cinema 1900-1906*, Bruxelas, F.I.A.F., 1982, volume 1, p. 67. Neste trecho, Burch discute a questão do plágio e de como a propriedade das imagens, antes não regulamentada, vai ser institucionalizando: "A fixação das leis, a codificação da propriedade, é uma coisa progressiva no capitalismo, como será no cinema. O cinema recapitula de uma maneira notável, aliás, a história do capitalismo, sobretudo e certamente no plano econômico."
[82] Lúcia Santaella, "O signo à luz do espelho", Op. Cit., p. 40.

dentro dos filmes – em sua linguagem –, seja fora deles – em seu contexto.

Expusemos até aqui as principais características daquilo que estamos chamando de primeiro cinema e do período que se seguiu a ele com uma série de contrastes. No próximo capítulo, tentaremos explicar por que é que o primeiro cinema permaneceu pouco estudado ao longo do tempo e por que o interesse dos historiadores por esse cinema cresceu a partir do final dos anos 1970.

3 Alguns comentários sobre a historiografia

O interesse dos historiadores do cinema em pesquisar os filmes do período pré-Griffith é relativamente recente: surgiu apenas a partir do final dos anos 1970. Várias razões explicam este retardamento. Um dos fatores mais importantes é, certamente, a concepção que as histórias do cinema tinham sobre o próprio cinema. Para certos historiadores clássicos – como Lewis Jacobs, Georges Sadoul ou Jean Mitry –, os filmes servem essencialmente para contar histórias. Para tal finalidade, o cinema possui uma linguagem própria, cuja especificidade reside basicamente num conjunto de regras e procedimentos através dos quais constrói um mundo fictício perfeitamente homogêneo. Para este tipo de concepção, a linguagem do cinema seria, portanto, uma entidade atemporal, inerente ao próprio cinema, mas que teve de ser descoberta em algum momento pelos artífices de filmes. E por isso estudar o início do cinema implica buscar no passado do cinema os germes desta linguagem. Nesse sentido, Jacques Deslandes afirmava em 1966 que:

> Desde o nascimento da Sétima Arte se entreviam todos os seus desenvolvimentos futuros. As primeiras câmeras – incluindo os primeiros projetores, simples caixas de madeira munidas de uma objetiva e de uma manivela – já continham, além disso, todas as possibilidades técnicas que permitiriam a elaboração da linguagem cinematográfica.[1]

[1] Jacques Deslandes, *Histoire comparée du cinéma*, Tome 1: de la cinématique au cinématographe 1826-1896, Tournai, Casterman, 1966, p. 281-283.

A abordagem tradicional considerava que somente a partir do momento em que se começou a manipular satisfatoriamente os vários elementos desta linguagem – a alternância de tempos e espaços, os *closes*, os campos/contracampos, as tomadas subjetivas, a centralização, os *travellings*, as panorâmicas, as fusões etc. – para construir narrativas fluentes é que o cinema teria se transformado num sistema de expressão verdadeiramente artístico. É por isso que durante muito tempo o cinema dos primeiros vinte anos foi considerado um amontoado de "desajeitadas tentativas de buscar uma direção para um tipo de estilo narrativo que seria intrínseco ao meio, esse estilo que chamamos hoje de cinema clássico".[2] Para este tipo de historiografia, que privilegia a forma narrativa, o período do primeiro cinema foi uma época de confusão inicial em que o cinema estava misturado a outros tipos de manifestações culturais – o teatro popular, a lanterna mágica, o vaudevile, as atrações de feira. Os primeiros filmes eram avaliados como propostas hesitantes, primitivas e desarticuladas de se construir uma linguagem propriamente cinematográfica.

Segundo esta mesma historiografia o cinema teria, aos poucos, superado as *limitações* iniciais e se transformado em *arte* ao encontrar os elementos específicos de sua linguagem. Tal especificidade estaria justamente ligada à questão narrativa e à instituição da montagem como instrumento fundamental para o cinema narrativo. Para este tipo de visão, o triunfo do sistema representativo que veio a se tornar hegemônico significou uma evolução do cinema por meio de uma superação gradativa de obstáculos. Neste sentido, não se considerou importante estudar aquelas características de estranheza do primeiro cinema, mas apenas os indícios da linguagem clássica que se estabeleceria posteriormente. Por esse motivo, muitos dos primeiros filmes,

[2] Eileen Bowser, "Silent Fiction: Reframing Early Cinema" in William Sloan (ed.), *Circulating Film Library Catalog*, New York, Museum of Modern Art, 1984, p. 12.

principalmente aqueles que não tendiam para uma narrativa linear e não caminhavam em direção à montagem invisível, requisito fundamental da verossimilhança fílmica, ficaram esquecidos nas cinematecas, classificados como *pré-cinematográficos*, uma vez que oscilavam naquela zona cinzenta entre outras práticas populares de cultura e o *cinema propriamente dito*.

Vemos que a história tradicional entende o período inicial do cinema de um ponto de vista evolutivo: ela considera o primeiro cinema como uma época basicamente infantil, em que certos pioneiros particularmente sensíveis aos germes de uma nova linguagem se punham a experimentar seus *verdadeiros* princípios. Uma espécie de fase preliminar, em que estas tentativas primordiais de construir um discurso especificamente cinematográfico – assentado sobre o sintagma narrativo linear – criavam filmes que ainda não faziam parte daquilo que viríamos a conhecer como "o cinema". Preocupados em promover o cinema ao status elevado das belas-artes, muitos historiadores afirmaram que os filmes feitos antes de Griffith não eram exatamente obras de arte. Em 1949, Nicholas Vardac escreveu:

A chegada do cinema como uma forma de arte autônoma e amadurecida pode ser datada pela apresentação, em 1915, de *O nascimento de uma nação*, de D. W. Griffith. Do tempo das primeiras projeções do vitascópio Edison-Armat em 1895 e 1896 até a conquista de uma forma de arte cinemática em 1915 decorreram duas décadas, antes que as técnicas da câmera e da encenação (*photoplay*) conquistassem seletividade, unidade de propósito, ênfase dramática, estética de composição pictórica, dinâmica e estática, em suma, antes que elas atingissem o status de uma forma de arte. Seus dispositivos básicos, como o *cutback*, a dissolução, o *fade-in*, o *fade-out*, a panorâmica e o *close-up* podem ter-se tornado técnicas úteis logo depois da chegada do vitascópio, mas o seu desenvolvimento para o efeito artístico e dramático, para a integração de um todo estético, dramático e pictural não veio antes de decorridos vinte anos.[3]

Já mencionamos no capítulo anterior que D. W. Griffith teve um papel importante na transição do cinema para uma forma narrativa auto-suficiente. Neste sentido, Vardac não estaria avaliando mal o papel de Griffith. A questão é, como se percebe no trecho citado, a suposição da existência de uma linguagem inerente ao cinema, como sinal de sua qualidade verdadeiramente artística.

Se a arte do cinema depende, segundo o raciocínio das histórias clássicas, do bom uso de certos princípios de sua linguagem, deveríamos procurar no passado o momento em que estes princípios se materializaram em filmes concretos. Daí a valorização dos chamados *pioneiros* e das famosas *primeiras vezes*. Os irmãos Lumière, por seus filmes em ambientes naturais e filmagens de atualidades, são assim considerados precursores do cinema documentário. George Méliès, com seus filmes de mágicas e de fantasias, passa a ser aquele que descobriu as possibilidades cênicas do cinema. Quanto ao descobridor da montagem, há divergências.

Pensando como Vardac, outros historiadores norte-americanos dizem que foi Edwin Porter, operador da Companhia Edison, quem descobriu o princípio da montagem quando fez o filme *Life of an American Fireman* em 1903. Em 1926, Terry Ramsaye afirmava ter sido "nos estúdios Edison, onde nasceu a arte do cinema e também onde ela foi melhor protegida contra os descaminhos da luta pela existência, que emergiu a idéia narrativa".[4] Nesta mesma direção, Lewis Jacobs escreveu em 1939 que:

---

[3] Nicholas Vardac, *Stage to Screen – Theatrical Origins of Early Film: David Garrick to D.W.Griffith*, New York, Da Capo Press, s/d, p. 165.
[4] Citado por Charles Musser, "The EarlyCinema of Edwin Porter" in Roger Holman (ed.), *Cinema 1900-1906*, Bruxelas, F.I.A.F., 1982, volume 1, p. 265.

Se foi Georges Méliès o primeiro a "impulsionar o cinema na direção teatral", como ele mesmo reivindicava, então Edwin Porter foi o primeiro a impulsionar o cinema na direção cinemática. Geralmente considerado, hoje, como o pai do filme narrativo, ele deu mais do que contribuições ficcionais à tradição do cinema. Foi Porter quem descobriu que a arte do cinema depende da continuidade entre os planos e não de cada plano isoladamente. Não satisfeito com as cenas artificialmente arranjadas de Méliès, Porter diferenciou os filmes de outras formas teatrais e ainda lhes acrescentou a invenção da montagem. Quase todos os desenvolvimentos do cinema desde a descoberta de Porter nasceram do princípio da montagem, que é a base da arte cinematográfica.[5]

Jacobs afirmava que, até fazer *Life of an American fireman*, Porter não tinha "aprendido a contar uma história", tendo feito grande quantidade de filmes "literais e pouco imaginativos" que "não mostravam sinais notáveis de originalidade".[6] Hoje é difícil aceitarmos com naturalidade tais considerações. A desvalorização que Jacobs faz das atualidades, dos quadros de vaudevile e das piadas filmados por Porter demonstra claramente que ele privilegiava a idéia da superioridade do filme narrativo sobre qualquer outro tipo de cinema.

Opondo-se a Ramsaye e a Jacobs, Georges Sadoul considerava que os realizadores das primeiras montagens foram os ingleses G. A. Smith e James Williamson. Para ele, Williamson tinha criado uma relação causal inédita entre uma vítima que pede socorro e a chegada dos seus salvadores no filme *Attack on a China mission* (1900), através da alternância entre os planos, conseguida pela montagem. E Smith tinha criado "a primeira verdadeira montagem" nas alternâncias entre o plano

---

[5] Lewis Jacobs, *The Rise of the American Film, a Critical History*, New York, Teachers College Press, 1967, p. 35.
[6] Lewis Jacobs, Op. Cit., p. 36.

de conjunto e os primeiros planos de *Grandma's reading glass* (1900) e *As seen through a telescope* (1900). Em *Grandma's reading glass*, o plano de conjunto mostra uma senhora e seu neto, que observa vários objetos com o auxílio da lupa. Este plano é intercalado com *closes* das coisas que o garoto observa, filmadas através de uma máscara circular que representa a lente da avó. Em *As seen through a telescope* um plano de conjunto mostra um casal sendo observado à distância por um velho. Intercala-se no meio deste plano um *close* da mão da moça amarrando os cordões da botina, vista dentro de uma máscara circular que simboliza a intermediação do telescópio.[7]

Em 1967, Jean Mitry criticaria a defesa que Sadoul tinha feito da primazia dos ingleses, em relação a Porter, no tocante à invenção da montagem. Para Mitry, Sadoul

> tendia exageradamente a não ver em Porter mais que um imitador, um Zecca americano, enquanto Terry Ramsaye e Lewis Jacobs, recusando tudo aos ingleses, vêem nele o único criador da montagem. Eles esquecem de considerar que a similitude de idéias não é necessariamente cópia, e que, por serem tanto uns como outros operadores e não diretores, Smith, Williamson e Porter (...) deveriam logicamente chegar à organização de suas paisagens do modo como fizeram, chegando assim, todos ao mesmo tempo, à descoberta da montagem. Méliès e Zecca ignoraram-na porque, sendo gente de teatro, só podiam conceber um espetáculo segundo as regras da encenação. (...) A idéia da montagem decorre logicamente da organização de um relato e não é uma obra exclusiva de um gênio transcendente. (...) Se os ingleses descobriram a continuidade e a montagem, foi Porter quem compreendeu primeiro que a arte do cinema dependia desta continuidade e desta

---

[7] Georges Sadoul, *História do cinema mundial*, São Paulo, Livraria Martins Editora, 1963, pp. 40-41.

Fotograma do filme The great train robbery *(1903), de Porter, mostra a explosão do cofre do trem provocada pelos ladrões durante a cena do assalto.*

montagem. (...) Em Porter a continuidade torna-se geradora do drama, ou pelo menos da emoção dramática.[8]

Neste trecho, vemos que Mitry compartilha com seus antecessores a idéia de que a organização lógica do filme tende naturalmente para a montagem. Critica assim a idéia da existência dos pioneiros, mas também reforça a idéia de um processo de descobrimento de uma linguagem intrínseca ao cinema. Porter é mais uma vez mencionado, quando Mitry declara que *The great train robbery* (Edison, Porter, 1903) continha esta essência do cinema:

A influência deste filme, que pode ser considerado como a primeira história contada em termos cinematográficos, foi considerável. Ele ensinou a todos os iniciantes de então o que era um filme e como um filme deveria ser feito. Foi o modelo, o filme-tipo e assim permaneceu até que Griffith desenvolvesse os princípios da montagem, dos quais ele [Porter] foi a expressão inicial.[9]

---

[8] Jean Mitry, *Histoire du cinéma – Art et industrie*, Tome I, 1895-1914, Paris, Editions Universitaires, 1967, p. 236-237.
[9] Jean Mitry, Op. Cit., p. 237.

Mitry considera ainda que o filme de Porter "mesmo considera-velmente ultrapassado, carrega o germe da expressão fílmica e perma-nece, diante da história, como o primeiro filme que foi, verdadeira-mente, cinema".[10]

A idéia de um verdadeiro cinema se contrapunha, assim, à idéia de uma certa teatralidade dos primeiros filmes. Neste sentido, Mitry considerava como não cinematográficos filmes com imobilidade do ponto de vista, como os de Méliès, ou aqueles concebidos como mera reprodução de espetáculos teatrais. Para o autor, a um primeiro perío-do dominado pela teatralidade e pelo imobilismo, cujo paradigma são os filmes de Méliès, seguiu-se um outro, dominado pelos filmes de perseguição descobertos por Smith, Porter e Williamson. Ele considera esta mudança como a passagem da teatralidade para uma verossimi-lhança propriamente cinematográfica e afirma que o cinema francês teria "ficado para trás" em relação ao americano porque não saiu da teatralidade, imposta por um público burguês, enquanto "o que con-duziu os americanos para a via do verdadeiro cinema" tinha sido "este público, felizmente inculto, mas aberto e constantemente disponível" para as mudanças, formado por operários e imigrantes das camadas populares.[11]

Porter (e, em menor proporção, os pioneiros ingleses), como ve-mos, é o grande assunto quando a historiografia tradicional fala do primeiro cinema. A questão é perceber que estes posicionamentos tendem a supervalorizar seu papel justamente por causa da impor-tância que se deu à narrativa como definidora da especificidade do cinema.

*   *   *

<hr>

[10] Jean Mitry, Op. Cit., p. 240.
[11] Jean Mitry, Op. Cit., p. 201-202.

Os trechos citados são exemplos de como os historiadores utilizavam para os primeiros filmes certos critérios de julgamento que só foram questionados muitos anos depois. Em 1989, Gaudreault e Gunning afirmavam que estes critérios pertencem a uma visão teleológica "porque tendem a privilegiar uma lógica da finalidade no exame de uma realidade, mas o cinema de 1895 a 1915 deve, ao contrário, ser medido a partir de suas próprias finalidades sucessivas, ano após ano, ou pelo menos período após período".[12] No mesmo texto, os autores relacionavam as mudanças na historiografia do cinema nos últimos dez anos. Lembravam que a crítica às histórias clássicas do cinema devia muito a uma série de artigos publicados por Jean-Louis Comolli na revista francesa *Cahiers du Cinéma* em 1971 e 1972.

Em "Technique et ideologie: caméra, perspective, profondeur de champ", Jean-Louis Comolli defendia uma história materialista do cinema, através de uma longa crítica dos textos que até então tinham tratado do assunto. Neste texto, Comolli explicitava sua discordância com

> a concepção instalada pelo conjunto das histórias do cinema em vigor: linearidade causal, reivindicação de autonomia, ao mesmo tempo, da especificidade do cinema e do modelo das histórias idealistas da arte, preocupação teleológica, idéia de um progresso ou aperfeiçoamento não apenas das técnicas mas também das formas, em suma, identificação, recuperação, submersão da prática cinematográfica à massa de filmes já feitos, terminados, tidos como concretos, obras iguais no direito de fundar e escrever esta história, sendo mais ou menos belas.[13]

[12] André Gaudreault e Tom Gunning, "Le cinéma des premiers temps: un défi a l'histoire du cinéma?" in Jacques Aumont, André Gaudreault e Michel Marie (eds.), *L'histoire du cinéma: nouvelles approches*, Paris, Sorbonne, 1989, pp. 53-54. Os autores comentam, neste texto, vários outros trechos onde, nos livros de Mitry, Sadoul e Jacobs, estes autores revelam a crença de que o cinema tenderia naturalmente a ser dominado por uma linguagem especificamente narrativa.

[13] Jean-Louis Comolli, "Technique et ideologie: caméra, perspective, profondeur de champ", *Cahiers du cinéma*, número 230, juillet 1971, Paris, L'Étoile, p. 55-56.

A formulação de Comolli era de certa forma inédita e, nas palavras de Gaudreault e Gunning, está na origem de uma nova atitude da historiografia, porque "veio sacudir as pulgas da história oficial".[14] Comolli fazia uma extensa crítica aos pressupostos e à prática da historiografia clássica, comentando principalmente o trabalho de Jean Mitry. Defendia a necessidade de uma teoria do cinema que enfrentasse a retórica da velha história do cinema, permeada por expressões como "pela primeira vez" ou "aperfeiçoamento da linguagem". Comolli queria uma teoria que fizesse a crítica da maneira como a historiografia inseria todas as invenções inaugurais numa "única cadeia causal (aquela do progresso) os milhares de atos de uma produção disseminada, irredutível a uma [única] lógica".[15]

Comolli propunha que uma nova história do cinema deveria ter consciência da historicidade de seu próprio olhar quando se pusesse a entender as "práticas significantes" no cinema. Para isso, seria necessário destruir a separação entre história e teoria do cinema, já que recomendava o estudo das formas fílmicas dentro de uma "temporalidade cortada, recursiva, dialética, irredutível a um sentido único, feita de tipos de práticas significantes cujas séries plurais permanecem sem origem e sem fim". Isto deslocaria "as classificações e ordens estabelecidas de longa data por historiadores e

---

[14] André Gaudreault e Tom Gunning, "Le cinéma des premiers temps: un défi a l'histoire du cinéma?" Op. Cit., p. 52. Deve ficar claro, todavia, que a proposta de história e crítica materialista de Comolli não tinha surgido de repente. Podemos afirmar que, ao longo da história do cinema, há toda uma tradição de crítica, teórica e prática, ao cinema narrativo de Hollywood. São exemplos disso o cinema soviético no período imediatamente posterior à revolução, o expressionismo alemão, as obras cinematográficas das vanguardas artísticas dos anos 20, a produção da chamada vanguarda norte-americana a partir dos anos 40, o neo-realismo, a nouvelle vague e os cinemas nacionais dos anos 60. Cada um desses movimentos, além dos filmes, promoveu debates teóricos sobre a questão (textos, artigos, manifestos, conferências etc). Esse não é, porém, o assunto do presente livro.

[15] Jean-Louis Comolli, "Technique et ideologie: caméra, perspective, profondeur de champ", *Cahiers du cinéma*, número 231, agosto-setembro 1971, p. 43, nota de rodapé número 2.

teóricos da estética", conectando estas práticas com o todo social que as lê.[16]

Um dos exemplos que Comolli fornecia para demonstrar as razões de sua crítica era a questão do *close-up*. Ele lembrava que a ideologia das "primeiras vezes" aparecia sintomaticamente quando Jean Mitry analisava alguns exemplos de *closes*. Para Mitry, o *close* da cabeça de Méliès em *L'homme à la tête de caoutchouc* (Star Film, Méliès, 1902) e também o *close* do alarme de incêndio em *Life of an American fireman* (Edison, Porter, 1903) eram puramente descritivos, enquanto que "o *close-up* tal como o conhecemos só apareceu em 1913, notadamente em *Judith of Bethulia*" (Biograph, Griffith, 1913). No filme de Griffith era possível encontrar, "pela primeira vez", um *close* não apenas "descritivo" mas já "expressivo", o que o elevava "à altura de signo".[17] Segundo Comolli, Mitry cometia um erro "ao opor [o *close-up* como] o *simples efeito de aumento* ao [*close-up* como] *meio de expressão elevado à altura de signo*" e ao negar ao primeiro este estatuto.[18] O restrito conceito de *close-up*, assim como os conceitos relativos a outros dispositivos expressivos usados no cinema, era regido por uma normatividade implícita no texto de Mitry, cujas palavras tornavam evidente alguma dificuldade em admitir as ambigüidades e retrocessos do terreno histórico no qual se faz o cinema e a própria história deste cinema. Para Comolli,

> buscar a origem do "*close* tal como o conhecemos" resulta no apagamento da cena das contradições onde atuam as condições da significação cinematográfica, em proveito de uma série autônoma de procedi-

---

[16] Jean-Louis Comolli, "Technique et ideologie: caméra, perspective, profondeur de champ", Op Cit., número 231, p. 44.

[17] Jean Mitry, *Esthétique et psychologie du cinéma*, Tome I: Les formes, Éditions Universitaires, p. 162-163, citado por Jean-Louis Comolli, "Technique et ideologie: caméra, perspective, profondeur de champ", Op Cit., número 231, p. 47.

[18] Jean-Louis Comolli, "Technique et ideologie: caméra, perspective, profondeur de champ", Op Cit., número 231, p. 47. As expressões em itálico são de Mitry.

mentos técnicos que, uma vez inventados, sistematizados, entronizados por algum pioneiro (cuja prática, por isso mesmo, não necessariamente tem algo a ver com aquelas dos cineastas posteriores), seriam no seu primeiro dia, e de uma vez por todas, disponíveis e utilizáveis universal e intemporalmente.[19]

Da mesma maneira, Comolli criticava os conceitos de Mitry sobre o *travelling* e a profundidade de campo, afirmando que ler estes dispositivos como procedimentos unicamente técnicos, "cortando-os da prática significante da qual eles eram não apenas fatores, mas também efeitos", implicava construir "um objeto a-histórico que, com exceção de pequenos ajustes menores (aperfeiçoamentos técnicos) circularia de filme em filme, sempre idêntico a si mesmo".[20]

A partir desta série de artigos, surgiram vários estudos que tentavam dar continuidade ao exame dos problemas que Comolli tinha apontado. Gaudreault e Gunning afirmam que os resultados de uma análise tão impactante não demoraram a aparecer, pois alguns anos depois apareceram muitas reflexões que tentavam evitar os erros da historiografia clássica, propondo basicamente que

> 1) O cinema dos primeiros tempos apresenta formas discursivas estranhas ao cinema que se institucionalizou após 1915 (...) e não pode ser julgado por normas que então nem existiam ainda. 2) As normas que iriam ser erguidas para dar nascimento à (...) *linguagem cinematográfica* (...) não apresentavam, em última análise, apesar de sua durabilidade, mais do que um instante do código.[21]

---

[19] Jean-Louis Comolli, "Technique et idéologie: caméra, perspective, profondeur de champ", Op Cit., número 231, pp. 47-48.

[20] Jean-Louis Comolli, "Technique et idéologie: caméra, perspective, profondeur de champ", Op Cit., número 231, p. 49.

[21] André Gaudreault e Tom Gunning, "Le cinéma des premiers temps: un défi a l'histoire du cinéma?", Op. Cit., p. 53.

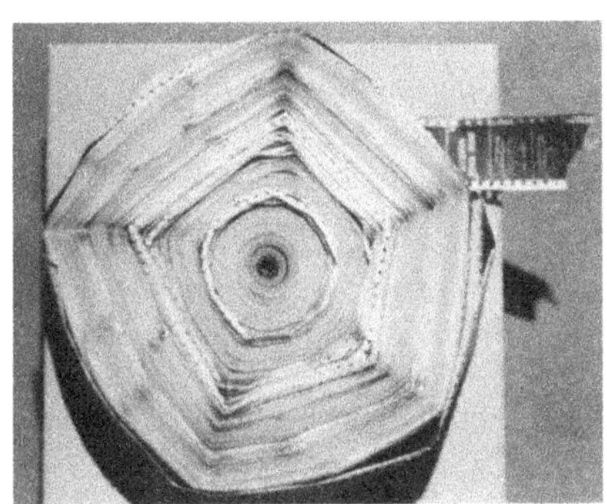

Um dos rolos de cópias fotográficas ainda amassadas e ressecadas, feitas em papel, a partir do negativo de filme, no início do século 20, antes de ser recuperado por Kemp Niver, autor desta foto.

A reformulação das pesquisas sobre os primeiros anos do cinema resultou em um novo ambiente de crítica teórica, mas tomou impulso também porque os novos pesquisadores puderam ter acesso a um material que não estava disponível no tempo dos historiadores clássicos: a *Paper Print Collection* da Biblioteca do Congresso dos Estados Unidos, em Washington.

Em 1940, um funcionário da Biblioteca do Congresso descobriu dentro de um cofre, cuja fechadura ele teve que arrebentar, vários rolos de tiras de papel sobre as quais se via copiada uma série de fotografias. Eram registros de *copyright* que logo se revelariam muito importantes. No final do século XIX não existia nenhuma legislação de direitos autorais que protegesse coisas tão novas quanto os primeiros filmes. As companhias produtoras de filmes queriam evitar, porém, que seus filmes fossem pirateados e explorados ilegalmente, já que esta era uma prática comum naquela época. Em 1894 a Cia. Edison começou a fazer longas tiras de papel fotográfico, onde copiava cada fotograma dos filmes de quinetoscópio, para poder registrá-los, em rolos, como conjuntos de fotografias individuais. Esta prática foi adotada por outras companhias para registrar seus filmes. Durante os anos seguintes, até 1912, cerca de cinco mil desses rolos – que passaram a se chamar *paper prints* (cópias em papel) – foram registrados na Biblioteca do Congresso. Alguns continham filmes inteiros, outros apenas as partes importantes.

Nos anos 1950, as *paper prints* começaram a despertar maior interesse, pois boa parte dos filmes registrados nelas tinham desaparecido em suas versões em nitrato de prata antes que pudessem ser copiados em celulóide. Essas cópias em papel eram, portanto, as únicas versões sobreviventes de filmes há muito tempo destruídos. Em Hollywood, um técnico e colecionador de filmes, Kemp Niver, começou a recuperar estes filmes, refotografando cada fotograma das cópias em papel (que ele havia previamente restaurado) num filme de 16 mm, financiado pela Academy of Motion Picture Arts and Sciences. Desta forma, Niver colocava à disposição dos pesquisadores a possibilidade de se pensar a história do cinema não mais a partir de anotações ou lembranças, como fizeram Ramsaye, Jacobs, Sadoul e Mitry, mas com base em rastros visuais dos filmes, bem mais eloqüentes.[22]

*   *   *

Um outro acontecimento importante para a consolidação de uma reformulação na direção das pesquisas sobre o cinema anterior a 1915 foi o Simpósio de Brighton. Essa reunião histórica foi realizada logo após o 34º Congresso Anual da Fiaf (Federação Internacional dos Arquivos de Filmes), em 1978, em Brighton, Inglaterra. Neste congresso, pesquisadores e arquivistas debateram juntos novos critérios de datação, identificação e preservação para os primeiros filmes, principalmente os filmes de ficção do período 1900-1906.[23] Para Thomas Elsaesser, o

---

[22] Baseio a descrição desta descoberta em Tom Gunning, *D. W. Griffith and the Origins of American Narrative Film: The Early Years at Biograph*, Urbana/Chicago, University of Illinois Press, 1991, pp. 1-3 e Eric Barnouw, *The Magician and the Cinema*, New York/Oxford, Oxford University Press, pp. 85-86.

[23] Participaram deste simpósio, entre outros: John Barnes, Michael Chanan, Paul Spehr, John Fell, Eileen Bowser, Noel Burch, Jon Gartenberg, André Gaudreault, Tom Gunning, David Levy, John Hagan, Charles Musser, Barry Salt, Martin Sopocy. Os textos apresentados foram publicados primeiro em francês, em *Les cahiers de la cinemathèque*, Le cinema des premiers temps (1900-1906), editado por André Gaudreault, número 29, inverno 1979, Perpignan; e depois em inglês, acompanhados de uma filmografia e da transcrição das discussões, em Roger Holman (ed.), *Cinema 1900-1906*, Brussels, F.I.A.F., 1982, dois volumes.

Simpósio de Brighton foi um "sintoma de que os arquivos de filmes estavam sentindo uma necessidade urgente de preservar e tornar acessíveis os materiais relativos ao primeiro cinema". A própria televisão contribuiu para fomentar estas discussões, porque necessitava cada vez mais de "material de arquivo autêntico, para seus programas políticos, documentários biográficos e educativos". Era cada vez mais necessária a "internacionalização das pesquisas e a colaboração entre arquivistas e pesquisadores" que pudessem encontrar "formas mais confiáveis para identificar, interpretar e periodizar filmes", fragmentos de filmes e material não fílmico.[24] O encontro de Brighton serviu para se repensarem estes temas.

As reuniões que aconteceram em Brighton foram importantes por duas razões. Em primeiro lugar, era provavelmente a primeira vez que se fazia uma discussão sistemática e verdadeiramente coletiva sobre os primeiros filmes de um ponto de vista radicalmente diferente das histórias clássicas do cinema. O que estava em questão eram não mais as primeiras manifestações de uma tendência posteriormente hegemônica, mas sim as características aparentemente anômalas dos filmes do período 1900-1906. Uma vez que os primeiros filmes apresentavam elementos estranhos aos procedimentos que seriam adotados depois, o desafio para esta nova história do cinema era, segundo as palavras (mais recentes) de Judith Mayne, "dar conta tanto da familiaridade como da estranheza" destes filmes, uma vez que "o primeiro cinema desfamiliariza nossos hábitos cinemáticos".[25] O Simpósio de Brighton também foi importante porque deu oportunidade para que alguns dos teóricos mais importantes do primeiro cinema discutissem,

---

[24] Thomas Elsaesser, "Early Cinema: From Linear History to Mass Media Archaeology", in Thomas Elsaesser (ed.), *Early Cinema: Space-Frame-Narrative*, London, BFI, 1990, p. 2.
[25] Judith Mayne, "Uncovering the female body", in Jay Leyda, *Before Hollywood: Turn-of-the-Century American Film*, New York, Hudson Hills Press/American Federation of Arts, 1987, pp.63-67.

pela primeira vez, formulações e resultados de pesquisas que vinham desenvolvendo isoladamente havia três ou quatro anos. Europeus e norte-americanos compartilharam preocupações e mostraram suas divergências. Muitos, como Burch, Musser e Gaudreault, traziam reflexões iniciadas a partir dos filmes de Porter, que a mitologia das histórias do cinema tinha definido como o *criador* da continuidade.

Tom Gunning propôs que certas características dos filmes do período configuravam o que ele chamou de "estilo não contínuo". A resistência a conceber um filme como um todo que compreende vários planos, a forte ligação com sistemas representativos provenientes da cultura popular da época, a interpelação constante do espectador pelo ator do filme, as abruptas elipses entre os planos, a montagem repetida das cenas (encavalamentos), os planos criados como *tableaux* alegóricos fora de qualquer linha narrativa e a mistura de encenações e documentários eram "elementos de um estilo cinematográfico que não tinha como objetivo primordial dar a ilusão de uma narrativa contínua".[26] Gunning lembrou que a historiografia tradicional tinha privilegiado a questão da continuidade porque utilizava como referência o modelo do teatro e da literatura e não o das artes populares, como a lanterna mágica, as histórias em quadrinhos, o teatro burlesco e o *vaudevile*.[27] A partir destas proposições Gunning desenvolveria, alguns anos depois, a noção de *cinema de atrações*.

Noel Burch apresentou o texto "Porter, or ambivalence", que se tornaria uma referência obrigatória para todos que posteriormente se

---

[26] Tom Gunning, "Le style non-continu du cinema des premiers temps", *Les cahiers de la cinemathéque*, numéro 29, inverno 1979, Perpignan, p. 33. Versão em francês do texto apresentado em Brighton, cuja versão original é "The Non-continuos Style of Early Film 1900-1906", publicado em Roger Holman (ed.), *Cinema 1900-1906*, Op Cit., volume 1, pp. 219-229.

[27] Ver a transcrição da exposição de Gunning em Brighton, onde ele debate com Noel Burch sobre até que ponto seria pertinente considerar o "estilo não-contínuo" como uma espécie de "resistência em curso" ao padrão da continuidade, como propunha Burch: "Symposium: Cinema 1900-1906, Session 2", in Roger Holman (ed.), *Cinema 1900-1906*, Op Cit., volume 1, p. 48.

interessaram pelo tema.[28] Ele substituía o termo *linguagem* pela noção de *modo de representação*, chamando de Modo de Representação Primitivo (MRP) ao conjunto de *anomalias* existentes no primeiro cinema, para diferenciá-las do que ele chamou de Modo de Representação Institucional (MRI), que é o modo de representação que se tornou hegemônico no cinema posterior. A idéia central desse texto era a de que havia nos filmes de Porter uma ambigüidade fundamental: a convivência de dois sistemas representativos antagônicos. O MRP estava ligado às formas populares de cultura – que incluíam o vaudevile, o circo, os números de magia, as atrações de feira, a lanterna mágica –, enquanto o MRI ligava-se às formas burguesas de cultura, cujo sistema de representação atravessava as formas clássicas de arte como a literatura, a pintura, o teatro. Burch recolocava a questão da teatralidade, vista classicamente como um defeito do cinema dos inícios, e propunha uma diferenciação entre teatro burguês e teatro popular, defendendo que o cinema se tornara *clássico* justamente porque havia conseguido criar uma forma de exprimir as características do teatro burguês: linearidade, continuidade, individualização dos personagens. Para que isto acontecesse decorreu um tempo longo: tal transposição, como afirma Burch, jamais poderia ter sido imediata, pois implicava a criação de uma nova gramática, diferente daquela do Modo de Representação Primitivo:

> A falência das tentativas de fazer a transposição pura e simples do teatro burguês para a tela (*Films d'Art*), devida precisamente à incompatibilidade básica entre o modo de representação primitivo e os códigos do teatro burguês, tinha mostrado que só o estabelecimento de um espaço sensório fechado na tela, a linearização dos significantes visuais (através da montagem, da centralização e da iluminação) e a

---

[28] Este texto foi publicado pela primeira vez em *Screen*, volume 19, número 4, inverno 1978-79, pp. 91-105.

constituição de um espaço-tempo diegético envolvente poderiam de fato tornar visível o que era essencial a este teatro (assim como aos romances e às pinturas) e apreciado pelas classes médias (...), cuja falta estava sendo sentida de forma cada vez mais aguda pelos realizadores, produtores e críticos mais perspicazes, principalmente na América.[29]

O texto apresentado por Gaudreault era uma análise detalhada de duas versões de *Life of an American fireman*, de Porter, uma proveniente da Biblioteca do Congresso em Washington e outra do Museu de Arte Moderna de Nova York. Para a historiografia clássica, a alternância na montagem deste filme era sinal evidente de precocidade nas estruturas narrativas construídas por Porter. Mas havia controvérsias sobre a estruturação da cena do salvamento da mulher de dentro do prédio em chamas. A versão de Washington mostrava todo o salvamento visto pelo lado de dentro do prédio e depois repetia a ação vista pelo lado de fora. Este trecho era portanto formado de apenas dois planos. Já a versão de Nova York apresentava vários planos intercalados, que mostravam alternadamente a ação sob os dois pontos de vista.

Gaudreault concluía que a descrição feita pela literatura referente ao assunto não coincidia com nenhuma das duas versões e que a cópia de Nova York tinha sido provavelmente remontada alguns anos depois. Era esta cópia que tinha servido às análises de Jacobs. O estudo de Gaudreault mostrava o risco de se confiar exclusivamente em dados secundários, como as descrições dos filmes impressas nos catálogos ou lembranças pessoais dos historiadores.

Charles Musser, outro pesquisador presente em Brighton, também criticava os equívocos da velha historiografia. Como seus colegas de Simpósio, Musser fazia uma análise a partir da obra de Porter. Ele

---

[29] Noel Burch, "Porter, or Ambivalence", *Screen*, Op. Cit., p.98.

explicava que historiadores como Ramsaye, Jacobs e Sadoul, além de terem se baseado em fontes pouco confiáveis, tinham tirado *Life of an American fireman* de seu contexto histórico-cultural:

> Ramsaye e Jacobs apresentaram-nos um conceito romântico do "artista primitivo" cujos *insights* revolucionários (golpes de gênio) o tinham conduzido ao filme que contava uma história (os inícios do filme narrativo) e à invenção da montagem. Eles ignoraram não apenas o contexto do cinema mundial e das diversões populares, mas o desenvolvimento anterior de Porter como realizador (...). Acusando Porter de imitar *Fire!*, de Williamson, Sadoul descartou o contexto das diversões populares e nos apresentou uma análise mecanicista ou genética do desenvolvimento do cinema.[30]

Para Musser, tanto Jacobs como Sadoul, ao definirem a continuidade como algo que foi descoberto por um ou outro pioneiro, estavam "lendo a história de trás para frente", já que "a montagem em continuidade, como conceito cultural, tinha sido formulada pela primeira vez por Lev Kuleshov no início dos anos 1920".[31] Em sua exposição em Brighton, Musser alertou para o fato de que a continuidade que Porter construiu em *Life of an American fireman* não era aquela que esperávamos encontrar partindo da leitura de Sadoul ou Jacobs. A proposta de Musser era de que Porter estava de fato preocupado com algum tipo de continuidade, não a que foi depois consagrada por Griffith, mas uma outra continuidade, que envolvia inclusive o encavalamento de ações. Esta forma de continuidade se relacionava com outras formas de diversão popular que envolviam imagens projetadas. Nesse sentido, seria mais adequado considerar *Life of an American fireman* como

---

[30] Charles Musser, "The Early Cinema of Edwin Porter", in Roger Holman (ed.), *Cinema 1900-1906*, Op Cit., volume 1, pp. 262-263

[31] Charles Musser, "The early cinema of Edwin Porter", Op. Cit., p. 263.

uma "canibalização das tradições da lanterna mágica – suas imagens, sua narrativa e o uso de certas técnicas".[32]

Musser propunha a necessidade de nos despirmos de critérios posteriores, para podermos entender as estratégias comunicativas de Porter ou de Smith como experiências, cuja etapa final eles não podiam prever, e que estavam sujeitas a um forte grau de indeterminação. Isto jamais poderia ter sido visto por uma historiografia finalista que partia de uma noção da continuidade como um *sistema organizado*. É pouco provável que os primeiros cineastas se sentissem como pessoas que estavam fazendo descobertas, porque suas descobertas resultaram de tentativas hesitantes. É neste sentido que, no texto que apresentou ao Simpósio de Brighton, Musser afirmava que o uso de procedimentos narrativos como a continuidade espaço-temporal, a fragmentação do espaço, a interpolação de *closes*, o uso de dissoluções e até de montagem paralela, tudo isso não significava que Smith e seus contemporâneos entendiam estes procedimentos como tais.

O que estava sendo descoberto em 1901-1903 eram estratégias bem específicas com aplicações extremamente limitadas e que, tomadas como um grupo, ainda não faziam parte de um sistema coerente. Diretores como Porter desenvolveram ou adotaram certas estratégias para muitas vezes abandoná-las mais tarde. Aquele era um período inventivo em que as estratégias usadas por cada diretor eram menos do que o total das que estavam sendo usadas. Por isso, para entender o desenvolvimento do primeiro cinema como uma dinâmica, é preciso que o historiador esteja menos preocupado com o desenvolvimento de procedimentos e observe mais de perto a acumulação de estratégias específicas.[33]

[32] Charles Musser, "Symposium: Cinema 1900-1906, Session 3", in Roger Holman (ed.), *Cinema 1900-1906*, Op Cit., volume 1, pp. 53-54.
[33] Charles Musser, "The early cinema of Edwin Porter", Op. Cit., p. 263.

Musser reafirmava, deste modo, que era necessário, antes de tirarmos conclusões apressadas sobre o *primitivismo* dos primeiros filmes, tomar em conta o contexto da época, que requalificava toda a discussão sobre as origens do cinema. As soluções que os primeiros realizadores criavam para seus filmes não podem ser entendidas como conquistas, e não eram imediatamente compartilhadas e adotadas por todos como pensaria a historiografia clássica. Os *pioneiros* do cinema, como são normalmente designados os primeiros homens que fizeram cinema, não estavam tentando *descobrir as regras* da linguagem do cinema, mas experimentando em direção desconhecida. O problema é que, como afirmou posteriormente Tom Gunning,

> a história do primeiro cinema, assim como a história do cinema em geral, tem sido escrita e teorizada sob a hegemonia dos filmes narrativos. Os primeiros realizadores como Smith, Méliès e Porter têm sido estudados fundamentalmente do ponto de vista de sua contribuição para o filme como meio de contar histórias, particularmente para a evolução da montagem narrativa. Apesar destas abordagens não serem totalmente mal orientadas, elas vêem apenas um lado do problema e potencialmente distorcem tanto o trabalho daqueles cineastas quanto as verdadeiras forças que moldam o cinema antes de 1906.[34]

A partir de Brighton uma nova geração de historiadores passou a duvidar dos relatos das histórias que descreviam o primeiro cinema, e também a checar suas informações e a investigar as relações entre os primeiros filmes e seu contexto cultural, econômico e industrial, como se fosse acometida daquilo que Gaudreault chama de "síndrome de São Tomé".[35]

[34] Tom Gunning, "The Cinema of Attractions: Early film, its Spectator and the Avant-Garde", in Thomas Elsaesser (ed.), *Early Cinema: Space-Frame-Narrative*, London, BFI, 1990, p. 56.
[35] André Guadreault, "La Passion du Christ: une forme, un genre, un discours", in Roland

Muito se discutiu desde então sobre a existência (ou não) de um sistema primitivo articulado, como propunha Burch. Além disso, autores como Baudry e Metz tinham trabalhado, nos anos 70, para entender o cinema enquanto aparato ideológico e fornecer um modelo de apreensão dos filmes por um sujeito hipotético diante de uma linguagem estabelecida. Mas para entender o primeiro cinema (e se quisermos ser rigorosos, qualquer cinema), seria necessária uma compreensão histórica de seu contexto, pois só assim suas "anomalias" poderiam ser entendidas como algo a mais do que desvios da norma. Em 1984, Gunning diria que os "pontos críticos no discurso fílmico revelam precisamente que a história do cinema não pode ser concebida de acordo com modelos estáticos de coerência e incoerência em relação a um ideal (freqüentemente não especificado) de continuidade clássica". Por isso, não se trata de entender os elementos do primeiro cinema como uma abordagem alternativa à narrativa clássica, como Burch tinha proposto, mas sim de perceber que estes elementos "revelam quão complexo e dialético é o desenvolvimento do estilo clássico".[36]

*　　*　　*

Uma das idéias equivocadas difundidas pelas histórias clássicas do cinema é a de que os primeiros filmes foram uma enorme novidade, diante da qual o público mostrou desconfiança ou grande espanto. Talvez não tenha sido exatamente assim. Como mostram os trabalhos de historiadores mais recentes, o cinema não surgiu como uma prática autônoma mas, ao contrário, veio como mais um dos aperfeiçoamentos

Cosandey, André Guadreault, Tom Gunning (eds.), *Une invention du diable? Cinéma des premiers temps et religion - An Invention of the Devil? Religion and Early Cinema*, Québec/Lausanne, Presses de L'Université Laval/Payot Lausanne, 1992, p. 92.
[36] Tom Gunning, "Non-Continuity, Continuity, Discontinuity: A Theory of Genres in Early Films", in Thomas Elsaesser, *Early Cinema: Space-Frame-Narrative*, Op. Cit., p. 86.

das técnicas óticas que eram utilizadas nos espetáculos de magia, nas apresentações de palestras auxiliadas por aparelhos de lanterna mágica, ou nos chamados "espetáculos totais" em que se procurava simular experiências da realidade de forma artificial, com uma proposta semelhante à da chamada "realidade virtual" de hoje. A aparição dos filmes no contexto maior das diversões populares do final do século XIX permite pensar que o cinema tinha características comuns com estas diversões, incluindo certas estratégias narrativas. Esta hipótese já era aventada por John Fell em 1974, em *Film and Narrative Tradition*.[37] Neste livro, Fell diz que o objeto de seu estudo é a forma de narrativa que resultou nas convenções visuais da linguagem popular do cinema. Mas o que ele achava mais interessante era a

> evidente não especificidade das técnicas fílmicas. Estas técnicas se refletiam em mídias aparentemente diferentes umas das outras, como o romance do século XIX, as primeiras histórias em quadrinhos, ilustrações de revistas, os cubistas e os impressionistas, a mais popular das literaturas populares e entretenimentos como teatro, feiras e salões. Juntas elas evidenciam uma direção narrativa que tem sido até agora negligenciada porque ramos separados da tradição têm sido considerados isoladamente.[38]

Por isso, seu objetivo era buscar no conjunto de formas culturais do século XIX a tradição narrativa que parecia, equivocadamente, ter surgido de maneira repentina no cinema.

Num texto mais recente, John Fell compara, como já fizera em seu livro, o desenvolvimento das histórias em quadrinhos (*comics*) com os primeiros filmes, concluindo que ambos aumentaram de tamanho

---

[37] John L. Fell, *Film and the Narrative Tradition*, Norman, University of Oklahoma Press, 1974.
[38] John L. Fell, *Film and the Narrative Tradition*, Op. Cit., p. XII.

de forma paralela e simultânea. Fell mostra como o *enquadramento* das histórias em quadrinhos sofria deslocamentos análogos aos primeiros deslocamentos de câmera no cinema, o que evidenciaria uma espécie de diálogo entre mídias diferentes. Além disso, personagens-tipo e enredos também saíam dos *comics*. Outros enredos se originavam de músicas populares que eram escutadas nos fonógrafos de Edison. Os fonógrafos eram máquinas nas quais músicas – gravadas inicialmente em cilindros – podiam ser escutadas em salões. Eles também passaram a ser vendidos para uso doméstico a partir de 1899.[39]

A convivência de várias formas de representação pode ser vista na lanterna mágica que, antes da fotografia, utilizava desenhos coloridos em placas de vidro, parecidas com os slides de hoje. Charles Musser nos lembra o exemplo das vinte lâminas de lanterna mágica pintadas em 1890 por Joseph Boggs Beale, representando o poema "O Corvo", de Edgar Allan Poe. As lâminas de Beale mostravam gestos melodramáticos e artificiais do personagem principal. Mas, ao mesmo tempo, Beale produz um ponto de vista móvel (que enquadra a cena de forma a alternar várias perspectivas) com movimentos de panorâmica e deslizamentos parecidos com os do cinema, e com um forte sentido de continuidade amarrando estes deslocamentos.[40]

Nesta direção, outro pesquisador, Burnes Hollyman, estudou o trabalho do lanternista Alexander Black, que fazia apresentações com placas estereográficas de lanterna mágica, feitas a partir de fotografias que ele mesmo tirava.[41] Ele fotografava cenas e lugares de Nova York, projetando-as depois em seqüência. A projeção das imagens coloridas de lanterna era um costume difundido, mas Black criava seqüências

[39] John L. Fell, "Cellulose Nitrate Roots: Popular Entertainments and the Birth of Film Narrative", in Jay Leyda, *Before Hollywood*, pp.39-44.
[40] Cf. Charles Musser, *The Emergence of Cinema*, Nova York, Charles Scribner's Sons, 1990, pp. 34-36.
[41] Burnes Hollyman, "Alexander Black's picture plays: 1983-1984", *Cinema Journal*, volume 16, número 2, Evanston, Society for Cinema Studies, primavera 1977, pp.26-33.

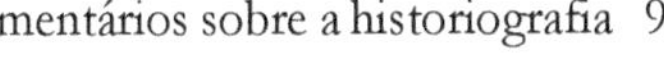

Exemplos de placas estereográficas (cujo tamanho original era de 43 x 105mm) utiliza-das em aparelhos individuais de visualização (os estereógrafos, que davam ao observador a sensação tridimensional), ou em conferências ilustradas e apresentações dramáticas auxi-liadas por fotografias. Origem e data desconhecidas, acervo da Cinemateca Brasileira.

narrativas com seus instantâneos projetados, em apresentações chamadas de *picture plays*. Chegou a escrever uma história completa, *Miss Jerry*, cuja apresentação durava cerca de duas horas e utilizava 480 fotografias, que eram dissolvidas umas nas outras para evitar a sensação de corte abrupto na imagem. A *dissolução* já era uma prática comum nos espetáculos estereoscópicos, mas Black inovou ao utilizá-la para fazer uma espécie de narrativa fotográfica quase cinemática. Além disso, as imagens que Black produzia para suas *picture plays* eram muito variadas porque ele usava uma câmera portátil, que podia ter acesso a vários locais. Sabendo que não podia transmitir exatamente a sensação de movimento, Black utilizou muitos recursos que se diz terem aparecido só com o cinema. Para descrever momentos de ação, retratava várias fases deles, que eram rapidamente justapostas no momento da projeção, para dar a ilusão de seqüência – fazendo o que hoje poderíamos chamar de *montagem em continuidade*. Em *Miss Jerry*, Black muitas vezes retratava ações simultâneas de forma alternada, fazendo a narrativa pular entre dois lugares diferentes e afastados, exatamente como acontece na montagem alternada do cinema. O artigo de Hollyman é um bom exemplo de como estudos de caso podem ajudar a desmistificar algumas idéias arraigadas e pouco fundamentadas sobre o cinema. A intenção do autor é "dissipar a história do cinema do mito da geração espontânea",[42] mostrando que certas técnicas narrativas e outros procedimentos não foram *inventados* por pioneiros como Porter ou Griffith, mas estavam de alguma maneira disseminados pela cultura do século XIX.

A nova historiografia tornou evidentes as dificuldades de compreender o primeiro cinema como uma mídia isolada e autônoma. É neste sentido que Musser propõe que se inclua a história do cinema dentro de uma história maior: a história das imagens projetadas.[43] Em

---

[42] Burnes Hollyman, Op. Cit., p. 33.
[43] Veja especialmente o capítulo 1: "Towards a History of the Screen Practice" em Charles Musser, *The Emergence of Cinema*, Op. Cit., pp. 15-54.

The Magician and the Cinema Erik Barnouw afirma que o cinema foi utilizado, no início, como mais uma das práticas de ilusionismo que integravam os números de magia.[44] Foi o sucesso das sessões de *fotografias animadas* que fez com que o cinema se tornasse aos poucos uma atração independente, mas isto poderia não ter acontecido. Não existia, como fariam crer as histórias clássicas, um destino traçado para o cinema. Para Jacobs, Méliès teria descoberto que a câmera podia "criar o sobrenatural".[45] Mas talvez hoje seja possível dizer o contrário: as *performances* sobrenaturais de Méliès é que puderam ser incrementadas pela câmera de cinema.

Ao escolher determinada filmografia como objeto de estudo, deve-se ter em mente que nunca se está lidando com objetos estáticos, mas com formas de comunicação que sofrem influências sociais e transformações contínuas. Talvez a conjuntura audiovisual de hoje revele isso mais claramente. Se uma linguagem aparentemente mais estável preponderou no cinema hollywoodiano, essa regra não pode ser generalizada. A todo momento inventam-se novas formas de utilização dos meios audiovisuais, que vão se agregando a esta gramática já estabelecida (ou contrapondo-se a ela). Os filmes surrealistas dos anos 1920, a obra de Eisenstein e Vertov, o cinema de vanguarda dos anos 1940-1960 e as crescentes interações entre a televisão e o cinema a partir da década de 1970 apontam para este hibridismo.

O mesmo hibridismo, muito evidente nos primeiros filmes, tem voltado a evidenciar-se nas últimas décadas. As imagens magnéticas da TV e do vídeo, as imagens digitais, e influências intertextuais como a escrita e a música têm imposto mudanças radicais ao cinema. O cinema, por sua vez, responde com a banalização dessas influências ou com sua própria reinvenção criativa. Hoje qualquer tentativa de

[44] Eric Barnouw, Op. Cit.
[45] Lewis Jacobs, *The Rise of the American Film*, Op. Cit., p. 23.

definir fronteiras claras nas mídias, para efeito de normatização estética ou de pesquisa, esbarra nesta múltipla interpenetração. E as teorias que tentam negar a dissolução destas fronteiras acabam ficando fatalmente datadas e pateticamente reducionistas.

Como já vimos, o primeiro cinema parece revelar grande instabilidade. Algumas permanências instalam-se como resultado de um jogo – caótico, diga-se de passagem – entre o fortuito e o intencional. A nova historiografia tem mostrado que a cristalização da narratividade no cinema ocorreu num horizonte muito mais complexo e multideterminado do que se pensava.

Seria leviano ignorar o fato de que o cinema possui uma gramática dominante. Muitos a consideram como *a sua linguagem*, outros como *uma linguagem possível*. Mas as outras linguagens audiovisuais não deixam de ser uma alternativa e uma referência dialética a esta gramática dominante. E, de qualquer um destes pontos de vista, não se pode deixar de reconhecer que a gramática do cinema transbordou os limites do *especificamente fílmico*, tornou-se referência para todas as técnicas audiovisuais e até para áreas não visuais, como a música e a literatura. Em sentido inverso, outras práticas audiovisuais têm invadido o cinema em resposta a este diálogo: a televisão, as imagens sintéticas, a holografia, os *videogames* etc.

A nova historiografia demonstra que considerar o cinema como um sistema isolado é uma postura muito mais normativa do que propriamente científica. Há um processo histórico em curso que é maior do que o cinema: ele engloba as mídias pré-cinema, o cinema dos primeiros tempos, o cinema institucional, o vídeo, o computador, a televisão de alta definição, as mídias interativas. Uma idéia muito rígida sobre uma especificidade do cinema traz o risco de vê-lo apenas como uma *ruptura* em relação às práticas culturais anteriores. Uma postura deste tipo pode se transformar no que é, hoje, o preconceito de certos cineastas e teóricos do cinema com relação aos meios eletrônicos e às imagens sintéticas. Parece-nos, entretanto, mais salutar a comparação de elementos que podem ser vistos como similares nas transições inter-mídias, tanto nas fases anteriores como posteriores àquilo que chamamos de cinema clássico. Neste final de século, a mistura entre as várias mídias é um fato que precisa ser levado em conta sempre que se investigarem os processos audiovisuais. Se, na época do primeiro cinema, sua linguagem estava misturada aos textos de outras formas de comunicação, definindo-se depois (relativamente) como uma linguagem específica do cinema, hoje esta mesma linguagem está novamente espalhada nas mídias, interagindo com a escrita, com o vídeo, com as imagens sintéticas. De certa maneira, a influência do cinema sobre as nossas formas de representação é irreversível, apesar de estar sempre mudando, dialogando com outras mídias num circuito de intertextualidade. Nesse sentido, antes de passar para o próximo capítulo, consideramos necessário comentar alguns paralelos existentes entre o primeiro cinema e as mídias contemporâneas que nasceram a partir dos meios audiovisuais eletrônicos.

*   *   *

Ao discutir a linguagem do vídeo em artigo de 1992, Arlindo Machado, faz uma pertinente comparação entre as características do cinema e do vídeo.[46] O que chama a atenção é que as características que ele aponta como sendo típicas do vídeo lembram imediatamente o primeiro cinema. A partir desta comparação, pareceu-nos que o período inicial do cinema está muito mais próximo do que seria uma típica *situação vídeo* do que uma *situação cinema*.

Machado diz que o espectador que vai ao cinema tem a atenção voltada exclusivamente para a tela, num local ao qual se dirigiu por

---

[46] Arlindo Machado, "O vídeo e sua linguagem", *Revista USP*, número 16, São Paulo, dezembro 1992 /janeiro e fevereiro 1993, pp. 6-17.

um ato voluntário. Já o vídeo é exibido normalmente em locais onde outras coisas chamam a atenção do espectador: espaços iluminados como as casas ou logradouros públicos. Este tipo de ambiente "concorre diretamente com o lugar simbólico da tela da pequena, desviando a atenção do espectador e solicitando-o permanentemente".[47] Assim, enquanto o produto cinema é algo organizado e acabado antes de ser exibido, o produto videográfico tende a ser aberto às intervenções do meio onde é exibido, sendo mais um *processo* do que um produto. Sabemos que os primeiros filmes eram exibidos em locais onde não eram atração exclusiva – feiras, cabarés, salões de divertimentos – e repartiam com outras mídias a atenção do público. As conferências religiosas, por sua vez, utilizavam o cinema como auxiliar das placas de lanterna mágica, misturando as duas coisas em apresentações coordenadas por palestrantes. Nos vaudeviles as imagens do cinema disputavam com as apresentações ao vivo as atenções do público, em ambientes barulhentos e enfumaçados.

Se, como diz Machado, "a produção videográfica se vê permanentemente constrangida a levar em consideração as condições de recepção e essa pressão acaba finalmente por se cristalizar em forma expressiva",[48] parece que este é exatamente o caso do cinema em sua primeira época. A falta de clausura do relato e de linearidade narrativa têm evidente relação com estas condições primordiais de exibição do cinema. Podemos dizer, portanto, que neste caso as *condições de recepção* eram tão invasivas quanto aquelas que cercam as exibições em vídeo. É por isso que podemos pensar o primeiro cinema nos mesmos termos que Machado descreve o vídeo: um produto que "não pode assumir uma forma linear, progressiva, com efeitos de continuidade rigidamente amarrados como no cinema, senão o espectador perderá o fio da meada cada vez que a sua atenção se desviar da tela pequena".[49]

[47] Arlindo Machado, Op. Cit., p. 15.
[48] Arlindo Machado, Op. Cit., p. 15.
[49] Arlindo Machado, Op. Cit., p. 15.

Um outro aspecto comum ao produto videográfico e ao primeiro cinema é aquele relativo ao controle da mensagem por parte de quem a produziu. Sabemos que os filmes eram compostos por *quadros autônomos*, planos auto-suficientes cuja ligação com os planos adjacentes era fraca. Comercializava-se cada *quadro* separadamente, por isso cada exibidor comprava os quadros que lhe interessavam e os exibia numa ordem variável, sobre a qual atuavam muitos fatores. Os exibidores itinerantes tendiam a retirar os que não faziam muito sucesso e em cada lugar adicionavam efeitos diferentes – sons, música, palestras, projeções de lanterna – conforme a ocasião, de modo que uma exibição jamais era igual a outra. O poder sobre o *texto* audiovisual não se restringia ao produtor, mas era compartilhado pelos exibidores. Machado afirma que no caso do vídeo essa possibilidade de leituras diferentes de uma mesma mensagem videográfica configura uma "certa margem de autonomia na *leitura* efetuada pelo espectador, que torna inclusive inúteis quaisquer tentativas mais ambiciosas de controlar a mensagem dentro de limites muito definidos".[50] Essa mesma "abertura da imagem" existiu no caso do primeiro cinema, mesmo que suas causas tenham sido outras.

Estas imagens pluricêntricas, que segundo Noel Burch[51] exigiam uma leitura não linear e constituíam um "modo de representação" diferente daquele que se institucionalizou no cinema posterior, podiam ser lidas de muitas maneiras e também eram uma forma de "relato aberto". O que diferencia o primeiro cinema e o vídeo é que nos primeiros filmes o controle crescente da imagem era talvez um objetivo a ser alcançado, enquanto que no vídeo este controle é algo a ser transformado.

Uma terceira qualidade compartilhada por estas duas mídias tem a ver com a questão do realismo e da credibilidade da imagem em

---

[50] Arlindo Machado, *Op. Cit.*, p. 15.
[51] Noel Burch, *El tragaluz del infinito*, Madrid, Catedra, 1987.

relação ao real. Machado nos lembra que "o cinema, exceto apenas nas suas experiências limítrofes, sempre esteve entravado por um certo pudor, um receio de intervir sobre a imagem". Esta pureza ou intocabilidade da imagem era defendida também por toda uma linhagem de teóricos cujo representante mais importante foi André Bazin. Já o vídeo não conta nem mesmo com a materialidade da imagem, uma vez que esta "desponta apenas quando invocada por uma máquina de leitura atualizadora de suas potencialidades visíveis".[52] Se o cinema possui o fotograma (que é sua base fotográfica), o vídeo conta com um suporte que a olho nu não revela nada sobre a imagem que nele se encontra armazenada. Mas o cinema do início tem a ver, em alguma medida, com essa característica do vídeo. Apesar de terem fotogramas como os filmes posteriores, os primeiros filmes eram apresentados por projecionistas *performers*, em sessões que nunca eram iguais. Se hoje são os aparelhos eletrônicos que atualizam as imagens videográficas, no primeiro cinema eram os projecionistas e conferencistas que atuavam como *máquinas atualizadoras vivas*, como mostramos no primeiro capítulo. Se no caso do vídeo a imagem completa só aparece "na duração de uma varredura completa da tela, portanto no tempo",[53] a imagem completa dos primeiros filmes só aparecia na sua *apresentação performance*, num tempo irrepetível, mesmo que esta apresentação não fosse eletrônica e que os fotogramas fossem pedaços instantâneos de tempo. Quando se fala em manipulação de imagem, não se pode deixar de mencionar os filmes de Méliès. É justamente ele, o mais *arcaico* dos cineastas segundo a concepção tradicional do cinema – que considera a imagem cinematográfica como mera duplicação da realidade visível –, quem mais manipula as imagens e subverte a sensação de absoluta fidelidade ao objeto filmado. Muitos contemporâneos de Méliès também realizaram

---

[52] Arlindo Machado, Op. Cit., p. 16.
[53] Arlindo Machado, Op. Cit., p. 16.

intervenções semelhantes sobre as imagens. Assim, além das práticas diferenciadas de exibição, a própria imagem produzida por alguns dos primeiros cineastas trabalhava contra a idéia de uma reprodução fidedigna da realidade.

Machado afirma que "a imagem do vídeo, fluida, ruidosa, escorregadia e infinitamente manipulável, não autoriza um tratamento no nível da mera referencialidade". É a este tipo de pensamento que nos remete a visão de qualquer filme de Méliès. Seus filmes, quanto mais freneticamente trucados, mais revelam aquilo que se pode dizer do produto videográfico: que se trata de "um trabalho de escritura" já distanciado da chamada "realidade".[54]

Por último, o texto de Machado afirma que "o que faz um verdadeiro criador é justamente subverter a função da máquina, manejá-la no sentido contrário da sua produtividade programada", e que "longe de se deixar escravizar por uma norma, (...) cada obra, na verdade, *reinventa a maneira de se apropriar de uma tecnologia enunciadora como o vídeo*".[55] Podemos falar deste tipo de inventividade no caso dos primeiros filmes, mas com a diferença histórica apontada, já que no caso do cinema a tal *produtividade programada* estava ainda em gestação e só veio a se constituir posteriormente. Mas neste período inicial do cinema certamente deu-se um tipo de uso livre do meio , de formas variadas, antes da cristalização do modelo do cinema clássico com Griffith. Se os primeiros realizadores multiplicaram as formas enunciadoras do nascente cinema, em diálogo com um ambiente que variava e ao qual precisavam dar respostas, é notável a existência de algumas semelhanças entre eles e os atuais *videomakers* e videoartistas.

Este paralelismo entre os primeiros filmes e o vídeo pode ser abordado, finalmente, como um problema histórico, que nos faz lembrar

---

[54] Arlindo Machado, Op. Cit., p. 17.
[55] Arlindo Machado, Op. Cit., p. 17, grifo da autora.

que os primeiros filmes só podem ser compreendidos se a análise for além de seus textos específicos. Se alguns filmes já foram analisados como objetos autônomos e textos auto-suficientes, isto não pode ser feito com os primeiros filmes, nem com os textos videográficos.[56] As coincidências que apontamos aqui servem para reforçar a perspectiva dentro da qual queremos entender o primeiro cinema. Como afirma Miriam Hansen,

> as novas tecnologias eletrônicas que sustentam a televisão, particularmente o vídeo, os satélites e os sistemas de cabo, deslocaram os locais de consumo dos filmes para o espaço doméstico e modificaram profundamente a forma como os espectadores interagem com estes filmes. A configuração espacial e perceptiva da televisão no ambiente doméstico quebrou o feitiço da diegese clássica; e a temporalidade obrigatória da projeção pública deu lugar a atos de consumo ostensivamente mais fragmentados, privatizados e dispersos.[57]

É neste sentido que hoje se recoloca a questão das formas de consumo dos filmes e produtos videográficos, dado o "enfraquecimento do princípio segundo o qual a recepção é controlada pelo filme como uma mercadoria e produto acabado". Daí que a postura assumida pela nova historiografia, como vemos, não é nem repentina, nem arbitrária. Ela nasce um pouco antes do contexto criado pelo aparecimento das mídias eletrônicas, e nele encontrou ressonâncias. Aparece também como resposta às limitações das abordagens textuais semiótico-psica-

---

[56] Em "Film History and Film Analysis: The Individual Film in the Course of Time", *Wide Angle*, volume 12, número 3, julho 1990, p. 4-19, Tom Gunning chama a atenção para a importância do contexto e como os "pós-estruturalistas" (que estudavam o texto dos filmes enquanto discurso de um sujeito, vincado pelas marcas de enunciação) herdaram um certo desprezo saussuriano pelas "atualizações" da língua nas falas singulares.

[57] Miriam Hansen, "Early Cinema, Late Cinema: Permutations of the Public Sphere", *Screen*, volume 34, número 3, outono 1993, p. 198.

nalíticas dos anos 1970. Miriam Hansen explicita estas limitações, dizendo que as referidas análises "convergiam para a questão de como o cinema trabalha para construir, interpelar e reproduzir seu espectador enquanto sujeito, como ele solicita este espectador para identificar-se através de certas posições marcadamente ideológicas". Mas, assim fazendo, essas mesmas análises pressupunham "uma noção monolítica do cinema clássico e uma concepção passiva do espectador e dos processos de recepção". Nesse sentido, tais análises parecem ter ficado um pouco obsoletas por causa da própria maneira como os filmes têm sido disseminados e consumidos desde então, o que certamente mudou o tipo de espectador cinematográfico.[58]

Estas análises se fizeram, como afirma a autora, a partir da idéia de "um espectador ideal, uma posição unificada e unificante oferecida pelo texto ou pelo aparato". Mas tal categoria de espectador,

> desenvolvida pela teoria semiótico-psicanalítica do cinema, ficou ultrapassada porque os modos de recepção supostos para este espectador transformaram-se em coisas do passado. (...) Em outras palavras, mesmo que estas teorias tenham surgido para desmascarar os efeitos ideológicos do cinema hollywoodiano clássico, elas podem ter efetiva e inconscientemente mumificado o espectador-sujeito do cinema clássico.[59]

Hoje assistimos a um enfraquecimento da idéia de que o filme controla sua recepção, sobretudo porque se diversificam as maneiras de se consumir filmes e é cada vez mais difícil identificar exatamente suas audiências. Tanto Gunning com Hansen, dois importantes representantes da nova historiografia, formulam explicitamente os paralelismos que comentamos, reconhecendo que não há mais como pressupor um

[58] Miriam Hansen, Op. Cit., pp. 197-198.
[59] Miriam Hansen, Op. Cit., p. 198.

tipo de espectador homogêneo que funcione dentro das "normas totalitárias" dos anos 1930-40. Atualmente, as estratégias de distribuição de produtos culturais apelam à "diversificação mais do que à homogeneização", em escala global, e pulverizam o espectador clássico, típico "de uma forma de cultura de massa que prevaleceu aproximadamente dos anos 1920 aos anos 1960 e que é normalmente associada à economia fordista, com produção estandardizada e homogeneização social".[60]

O desafio é apontar o paralelismo entre as duas situações sem apagar suas diferenças, mas também sem descartar a importância de cada uma. Nesse sentido, Hansen formula a seguinte pergunta:

> De inúmeras maneiras, as formas contemporâneas de mídia evocam o paralelo com o primeiro cinema (...). Qual é a questão central envolvida nesta comparação? Como podemos torná-la produtiva para além de uma analogia formalista e para além de um pessimismo cultural ou de uma nostalgia? Como podemos alinhar estes dois momentos sem apagar sua diferença histórica?[61]

A autora responde a estas perguntas propondo que se entendam tanto o primeiro cinema quanto a situação atual das mídias eletrônicas como momentos de intensa transformação do público, transformação na maneira como este público articula e interpreta, de forma potencialmente coletiva, sua própria experiência social. A possibilidade de formas sempre alternativas de recepção e variadas formas de atualização de uma mesma mensagem é um dado verificável tanto nas mídias contemporâneas quanto no primeiro cinema. Em relação à audiência, a autora aponta várias afinidades entre os dois momentos, mostrando como o intervalo entre eles parece homogêneo e estacionário:

[60] Miriam Hansen, Op. Cit., p. 199.
[61] Miriam Hansen, Op. Cit., p. 200.

Ambos os períodos se caracterizam por uma profunda transformação nas relações entre representação e recepção da cultura, qualificada por uma instabilidade que faz com que as décadas entre eles pareçam, ao contrário, relativamente estáveis, ancoradas e centralizadas no sistema clássico. Ambos os estágios da cultura de massa diferem da norma clássica de controle da recepção, controle esse exercido através de um forte efeito diegético, assegurado por estratégias textuais particulares e pela supressão do contexto de exibição. As formas de audiência pré-clássicas e pós-clássicas, ao contrário, dão ao espectador uma maior oportunidade de interagir com o filme, uma maior consciência da exibição e dos intertextos culturais.[62]

O que hoje nos chama a atenção para a experiência do primeiro cinema é justamente o fato de os filmes terem sido mercadorias incompletas, que dependiam de *performances* ao vivo e podiam envolver, neste sentido, grande margem de improvisação e imprevisibilidade. Estas mensagens podiam ser entendidas e interpretadas segundo as características específicas de cada público e do operador que interagia com este público através dos filmes. É neste sentido que Hansen considera que existiam "horizontes coletivos nos quais a experiência processada industrialmente podia ser reapropriada pelos seus sujeitos".[63] Filmes que hoje nos aparecem com imorais, ingênuos, sexistas, racistas ou preconceituosos são interessantes justamente porque se sabe que sua interpretação dependia de algo além das imagens explícitas. E esta dependência de algo externo a eles muitas vezes estava paradoxalmente inscrita nas próprias imagens que estes filmes traziam, na sua evidente incompletude ou anarquia, pois a multiplicidade das audiências garantia a diversidade de atualizações:

[62] Miriam Hansen, Op. Cit., p. 210.
[63] Miriam Hansen, Op. Cit., pp. 208-209.

Os filmes eram vistos diferentemente, e tinham uma ampla gama de significados, que dependia do bairro e do *status* do teatro, da bagagem étnica e racial da audiência habitual, da mistura de sexos e idades, da ambição e das habilidades do exibidor e da equipe de atuantes.[64]

As experiências resultantes destas diferenças têm sido também objeto de pesquisas recentes.

É necessário deixar claro, todavia, que a pesquisa sobre o primeiro cinema do ponto de vista da nova historiografia precedeu o surgimento das mídias eletrônicas e está ligada ao fato, já comentado, de os primeiros filmes terem se tornado acessíveis aos pesquisadores. Nos Estados Unidos, o papel do professor Jay Leyda foi fundamental, pois ele trouxe para a Universidade de Nova York todos os filmes de Griffith que tinham sido recuperados a partir das *paper prints*. A redescoberta dos *early films* também não inaugurou o processo de crítica ao cinema narrativo. O que a nova historiografia inaugurou foi uma temporada de pesquisas empíricas sistematizadas, orientadas por toda uma crítica às histórias tradicionais do cinema, como mostramos. Quando apareceram as primeiras abordagens desta historiografia, nos anos 1970, a questão do vídeo, da televisão e dos meios eletrônicos em geral não estava posta da forma como aparece hoje. Não há, nesse sentido, qualquer relação de causalidade entre a revalorização teórica do primeiro cinema e as recentes transformações comentadas por Hansen. Ocorre, isto sim, que o estado atual da mídia audiovisual reforça a pertinência daquelas análises e aponta para o fato de que ambos os períodos (o início e o final do século XX) assistiram a conjunturas de pouca homogeneidade e pouca estabilidade nos meios de comunicação.

---

[64] Miriam Hansen, Op. Cit., pp. 208-209.

4 Espetáculo, narração: algumas características do primeiro cinema

Como descrever aquilo que estamos chamando de primeiro cinema? Vejamos como alguns dos mais importantes estudiosos do assunto tentaram conceituar seu objeto e avaliar as particularidades deste primeiro período. Noel Burch:

> Se ao cabo de vinte ou trinta anos de cinema emergiu um Modo de
> Representação Institucional, é preciso que nos perguntemos sobre o
> estatuto do primeiro período, antes do início desta emergência. Trata-
> se *simplesmente* de uma época de transição (...)? Ou se trata de um *modo*
> *de representação primitivo*, da mesma maneira que existe um MRI, de um
> sistema estável, com sua própria lógica e sua própria durabilidade?
> Minha resposta é clara: acontecem as duas coisas ao mesmo tempo.
> Na minha opinião, existe um MRP autêntico, legível nos filmes (...),
> com determinados traços característicos, capazes de um certo desen-
> volvimento, mas que foi, seguramente, muito mais pobre que o MRI
> (...). Sua lenta erosão começa a partir de 1906, por causa de uma con-
> cepção de *découpage* nascida em filmes primitivos diferentes, mais ex-
> perimentais; que coexiste com o sistema *puro*. (...) Alguns filmes
> alteram o equilíbrio primitivo mediante a introdução de certos pro-
> cedimentos concretos que representam as aspirações da linearidade,
> da centralização.[1]

---

[1] Noel Burch, *El tragaluz del infinito*, Madrid, Catedra, 1987, p. 193-194

André Gaudreault:

É preciso distinguir pelo menos três períodos essenciais na formação do modo de representação fílmica que iria se impor futuramente: a) o período do filme de um único plano: apenas filmagem; b) o período do filme de vários planos não contínuos: filmagem e montagem, mas sem que a primeira seja efetuada, de maneira realmente orgânica, em função da segunda; c) o período do filme de vários planos contínuos: filmagem em função da montagem. É difícil datar fenômenos que se encavalam e se entrecruzam, ainda mais porque estes diversos períodos não foram instaurados por decreto... Aliás, estes *períodos* se interpenetram tanto que seria talvez preferível vê-los mais como diferentes *modos* concorrentes de prática fílmica (sobretudo os dois primeiros) do que como *períodos*.[2]

Tom Gunning:

Não há um primeiro cinema único, homogêneo. O primeiro cinema não pode simplesmente ser entendido como o exótico e negligenciado Outro do cinema clássico. Em vez de uma clara oposição, o que os estudos recentes sobre o primeiro cinema revelam é um conjunto de especificidades, que pedem para ser consideradas dentro de seu próprio contexto e não simplesmente em contraste com normas práticas posteriores. (...) Se o estudo do primeiro cinema descobriu *diferenças*, isso se deu em parte porque descobriu transformações. Enquanto o modelo hollywoodiano clássico mostra-nos um alto grau de estabilidade, pelo menos na era sonora, o período da emergência do cinema até a Primeira Guerra nos impressiona como um fluxo heraclitano.[3]

---

[2] André Gaudreault, *Du litteraire au filmique: système du récit*, Paris, Méridiens Klincksieck, 1989, p. 19-20.
[3] Tom Gunning, "Enigmas, Understanding, and Further Questions: Early Cinema Research in

Os trechos citados acima revelam maneiras diferentes de entender o que pode ser considerado como traço definidor do primeiro cinema. Eles demonstram a dificuldade de descrever esse cinema, dada a complexidade de forças que o atravessam.

Espetáculo e narração: estes são os dois pólos em torno dos quais oscila, de maneira pouco uniforme, o cinema dos primeiros anos. E é a partir dessas duas noções que a historiografia vem tentando, de diferentes maneiras, analisar este primeiro cinema. A cada ano muitos estudos sobre o assunto se somam aos já existentes, alimentando uma comunidade de pesquisa que se torna cada vez maior e cuja produção teórica é cada vez mais difícil de acompanhar. Neste capítulo pretendemos comentar algumas das características destes primeiros filmes, assim como discutir certas questões que esta descrição necessariamente suscita. Não nos prenderemos à conceituação deste ou daquele autor, já que há pontos de similaridade e outros de profunda discordância entre os vários pesquisadores envolvidos neste assunto. Preferimos escolher alguns traços do primeiro cinema, entre os vários que são discutidos pelos autores, que consideramos os mais importantes para formar uma espécie de retrato do primeiro cinema. Este retrato é, por isso, parcial, incompleto e atravessado por nossas próprias idiossincrasias, mas acreditamos que esta descrição poderá tornar evidentes as razões pelas quais os historiadores e pesquisadores do cinema vêm defendendo, cada um à sua maneira, o caráter de relativa alteridade deste primeiro cinema em relação ao cinema ao qual estamos acostumados. Lembramos que, como já foi dito, muitos dos filmes produzidos entre 1894 e 1900 eram feitos para serem exibidos não em projeções em salas públicas (pelo menos não exclusivamente), mas também em quinetoscópios e mutoscópios. Por esse motivo, algumas das caracte-

its Second Decade Since Brighton", *Persistence of Vision*, The Journal of the Film Faculty of the City University of New York, Number 9, 1991, New York, p. 6.

rísticas do primeiro cinema podem ser explicadas por estas outras práticas de consumo de filmes.

4.1 Espetáculo e narração: cinema de atrações, regime de mostração

Retomemos a periodização feita na página 34. De 1895 a 1908 temos um cinema preocupado em surpreender o espectador, estruturado em um ou mais planos autônomos, arranjados como os números de variedades, consumido em *performances* em que os exibidores têm grande participação na ordenação dos filmes e no acompanhamento sonoro, um cinema cujos eventuais atores utilizam uma gestualidade afetada e exagerada (proveniente do melodrama), muitas vezes se dirigindo ao espectador. É um cinema dominado por uma forte tendência ao espetáculo e uma fraca tendência à narração. O nosso primeiro cinema.

Em 1913 a narrativa já aparece como forma dominante, ainda que não esteja suficientemente *escondida*. Está consolidado um cinema narrativo cuja preocupação principal é contar uma história. Ele é composto por uma cadeia de planos, articulados de forma a construir um espaço e um tempo homogêneos. Estes filmes convocam o espectador a entrar num mundo imaginário, onde a narrativa se desenvolve de forma autônoma e auto-referente. Uma série de procedimentos, como os dispositivos da montagem invisível e a proibição de olhar para a direção do espectador, atua no sentido de disfarçar as marcas de enunciação e a presença física do espectador. Neste período, os filmes são mensagens finalizadas no momento de sua produção, o que permite que o projecionista durma ou vá comer um sanduíche enquanto a diegese leva o espectador pela mão. Eles estão inseridos num mercado de massas. É um cinema dominado agora por uma forte tendência à narração, que estrutura outra configuração da mensagem e outra experiência de recepção.

O que acontece entre esses dois períodos? Já vimos que entre 1906 e 1915 há uma pressão pela narratividade, provocada por vários fatores, entre eles o aumento da lucratividade do cinema, a organização da atividade cinematográfica (de produção e de exibição) em moldes industriais, a inclusão de novas faixas de público, a tendência à moralização tanto dos temas tratados pelos filmes quanto dos ambientes de exibição, e a tentativa de adaptação de obras da cultura burguesa clássica e respeitável à linguagem do cinema. Os enredos narrativos, que já tinham aparecido nos filmes de perseguição do período do primeiro cinema, entre 1903 e 1906, encontram dificuldades de se estabelecer no antigo formato das variedades. Há várias tentativas de se construírem narrativas através do encadeamento de planos e de um uso diferente de dispositivos que já existiam no período do primeiro cinema – panorâmicas, *travellings*, elipses, fusões, *closes*, tomadas subjetivas – com função mais espetacular do que narrativa. Neste período intermediário os filmes enfrentam problemas para estruturar relatos de maneira a tornar invisível o processo de sua própria produção, isto é, para apagar suas marcas de enunciação. O movimento entre espetáculo e narração começa a pender para o lado da narração, se bem que, como afirma Gunning, o sistema de atrações tenha sobrevivido, de certa forma, nas "atualidades, piadas, nos cantores ao vivo, números de vaudevile e apresentações de orquestras que coexistiam, subordinados à apresentação noturna do longa metragem, nos *movie palaces* dos anos 1920".[4]

André Gaudreault e Tom Gunning tentaram entender a dinâmica entre espetáculo e narração no período do primeiro cinema e também no período de transição, criando conceitos que pudessem dar conta deste processo. Enquanto Gaudreault defende a existência de um *regime*

[4] Tom Gunning, "The Cinema of Attractions. Early film, its Spectator and the Avant-Garde", in Thomas Elsaesser (ed.), *Early Cinema: Space-Frame-Narrative*, London, BFI, 1990, p. 60.

de mostração no primeiro cinema (oposto a um regime de narração posterior), Gunning propõe a idéia de um *sistema de atrações*. Pelo fato de terem trabalhado juntos e desenvolvido suas teorias em estreita colaboração, seus conceitos se interpenetram, mas não são os mesmos.[5] Quando fala em regime de *mostração*, Gaudreault está se referindo a uma forma de diegese mimética, isto é, uma forma de relato cujo organizador não é aquele típico contador de histórias, mas sim uma espécie de encenador. Gaudreault cria este conceito dentro de uma teoria da narrativa cinematográfica, útil para explicar o primeiro cinema mas que também funciona fora dele. Gunning, por sua parte, cria a noção de *cinema de atrações* pensando em uma forma não narrativa (ou pouco narrativa), mas relacionando-a com um contexto cultural específico – o da virada do século XIX para o XX – que se prolonga para fora do texto fílmico. Apesar de manterem uma zona de interseção, os dois conceitos pertencem a teorias de âmbitos diferentes. Querem dar conta das qualidades não narrativas do primeiro cinema, mas o conceito de mostração faz parte da teoria narratológica de Gaudreault, enquanto o conceito de atrações pertenceria mais a uma espécie de história cultural do primeiro cinema que o próprio Gunning vai se incumbir de esboçar.

*   *   *

[5] A interpenetração entre os trabalhos destes dois autores levou-os inclusive criar uma terceira nomeação, que inclui os dois termos, mas que não foi muito utilizada em conjunto por eles mesmos depois deste texto de 1989: "Iremos recorrer ao conceito de *modo de prática fílmica* sugerido por David Bordwell (...). Por nossa parte, identificamos, para o período que nos interessa (1895-1915), dois modos de prática fílmica (...). O primeiro modo cobriria todo o primeiro período da história do cinema até 1908, enquanto que o Segundo se estende até 1914. Escolhemos chamar o primeiro de *sistema de atrações mostrativas* e o segundo de *sistema de integração narrativa*". Trecho de André Gaudreault e Tom Gunning, "Le cinéma des premiers temps: un défi a l'histoire du cinéma?" in Jacques Aumont, André Gaudreault e Michel Marie (eds.), *L'histoire du cinéma: nouvelles approches*, Paris, Sorbonne, 1989, p. 57.

Gaudreault quer entender como se configura a narrativa cinematográfica, partindo de outras formas narrativas muito mais velhas do que o cinema, mas que entram em sua composição: o relato cênico e o relato escritural. Assume de saída a posição platônica de que toda transmissão de um relato é feita por alguém. Portanto, toda transmissão de um relato, seja pela imitação de uma ação (mimese), seja pelo relato de um narrador (diegese simples), é *diegese*. Quem relata o fato pode fazê-lo de duas formas: mobilizando os serviços de imitadores ou os serviços de um narrador. Se relata os fatos por meio de imitações, "o poeta se exprime pela intermediação de personagens" agindo: trata-se aqui de diegese mimética típica do relato cênico. Se relata os fatos por meio da narração, o poeta permanece narrador: trata-se agora de *diegese não mimética*, isto é, diegese simples, mais característica do relato escritural.[6]

O movimento e as palavras dos "personagens em ato" nas encenações parecem acontecer automaticamente, mas na verdade têm um regente. Por essa razão, é preciso designar esta instância narrativa por um nome diferente de "narrador", pois se trata de diegese mimética. Como é visível, os personagens agindo, a multidão se movendo, Anabelle dançando, o mar batendo na praia, o muro sendo demolido do primeiro cinema não se incluem exatamente dentro de narrativas. Neste sentido, Gaudreault propõe chamar de "mostrador" a "esta entidade teórica, equivalente do *narrador fundamental* do [relato] escritural, que seria responsável pela comunicação do relato cênico", e entende por "mostração" "uma história que consiste em mostrar personagens que *agem* mais do que em *dizer* suas peripécias".[7]

Por esconder-se atrás de personagens em ato, este mostrador nos dá a impressão de que os eventos se sucedem automaticamente. É o

---

[6] André Gaudreault, *Du litteraire au filmique*, Op. Cit., pp. 70-71.
[7] André Gaudreault, *Du litteraire au filmique*, Op. Cit, p. 91.

que acontece em vários dos primeiros filmes. Pensemos em filmes como *Rough sea at Dover* (Birt Acres, 1895), *Serpentine dance* (Edison, Heise, 1896) ou *Baignade en mer* (Lumière, Louis Lumière, 1895). O mar é agitado pelas ondas, a dançarina baila, os adolescentes pulam no mar. Mesmo que a dançarina esteja no estúdio de Edison, mesmo que ela nos olhe, nós nos esquecemos de que há um regente porque a ação não chega a nenhum lugar, e é bruscamente interrompida pelo final da película. Estas cenas simplesmente se desenrolam no seu ritmo. O que aponta para uma outra particularidade do "mostrador" de Gaudreault: ele não pode manipular o tempo. A mostração cênica ocorre sempre no tempo presente. O mostrador "está colado sobre o aqui e agora da representação (...), incapaz de abrir uma brecha no *continuum* temporal". Só o narrador pode nos levar pelo tempo, pondo diante de nossos olhos, agora, o que ele viu antes de nós.[8]

Para construir seu "sistema do relato fílmico" Gaudreault explica que, no cinema, uma instância narrativa fundamental, que ele chama de "meganarrador fílmico", realiza uma "fusão de dois modos fundamentais da comunicação narrativa: a mostração e a narração".[9]

A atividade do mostrador fílmico inclui todas as operações envolvidas numa filmagem, enquanto que "o trabalho de estruturação narrativa, através da montagem, é feito pelo narrador fílmico". Mas a mostração pode ser ainda subdividida em dois campos: o campo da manipulação do *profílmico*, isto é, de tudo que aparece diante da câmera, e o campo do *filmográfico*, isto é, "todo efeito resultante da aparelhagem cinematográfica que, sem afetar de maneira concreta o profílmico na hora da filmagem, transforma a percepção que o espectador terá no momento da projeção".[10]

<hr>

[8] André Gaudreault, *Du litteraire au filmique*, Op. Cit., p. 111.
[9] André Gaudreault, *Du litteraire au filmique*, Op. Cit., p. 115.
[10] André Gaudreault, *Du litteraire au filmique*, Op. Cit., p. 117.

A partir desta distinção, Gaudreault constrói seu sistema do relato fílmico, cujo esquema[11] vale a pena reproduzir aqui:

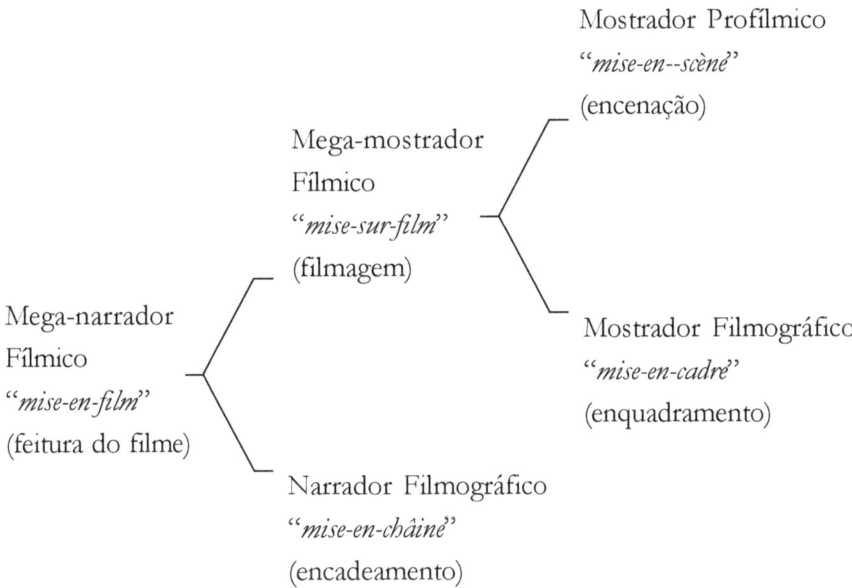

O *mostrador profílmico* teria um trabalho parecido com o de um mostrador cênico de teatro, regendo a encenação e a maneira como pessoas e coisas se organizam e se deslocam diante da câmera. Já o *mostrador filmográfico* é o que rege o enquadramento da cena e o que diferencia a mostração teatral da mostração fílmica, pois inscreve na cena um "percurso de leitura", propondo um ponto de vista. Aparece como um "olhar intermediário" que se interpõe entre a cena e o espectador, mas está preso à cena que se desenrola, sem poder manipular sua temporalidade.[12] O *mostrador filmográfico* comanda todas as escolhas e

[11] André Gaudreault, *Du litteraire au filmique*, Op. Cit., p 122.
[12] André Gaudreault, *Du litteraire au filmique*, Op. Cit., p. 123.

processos técnicos que a câmera envolve e produz qualidades do plano tais como panorâmicas, travellings, profundidade de campo, ângulos de filmagem. O *mostrador profílmico* e o *mostrador filmográfico* integram as atividades do chamado *megamostrador fílmico*, que se encarrega da diegese mimética.

O *narrador filmográfico*, por sua vez, é aquele que rege a manipulação do tempo e do espaço através dos processos de montagem. Para Gaudreault, apenas esta operação é realmente narrativa, porque pode criar uma temporalidade fora da continuidade do plano.[13] O *narrador filmográfico* é quem se encarrega, portanto, da diegese simples. Finalmente, o *meganarrador fílmico* é o narrador fundamental no cinema, que organiza mostração e narração, uma instância impessoal que jamais se transforma em ator e permanece sempre excluída do universo diegético.[14]

O objetivo de Gaudreault é propor uma explicação teórica válida para o cinema em geral mas que sirva também para dar conta do tipo de narrativa que o "cinema dos primeiros tempos" envolve. De acordo com o número de planos e relação entre filmagem e montagem, faz a seguinte periodização dos filmes: a) até 1902 a maioria dos filmes é composta de apenas um plano, havendo apenas filmagem; b) de 1903 a 1910 os filmes passam a ter vários planos, mas são planos não contínuos. Há filmagem e montagem, mas a filmagem não é feita em função da montagem; c) a partir de 1910, finalmente, os filmes passam a ter vários planos contínuos, e a filmagem já é feita em função da montagem posterior. Assim, nos dos primeiros períodos as filmagens não estão ancoradas na consciência de um processo posterior de montagem: há uma predominância da mostração, seja profílmica, seja filmográfica. Para Gaudreault a narração só aparece, efetivamente, quando se começa a filmar em função da montagem, a partir de 1910.[15]

---

[13] André Gaudreault, *Du litteraire au filmique*, Op. Cit., p. 126.
[14] André Gaudreault, *Du litteraire au filmique*, Op. Cit., pp. 156-157.
[15] André Gaudreault, *Du litteraire au filmique*, Op. Cit., p. p. 20.

*   *   *

Se a conceituação de Gaudreault coloca em campos diferentes, quase opostos, a mostração e a narração, sugerindo que só a montagem dá aos filmes um caráter narrativo, a idéia de Gunning vai por um caminho um pouco diferente. Ele não considera que o cinema de atrações seja exatamente oposto à fascinação pela narrativa que se impôs no cinema depois de Griffith.

O *cinema de atrações* que Gunning define como predominante nos primeiros filmes é dominado por uma tendência exibicionista, que aparece tanto na escolha dos assuntos filmados como na maneira como estes assuntos se comportam diante da câmera. Nas cenas documentais, passantes cumprimentam a câmera ou o cinegrafista. Alguns, surpreendidos pela presença do aparato, deixam registrado seu susto antes de se esconderem. Outros buscam uma forma de se disfarçar na paisagem. Freqüentemente, portanto, a presença da câmera se refrata no que é filmado. Nas encenações, os atores de vaudevile ou das pequenas ficções interpelam o espectador, cumprimentam-no, ridicularizam-no, incluindo-o na cena e quebrando a possibilidade da construção de um mundo ficcional.[16] Em alguns filmes os atores olham constantemente para a direção da câmera e para aquele que parece estar dirigindo a cena, buscando a aprovação de sua *performance*. É o caso, por exemplo, do plano-*tableau* "*The Messias entry in Jerusalém*", que faz parte da *The Passion Play of Oberammergau* (Edison, Éden Musée, 1896).

O *cinema de atrações*, tal como Gunning o concebe, não é necessariamente oposto ao cinema que gosta de contar histórias. "Na verdade, o cinema de atrações não desaparece com a dominância da narrativa, mas fica submerso em certas práticas da vanguarda ou como componente de filmes narrativos".[17]

[16] Tom Gunning, "The Cinema of Attractions", Op. Cit., p. 57.
[17] Tom Gunning, "The Cinema of Attractions", Op. Cit., p. 57.

Os atores olham e sorriem para a câmera no quadro The Messiah's Entry in Jerusalem, *que fazia parte da* The Passion Play of Oberammergau *(Edison, 1896), paixão de Cristo financiada pelo Éden Musee de Nova York.*

Para Gunning, os primeiros filmes têm como assunto "sua própria habilidade de mostrar alguma coisa",[18] de preferência uma coisa em movimento, seja ela a bailarina de *Annabelle butterfly dance* (Edison, 1895), o grupo de trabalhadores de *Sortie d'usine* (Lumière, Louis Lumière, 1895) ou o próprio movimento da câmera diante da paisagem, como a panorâmica horizontal de *Panorama of esplanade by night* (Edison, 1901), a panorâmica vertical de *Panorama of Flatiron Building* (Biograph, 1903) ou o *travelling* de *Interior N.Y. subway, 14th Street to 42nd Street* (Biograph, 1905). Estes *closes*, panorâmicas e *travellings* não fazem parte de nenhuma narrativa, sendo eles mesmos o objetivo e a atração dos filmes.

Como vimos antes, Gunning escolhe o termo *atração* para designar um tipo de experiência vivida pelos visitantes de feiras, parques de diversões, museus de monstruosidades. A idéia básica é a de que o cinema de atrações se dirige diretamente à audiência, oferecendo surpresas chocantes, muitas vezes com a intermediação de um *showman-exibidor-comentador*. Este cinema "gasta pouca energia para criar per-

---

[18] Tom Gunning, "The Cinema of Attractions", Op. Cit., p. 58.

A sensação de movimento da bailarina e de suas roupas esvoaçantes era a atração de Annabelle Butterfly Dance *(Edison, 1895).*

sonagens com motivações psicológicas ou personalidades individuais",[19] até porque faz uso de grandes planos gerais em que não se podem ver direito as faces dos atores. O cinema de atrações não se preocupa em criar situações espaciais ou temporais que sejam verossimilhantes ou homogêneas, deixando claro muitas vezes que a ambigüidade é o seu território. Nesse sentido, Gunning cita o filme *Le mélomane* (Star Film, Méliès, 1903), em que o fundo da cena, que representaria a profundidade de um céu noturno cortada por postes de fios elétricos, se transforma na superfície chapada de uma pauta musical. Encarnando um mágico, Méliès vai jogando sobre os fios elétricos, como se fossem as notas, várias réplicas de sua própria cabeça, que ele multiplica com seu poder de prestidigitador.[20]

Gaudreault usa a noção de *mostração* para explicar como a dinâmica do espetáculo e da narração acontece no primeiro cinema. Por outro lado, Tom Gunning fala numa tensão entre um regime de "con-

---

[19] Tom Gunning, "The Cinema of Attractions", Op. Cit.
[20] Tom Gunning, "An Unseen Energy Swallows Space: The Space in Early Film and Its Relation to American Avant-Garde Film" in John Fell (ed.), *Film Before Griffith*, Berkeley, University of California Press, 1983, pp. 357-359.

frontação exibicionista" e um regime de "absorção diegética", e que o cinema tende para a atração, mesmo quando conta histórias.[21] Gunning comenta as diferenças entre estes conceitos da seguinte maneira:

> Estes conceitos vêm juntos, mas há diferenças entre meu trabalho e o de Gaudreault. André lida estritamente com a semiótica do cinema, enquanto eu me interesso por fenômenos culturais mais amplos. Para Gaudreault, "mostração" tem um significado quase técnico dentro de sua teoria da narrativa fílmica. Nossos conceitos são similares porque compartilham a idéia de exibir, de mostrar, e André faz questão de dizer o quanto isso é importante no primeiro cinema antes da montagem. Mas há diferenças. Para ele mostração quer dizer algo oposto à narração e à montagem, enquanto eu não ligaria a narração à montagem. Acho que podemos ter montagem e ainda assim ter atração, mesmo que as atrações mais óbvias estejam em filmes de plano único, mostrando um curto ato de exibição. Podemos ter filmes que unem uma série de planos, cada um exibindo uma coisa, sem realmente criar uma história, como nos primeiros filmes da Pathé. Eles mostram: assim se manda nas pessoas na China, assim se guilhotinam as pessoas na França, isto é uma cadeira elétrica nos Estados Unidos. Tudo isso acaba sendo uma série feita de atrações (...). Para André, mostração é um termo técnico, dentro do filme, enquanto que para mim atração é mais um contexto. Eu diria que as atrações envolvem um ato de mostração.[22]

Portanto, vê-se que para Gunning a presença da montagem não é garantia de narratividade.

---

[21] Tom Gunning, "The Cinema of Attractions", Op. Cit., p. 59.

[22] Tom Gunning, durante entrevista concedida a Fernão Ramos, Ismail Xavier e Roberto Moreira para a revista *Imagens* em 9 de abril de 1994, em São Paulo. Tradução da autora a partir da fita gravada.

Vejamos agora alguns exemplos. Se *Feeding the doves* (Edison, J. White/W. Heise, outubro 1896) fosse descrito como uma ação narrativa, não seria mais do que aquilo que o próprio título sugere. Mas o filme, nos seus 22 segundos de duração, pretende justamente que a atração seja o movimento, incontrolável e natural, dos pássaros. A mulher que joga comida para galinhas, pombas e outras aves talvez se mantenha em sua óbvia e artificial imobilidade – só seu braço se mexe, mecanicamente – com o objetivo de deixar que os pássaros sejam a atração, pelo espetáculo de suas imprevisíveis trajetórias. O movimento real das coisas era uma atração. É curioso lembrar que hoje alguns trabalhos em computação gráfica têm este caráter. Nestes casos, o desafio é conseguir simular o movimento da realidade e a atração é nada mais que este movimento simulado da natureza. Exemplo disso é a simulação do comportamento de peixes e pássaros em *Stella and Stanley breaking the ice* (1987), feita em computador por uma empresa norte-americana e comentada por Arlindo Machado em *Máquina e imaginário.*[23]

Um outro filme, *The whole Dam family and the Dam dog* (Lubin, 1905), é uma piada em movimento, feita de sete quadros. Em cada um deles aparece um membro da família Dam, encarnando o estereótipo que mais lhe serve. Segundo Charles Musser, este filme é um *remake* de um filme de Porter, que teve o mesmo título e foi baseado num cartão postal cômico muito popular na época.[24] A atração do filme vem desse desfile cômico dos integrantes típicos de uma família. Não há história a ser contada, nem progressão de fatos no tempo. O que liga os planos é a presença de uma espécie de fundo artificial e de uma moldura no cenário, quase coincidente com a moldura do quadro, que enquadra os

---

[23] Arlindo Machado, *Máquina e imaginário: o desafio das poéticas tecnológicas*, São Paulo, Edusp, 1993, pp 113-117.
[24] Charles Musser, *The Emergence of Cinema*, Nova York, Charles Scribner's Sons, 1990, pp. 393-394.

personagens à maneira de um dispositivo gráfico. Dentro desta moldura, desfilam os personagens da família: o pai espirrando, a mãe tagarelando, o filho fumando, a filha maior exercendo sua vaidade, a filha menor brincando, o bebê chorando, a empregada limpando uma panela e o cachorro escapando. A ordem das aparições obedece a um aparente critério de importância social. O senhor I. B. Dam aparece transpirando e espirrando, como convém aos preocupados chefes de família, visivelmente consciente do papel de superioridade que deve desempenhar. No plano seguinte, a senhora Helen Dam espirra falsamente e olha o tempo todo para fora de campo, recebendo sem disfarçar as recomendações do diretor-operador, rindo no meio dos espirros e fazendo o teatro de alguma conversa séria. O filho aparece no plano seguinte, fumando um cigarro e olhando com cara de transgressão para o diretor que está fora de campo. A senhorita U. B. Dam experimenta seu chapéu e gargalha sem muita convicção, obviamente instruída pela equipe de filmagem. A filha menor executa uma dancinha infantil. O pequeno Dam esfrega os olhos num gesto falso de quem chora, confere sua atuação olhando entre seus dedos para o diretor, que possivelmente ordena mais ênfase no sofrimento, o que faz o garoto explodir numa gargalhada. Todos conversam com alguém fora de campo e até o cachorro espera o sinal para pular a moldura e sair fora do quadro. Temos a impressão de que tudo está sendo uma grande diversão para os atores.

Fire in a burlesque theater (Biograph, A.E Weed, 1904) compõe-se de um único plano de quarenta segundos. Feito para ser visto principalmente nos mutoscópios, ostenta um título que, como muitos daquela época, já instiga a imaginação do espectador. Se o teatro burlesco era onde ainda se mostravam as cenas eróticas que tinham sido banidas dos vaudevilles, um incêndio num lugar destes deveria prometer uma mistura de fumaça, histeria e bombeiros apalpando mulheres com pouca roupa. É isso mesmo que acontece, só que como o filme é curto, tudo precisa acontecer rapidinho, sem tempo para as preliminares narrativas. Caímos de cara num clima já instaurado de movimentos ansiosos, que não cresce nem diminui, é pura atração. A câmera, fixa, enquadra uma parede onde existe uma porta com a inscrição *stage door*, e acima dela, metade das janelas de um segundo andar. Um senhor abre a porta e sai correndo pela direita, enquanto uma explosão faz escapar fumaça. As coristas se comprimem nas janelas do andar de cima. Chegam dois bombeiros com uma escada e há também um civil (quem seria?) ajudando – ou aproveitando. Uma das coristas deixa o segundo andar nos ombros de um dos bombeiros, que antes tira seu enorme chapéu de bombeiro. Uma vez no chão, a moça ainda dá umas corridinhas desesperadas com os braços levantados para o céu, antes de desaparecer pelo lado esquerdo. Na outra janela, três outras atrizes, vestidas com roupas de cena, que mostram o contorno das pernas, descem pela escada. Os bombeiros esticam seus braços para ajudá-las, mas elas não confiam e correm rápido para fora de campo. Enquanto os bombeiros retiram no colo uma outra mulher desmaiada, o civil sobe pela escada e tenta entrar pela janela. Corte!

Não encontramos aqui uma história que se desenrola. A causa do fogo não aparece, nem interessa o que acontece depois. O assunto é quase um *cartoon* animado, que pode ter aparecido impresso em alguma das revistas da época. Mais uma vez, o principal é mostrar, exibir os movimentos inusitados e excitantes das coristas, ao mesmo tempo em que são observadas por olhares masculinos.

4.2 A questão da autonomia do plano

Em 1978, quando participou do simpósio de Brighton, Tom Gunning apresentou um texto em que listava uma série de características típicas dos primeiros filmes e as considerou, provisoriamente, como elementos de um hipotético "estilo não contínuo". Gunning ainda não falava em um "cinema de atrações", mas já detectava nos primeiros filmes uma preocupação muito clara em "manter o isolamento entre as partes componentes do filme, em lugar de fundi-las numa corrente narrativa contínua".[25]

Em *El tragaluz del infinito*, Noel Burch também insistia na importância da autonomia do plano, considerando-a como um dos componentes básicos da chamada "não clausura" do Modo de Representação Primitivo.[26] Para Burch, a autonomia do plano é um dos principais traços daquilo que ele chama de "quadro primitivo". Muitos filmes de plano único revelam este tipo de auto-suficiência, exibindo ações que

O Black Maria, estúdio em que Edison fez os seus primeiros filmes para o quinetoscópio e para o cinema.

parecem começar e terminar diante de nossos olhos. Seria o caso por exemplo de *Annabelle serpentine dance*, que foi rodado no estúdio Black Maria, ou de *Demolition d'un mur* (Lumière, Louis Lumière, 1896), rodado ao ar livre em Lyon.

De fato, a concepção do plano cinematográfico como uma unidade autônoma é um traço fundamental nos primeiros filmes. Essa

[25] Tom Gunning, "Le style non continu du cinéma des premiers temps", *Les cahiers de la cinemathèque*, Le cinéma des premiers temps (1900-1906), número 29, hiver 1979, Perpignan, p. 25.
[26] Noel Burch, *El tragaluz del infinito*, Op. Cit., pp. 194-195.

idéia é obviamente mais evidente nos filmes de plano único, mas se aplica também aos filmes com mais de um plano, sejam eles documentários ou ficções. Prevalece até nos filmes de perseguição, nos quais se tentavam construir narrativas contínuas.

Entre os primeiros filmes havia uma grande predominância de documentários. Registros de personalidades da vida política, como o presidente dos Estados Unidos em *McKinley at home* (Biograph, Dickson, 1896), catástrofes, como a passagem de um furacão pelo Texas em *Searching ruins on Broadway, Galveston, for dead bodies* (Vitagraph, Albert Smith, setembro 1900), ou paisagens pitorescas como em *Niagara, les chutes* (Lumière, Promio, 1897), faziam parte de um amplo repertório de atualidades utilizado pelos exibidores de filmes. Estes filmes não eram concatenados entre si, ao contrário, formavam um tipo de espetáculo cujo objetivo era a mais ampla diversificação. A descontinuidade entre os temas e a alternância de climas e paisagens eram justamente os elementos que despertavam o interesse e a curiosidade dos espectadores, ainda mais guiados pelos incríveis comentários feitos ao vivo pelos exibidores.

Examinando as programações de filmes em Nova York por volta de 1896, Charles Musser confirma que "as exibições eram inicialmente organizadas segundo princípios de variedade que enfatizavam a diversidade e o contraste". Os exibidores eram os responsáveis por este tipo de arranjo dos filmes, e não se preocupavam muito com sua integridade. Daí que "cada cena era uma unidade auto-suficiente, feita de um único plano, não relacionado com o filme anterior ou posterior". Entre as cenas mostradas "não havia relação temática, narrativa, espacial ou temporal".[27]

André Gaudreault explica que esta concepção do plano como um quadro autônomo, forte mesmo quando se começou a juntá-los (a

[27] Charles Musser, *The Emergence of Cinema*, Op. Cit., p. 179.

partir de 1902), tem origem nas outras mídias populares da época. Nos primeiros anos, o cinema era visto como uma espécie de fotografia em movimento e visava uma paisagem feita de objetos que se moviam. "Cada tomada permitia a produção de uma vista, de um quadro. Isto era um filme."[28]

Podemos presumir, conseqüentemente, que os primeiros filmes estavam inseridos na temporalidade e na mobilidade dos desenhos revelados pelas placas de lanterna mágica. Algumas destas placas eram imagens imóveis, e o movimento era sugerido pela sua *fusão* com o desenho da placa seguinte,[29] princípio utilizado também nas fotografias das conferências de viagem. Outras continham pequenos mecanismos que produziam o deslocamento de partes dos desenhos, criando um segundo momento que trazia uma surpresa: perucas caíam no chão, partes de roupas eram removidas, animais se transformavam uns nos outros, o lobo comia a vovó, a noite chegava numa paisagem rural etc. Havia ainda placas que produziam desenhos caleidoscópicos abstratos, cujas cores fortes podiam ficar em movimento enquanto se girassem pequenas manivelinhas. O tempo dos desenhos e fotos de lanterna é portanto reversível, circular, podendo ser repetido enquanto duram os risos ou suspiros de espanto da audiência.

Quando nos lembramos de que os primeiros filmes se inseriam neste contexto, é fácil compreender por que os planos apareciam como unidades autônomas e por que o projecionista podia rodar a manivela do projetor para a frente e para trás, brincando com a destruição e a reconstrução mágica do muro de Lumière, ou com os adolescentes pulando na água e depois saindo de costas... Parece-nos que o plano autônomo dos primeiros filmes configurava-se não como uma fração espacial (no sentido de Bergson) retirada de um *continuum* temporal,

---

[28] André Gaudreault, *Du litteraire au filmique*, Op. Cit., p. 19.
[29] Entendemos aqui *fusão* como o apagar gradual de um dos fachos da lanterna simultaneamente ao acender gradual de outro facho de luz da mesma lanterna.

Cena de Three American Beauties *(Edison, 1906), um exemplo de dilatação temporal num filme não narrativo.*

mas como uma espécie de dilatação temporal do instante, um retrato em movimento da suspensão do tempo possibilitada pelo instantâneo. Instantâneo grávido de movimento nos cartões postais, nas histórias em quadrinho, nos *cartoons*. É o que mostra um filme nada narrativo como *Three American beauties* (Edison, 1906). Neste pequeno filme de um minuto, que fechava os espetáculos de cinema, vemos três planos encadeados em fusão, mostrando cada um deles as imagens, coloridas à mão,[30] das três *belezas americanas*: uma rosa, uma jovem e a bandeira nacional. Neste filme, temos o exemplo do movimento como pura reiteração.

Nos filmes que contavam pequenas histórias, essa concepção de autonomia do plano permanecia muito forte, forçando a ação a desenrolar-se por completo em uma única tomada. É o caso de curtas comédias de um único plano como *Smashing a Jersey mosquito* (Edison, E. Porter, 1902) ou *Burglar on the roof* (Vitagraph, 1898).

[30] Charles Musser, *The Emergence of Cinema*, Op. Cit., pp. 461-165.

Cena de Smashing a Jersey mosquito *(Edison, Porter, 1902) mostra o apartamento destruído pelo casal que tenta acertar um pernilongo gigante.*

Diferentemente dos filmes inspirados em números reais de vaudevile, *Burglar on the roof* é um exemplo de filme retirado de uma história em quadrinhos publicada em jornal. Feito de maneira bastante improvisada, tinha J. Stuart Blackton, um dos donos da Vitagraph, no papel do ladrão e vários amigos e funcionários da empresa encarregados de persegui-lo diante das câmeras e dar-lhe uma surra no final. O clima de brincadeira é bastante evidente, o que não impediu que o filme fizesse grande sucesso.[31] Ninguém estava acostumado com atuações verossimilhantes nos vaudeviles. A autonomia do plano ou o aspecto de improviso da encenação não eram sentidos como defeitos pela audiência, pois faziam parte da diversão e do contexto do teatro popular. O ladrão tinha sido, além do mais, inspirado num personagem de *cartoon* bastante popular.

Smashing a Jersey mosquito mostrava um casal às voltas com um enorme inseto, que, ao se ver perseguido, provocava a destruição gradual

[31] Charles Musser, "The American Vitagraph, 1897-1901: Survival and Success in a Competitive Industry", in John Fell (ed.), *Film Before Griffith*, Berkeley, University of California Press, 1983, p. 44

de toda a casa representada pelo cenário, numa atuação do tipo "pastelão" bastante engraçada e que era muito freqüente naqueles tempos.

O privilégio do princípio da autonomia do quadro também explica algumas das primeiras formas de montagem interna ao plano (trucagens) que caracterizam os filmes de Méliès, como o velocíssimo *Sorcellerie culinaire* (Star Film, Méliès, 1904). Neste filme, temos a impressão de assistir a um único plano, onde se desenrola uma das histórias mais engraçadas de Méliès. O cenário mostra uma cozinha onde trabalham um cozinheiro e seus auxiliares. Um mendigo aparece pedindo ajuda, mas é enxotado pelo cozinheiro. A vingança do mendigo será enlouquecer o cozinheiro, amaldiçoando a cozinha, fazendo objetos sumirem ou mudarem de tamanho, causando pequenas explosões e infestando o local com ágeis auxiliares vestidos de diabinhos (ou seriam duendes?) que aparecem e desaparecem, enchendo a comida de sal e finalmente cozinhando o cozinheiro... Na verdade, Méliès utiliza aqui suas "paradas para substituição", isto é, trucagens nas quais as transformações são produzidas pela substituição de objetos de cena enquanto a câmera não está filmando.

Em *Les cartes vivantes* (Star Film, Méliès, 1905), Méliès encarna um mágico que transforma as dimensões dos objetos e faz aparecer e desaparecer pessoas, através de trucagens e montagens internas ao plano. Como em muitos de seus filmes, estas transformações são apresentadas como mágicas, já que não significam elipses temporais. É mais um exemplo em que a autonomia do plano se revela pela realização de uma *performance* completa no interior de um ângulo único de filmagem.

A fixação a um único ponto de vista pode ajudar a explicar também o curioso *Ladies' skirts nailed to a fence* (Bamforth, 1900). Este filme foi produzido na Grã-Bretanha por um fabricante de placas de lanterna e cartões postais em Holmfirth, Yorkshire. Mostra duas mulheres conversadeiras e distraídas encostadas numa cerca, sem perceber que

Dois palhaços são expulsos pela janela da barbearia em Next! *(Biograph, 1903), num exemplo de descontinuidade típico dos primeiros filmes. A cena é mostrada primeiro do ponto de vista do interior, e de novo, mas do ponto de vista do exterior do edifício.*

garotos malvados estão agachados do outro lado, pregando suas saias na cerca. James Bamforth usou neste filme um recurso insólito para mostrar diferentes pontos de vista. Na primeira tomada vemos as mulheres diante da cerca. A tomada seguinte mostra o que acontece do outro lado da cerca: os garotos preparando sua traquinagem. Só que em vez de mover a câmera para o lado oposto, o cineasta move uma parte do que vimos na primeira tomada. Ele mantém no lugar a paisagem, que é uma vegetação natural, e também a cerca, mas troca a localização dos atores, fazendo-nos ver as mulheres de costas, atrás da cerca. Tudo no filme é completamente artificial. As mulheres são na verdade interpretadas por homens, fazem mímicas e caras de susto ridículas e não ouvem o barulho das marteladas dos garotos. O contracampo é metade falso. Mas fica mantido o ângulo de filmagem, portanto a autonomia plano, mesmo que aqui se trate, na realidade, de três planos.

Em *Next!* (Biograph, novembro 1903), filme de dois planos, há um encavalamento resultante desta mesma concepção do plano como unidade indivisível e autônoma. Na primeira tomada, vemos a atuação de dois palhaços, Gaston e Alphonse, personagens de *cartoons* populares da época, numa barbearia. A confusão que fazem é tão grande que acabam sendo expulsos, atirados para fora pela janela. Na segunda tomada, vemos novamente a cena, mas desta vez do lado de fora, Gaston e Alphonse atravessam novamente a janela. Em 1903 era impossível se pensar em montar esses dois planos em continuidade, porque isso significaria cortar um pedaço de cada um deles.

Havia muitos filmes compostos de vários planos, mas que eram vendidos em partes separadas, cada uma com um título. Podiam ser os diferentes assaltos de uma luta de boxe, ou as partes da Paixão de Cristo. Essa prática de dar títulos para os diferentes planos também aparecia nas adaptações de obras famosas, em que não se construíam estruturas narrativas, mas se encenavam os momentos mais importantes da história, como em *Uncle Tom's cabin* (Edison, Porter, 1903). Essa concepção de "plano" como um quadro autônomo vai favorecer a predominância de planos de conjunto afastados, que abarcam uma grande porção de espaço, enquadrando uma grande quantidade de atores e objetos em posição fixa e frontal à câmera, que se movem em deslocamentos horizontais em relação ao eixo da câmera. O padrão visual deste quadro típico dos primeiros tempos permanece nos filmes de perseguição, em que a autonomia e a centralização dos planos é tão forte quanto a tendência à linearização.

Noel Burch observa que este tipo de plano amplo e cheio de detalhes, povoado por pequenas multidões e ações simultâneas, é a marca registrada do que ele chama de "modo de representação primitivo". Tais quadros ditos "primitivos" parecem exigir uma "leitura topológica" para que se compreendam suas múltiplas ações simultâneas. Eles parecem extremamente confusos para o espectador de hoje, acostumado com uma linguagem visual que tradicionalmente privilegia a linearidade e a centralização.[32]

Burch discute um exemplo deste tipo de "quadro autônomo primitivo": o plano inicial de um filme de perseguição chamado *Tom, Tom, the piper's son* (Biograph, Bitzer, 1905), realizado por Billy Bitzer, que mais tarde seria fotógrafo de D.W. Griffith. Este filme ficou conhecido porque foi utilizado num filme de vanguarda com o mesmo título em 1969, dirigido por Ken Jacobs. O plano inicial do filme de 1905 mostra, num cenário em estúdio, a confusão de uma feira medieval cheia de gente, onde há palhaços, prestidigitadores, populares e uma equilibrista fazendo malabarismos sobre uma corda. No meio de toda esta atividade, composta por um grande número de movimentos simultâneos, acontece a ação que vai gerar a perseguição: um ladrão (Tom) rouba um porco e é perseguido pelas pessoas que se encontram

---

[32] Noel Burch, *El tragaluz del infinito*, Op. Cit., pp. 161-163.

na praça. Nos planos seguintes, temos a estrutura tradicional das perseguições: uma série de planos, onde se vê a passagem do perseguido e depois a passagem de todos os perseguidores, sem cortes, sem elipses.

Burch afirma que este plano deve ter sido considerado um "erro" para a geração posterior a Griffith.[33] A historiografia clássica também deve tê-lo visto como confuso e improvisado, incapaz de tornar visível a ação principal. Estudos mais recentes consideram, porém, que o plano inicial deste filme não possui nenhuma dose de improvisação ou

O plano inicial de Tom, Tom, the Piper's Son *(1905), filme da Biograph dirigido por Billy Bitzer e que é comentado por Burch, Musser e outros pesquisadores.*

ingenuidade, apenas está relacionado a um outro conjunto de práticas pouco ligadas a algo como o cinema narrativo e sua centralização dos assuntos. O filme foi feito obedecendo a um rígido roteiro, escrito e detalhado antes do momento da filmagem, segundo o modelo dos roteiros de encenação teatral, ao contrário de filmes como *Burglar on the roof*. Estudando os roteiros dos primeiros filmes, Pat Loughney afirma que é desconcertante para nós constatar que os filmes já utilizavam

[33] Noel Burch, *El tragaluz del infinito*, Op. Cit., p. 163.

roteiros em 1902 e descobrir que "simples comédias de perseguição de 1904, que hoje supomos terem sido concebidas em total improviso, eram na verdade baseadas em documentos escritos bastante similares àqueles dos filmes atuais".[34] Loughney mostra que no roteiro do filme esta primeira cena, assim como todas as outras do filme, é planejada em detalhes, no tocante à maneira como atores, vestuário, cenário e objetos devem aparecer diante da câmera. Além disso, todas as cenas do filme são descritas em dois níveis. No primeiro, define-se a relação

A pintura medieval Southwark Fair, *de Hogarth, apontada por Charles Musser como modelo para o plano inicial de* Tom, Tom, the Piper's Son *(1905).*

da cena com as outras e o clima que deve ser criado pelos atores secundários. No segundo nível, elaboram-se as ações dos personagens principais.[35] Não há nada que se pareça com improvisação. Pelo contrário, estamos num quadro de referências associado a uma concepção de encenação que vem do teatro de vaudevile.

---

[34] Patrick G. Loughney. "In the Beginning Was the Word: Six Pre-Griffith Motion Picture Scenarios", in Thomas Elsaesser (ed.), *Early Cinema: Space-Frame-Narrative*, Op. Cit., p. 212.
[35] Patrick G. Loughney. "In the Beginning Was the Word: Six Pre-Griffith Motion Picture Scenarios", Op. Cit., p. 217.

Charles Musser também critica a visão da historiografia sobre este plano inicial de *Tom, Tom*. Para Musser "os historiadores têm visto este plano inicial como exemplo da ingenuidade composicional do primeiro cinema, (...) argumentando que os primeiros realizadores ainda não tinham aprendido como organizar os elementos profílmicos dentro do quadro (como Griffith e outros fariam) e portanto a ação principal não ficava clara para o espectador".[36] Entretanto Musser esclarece-nos que a organização visual deste plano inicial absolutamente não é improvisada. É, ao contrário, uma reprodução fiel de um desenho de uma feira medieval, chamado *Southwark fair* e feito em 1733 por William Hogarth. Este é apenas um exemplo de como a autonomia do plano, visível como princípio organizador nos primeiros filmes, não é exatamente um sinal de primitivismo, mas algo que indica as relações do cinema com outras práticas e outras mídias de então.

4.3 O papel do comentador

Por causa de sua duração e de sua organização em semelhança, os filmes de lutas de boxe, as filmagens da vida de Cristo ou os filmes de perseguição são freqüentemente apontados como as primeiras formas narrativas que apareceram no cinema. A maior parte das lutas de boxe e das Paixões foi rodada entre 1897 e 1900, enquanto os filmes de perseguição tiveram seu auge entre 1903 e 1906. Mas esses filmes são também modelos contraditórios porque figuram como arenas de conflito entre tendências. Temos, de um lado, uma tendência à narrativização e, de outro, a propensão para a manutenção da autonomia do plano. Além disso, nos primeiros filmes a instância narrativa e a explicação das imagens se originavam fora do filme, seja de um conhecimento prévio da história por parte do espectador, seja da explicação fornecida por um conferencista.

---

[36] Charles Musser, *The Emergence of Cinema*, Op. Cit., p. 383.

Os três tipos de filme citados acima são instrutivos porque carregam sinais muito explícitos destas tendências conflitantes. As lutas de boxe, por exemplo, sejam elas encenadas ou reais, eram divididas em assaltos, muitas vezes mostrados em quinetoscópios diferentes, que tinham que ser percorridos pelo espectador. Mas fossem elas mostradas nas telas ou nos quinetoscópios, as lutas não continham, na evidência das suas imagens, nenhum tipo de explicação que pudesse esclarecer o neófito. Como afirma Burch, o suspense mantido entre um assalto e o seguinte só aparecia "para o espectador iniciado nos códigos do boxe", permanecendo completamente oculto para quem ignorasse "o sentido da sucessão dos assaltos, das regras da luta, dos segredos da tática e da estratégia".[37]

As Paixões filmadas e as lutas de boxe são muito comentadas pelos pesquisadores porque revelam claramente a insuficiência narrativa de suas imagens, donde deriva a conseqüência de que a explicação destas imagens devia provir de fora delas. Como mencionamos no primeiro capítulo, esses primeiros filmes só podiam ser entendidos pelo espectador através de referências externas, provenientes do contexto sócio-cultural da época (piadas correntes, notícias recentes, cantigas populares, *cartoons*, peças de teatro famosas, romances) ou da explicação que era fornecida pelo comentador.

Os filmes da Paixão de Cristo e de lutas de boxe estariam mais próximos dos *travelogues* e conferências ilustradas do que dos filmes de perseguição, pois, assim como as conferências, eram muitas vezes apresentados por comentadores (religiosos ou esportivos). Estão ligados a um tipo de *performance* em que a locução ao vivo tem um papel tão importante quanto as imagens que estão sendo mostradas. Já os filmes de perseguição, apesar de vários índices de descontinuidade, sugeriam nas suas imagens a presença de um sentido mínimo do enredo, sempre

---

[37] Noel Burch, *El tragaluz del infinito*, Op. Cit., p. 151.

bastante simples e de fácil compreensão, muitas vezes inspirado em assuntos já conhecidos do público. *Tom, Tom, the piper's son*, por exemplo, foi inspirado nesta simples rima infantil: *"Tom, Tom, the piper's son/ Stole a pig and away he run"*.[38]

As lutas de boxe e as representações teatrais da Paixão de Cristo despertavam muita polêmica, assim como suas versões filmadas. Condenadas pelas elites e proibidas pelo governo, as lutas de boxe eram muito populares – e lucrativas – nos Estados Unidos. Desta forma, as filmagens de lutas reais, lutas combinadas com lutadores reais ou com atores no papel dos lutadores trilharam em poucos anos o caminho que vai da clandestinidade à lucratividade permitida, depois oficializada, por meio da pressão comercial exercida pelo público. Mas o mesmo apoio popular que fazia engordar os cofres dos exibidores podia se transformar em ódio depredador, quando se descobria que certos filmes não passavam de grosseiras encenações. A concorrência alardeava então possuir a versão original de tal ou tal luta.

As Paixões filmadas também têm uma história longa e tumultuada.[39] Debatia-se longamente sobre o valor artístico e as características educativas ou heréticas destas representações religiosas. Em alguns lugares a Igreja (principalmente a católica) rapidamente compreendeu a utilidade evangelizadora de tais imagens e acabou apoiando os filmes. Mas a tendência dos setores protestantes foi mais moralista e resistente, sobretudo porque o ataque às imagens cinematográficas estava inserido numa estratégia mais geral de ataque à idolatria (culto aos ídolos ou às imagens). Nesse sentido, as Paixões filmadas, da mesma

---

[38] Charles Musser, *The Emergence of Cinema*, Op. Cit., p. 383.

[39] A já citada coletânea *Une invention du Diable? Cinéma des premiers temps et religion*, Québec, Presses de L'Université Laval/ Éditions Payot Lausanne, 1992, que reúne as atas do primeiro Colóquio Internacional do Domitor, associação internacional de pesquisadores do cinema das origens, ocorrido em 1990 na Universidade Laval em Québec e organizada por R. Cosandey, A. Gaudreault e T. Gunning, por exemplo, tem mais de vinte textos que tratam exclusivamente deste assunto.

maneira como os quadros vivos consagrados nas representações teatrais de Horitz ou Oberammergau, buscaram propositalmente fugir da verossimilhança, que poderia humanizar exageradamente as passagens e os personagens bíblicos, atraindo a atenção e a possível condenação por parte das autoridades morais e religiosas.

As Paixões, lutas e conferências de viagem eram, como se disse acima, organizadas, explicadas e enriquecidas pela voz do comentador, pela música e pelos efeitos sonoros. Mas muitas vezes o conhecimento prévio do assunto eclipsava ou tornava desnecessária a participação do conferencista. "Ao contrário da audiência dos telejornais de hoje, os espectadores de vaudevile geralmente liam jornais e podiam apreciar os filmes dentro de seu contexto. O cinema era cada vez mais um tipo de jornal visual." Como o público geralmente se informava antes sobre os assuntos dos espetáculos, ele já estava preparado para "participar de tudo de uma maneira ativa".[40]

Certas sessões de cinema organizadas em torno de temas polêmicos provocaram fortes reações na platéia. Charles Musser comenta alguns destes casos. Ele conta, por exemplo, como Stuart Blackton (o diretor do filme *Burglar on the roof*) organizou, em abril de 1898, filmes de notícias sobre a guerra dos Estados Unidos contra a Espanha, misturando filmagens autênticas com uma boa quantidade de reconstituições, muitas feitas por ele mesmo. Muitas descrições ou símbolos colocados nos filmes provocavam ruidosa aprovação ou condenação por parte da audiência. "Sob tais circunstâncias, a fala do comentador era desnecessária e teria se perdido no rugir da multidão."[41]

Noel Burch afirma que o comentador foi a "primeira tentativa de linearizar a leitura destas imagens que freqüentemente eram demasiado *autárquicas* para estruturar-se espontaneamente em cadeias, e demasiado

[40] Charles Musser, "The American Vitagraph, 1897-1901", Op. Cit., p. 43.
[41] Charles Musser, "The American Vitagraph, 1897-1901", Op. Cit., p. 43.

centrífugas para que o olho encontrasse nelas o seu caminho segura e rapidamente".[42] Burch utiliza aqui o termo "demasiado" de uma forma talvez muito enfática. Parece-nos que ele vê o papel do comentador sob o ponto do vista do filme narrativo clássico que começava a se impor e não deixa suficientemente claro que o comentador já existia antes dos filmes narrativos e antes do próprio surgimento do cinema. É certo que, como afirma o autor, a presença de um comentador exterior ao relato contradiz o projeto diegético do cinema narrativo. Mas este desequilíbrio só se tornaria visível numa última etapa, quando se começou a recorrer ao comentarista para remendar os fracassos das adaptações pouco compreensíveis de peças de teatro ou de romances famosos, como é o caso de *Uncle Tom's cabin*.

Parece claro que o comentador estava totalmente integrado às práticas cinematográficas que caracterizavam o cinema dos primeiros dez anos. Ele não apareceu para suprir deficiências narrativas dos primeiros filmes, mas "descendia do anunciador das atrações de feira e mais especialmente do comentador das imagens de lanterna mágica".[43] Os comentadores modificavam freqüentemente o texto de suas locuções quando acompanhavam as primeiras apresentações de filmes. Ajudavam o ilusionismo dos Hale's Tours, ressaltando os pontos de interesse daquelas "viagens de trem". Além da presença do comentador, os ruídos e a música faziam com que a experiência do espectador fosse "única e pontual",[44] bem ao contrário do que acontece hoje. O ambiente sonoro que envolvia os primeiros filmes e do qual fazia parte a fala do comentador,

---

[42] Noel Burch, *El tragaluz del infinito*, Op. Cit., p. 165.

[43] Tom Gunning "De la fumerie d'opium au théâtre de la moralité: discours moral et conception du septième art dans le cinéma primitif américain" in Jean Mottet (ed.), *D.W.Griffith: Colloque International*, Paris, Publications de La Sorbonne/ Éditions L'Harmattan, 1984, p. 84.

[44] André Gaudreault, *Du litteraire au filmique*, Op. Cit., p. 162.

produzia efeitos que o som gravado não traz: o senso de imediaticidade e de participação. O som ao vivo atualizava a imagem e, misturando-se a ela, enfatizava a presença da *performance* e da audiência.[45]

O comentador não era, porém, uma figura obrigatória. Muitas vezes se recorria aos intertítulos, que também eram herança dos espetáculos de lanterna mágica e não tinham a função narrativa que passariam a ter depois. Longe de facilitar qualquer tipo de diegese próxima do cinema institucional, os intertítulos tinham a função de explicar e resumir a ação que seria mostrada nos planos seguintes, muitas vezes inviabilizando qualquer possibilidade de surpresa ou suspense.

O comentador era parte fundamental de certas formas de apresentação dos primeiros filmes. Apesar de ter sido usado também para tentar resolver os problemas de compreensão oriundos dos filmes que eram adaptação de narrativas verbais (o teatro e o romance) ele não pertence ao processo que desembocou no cinema clássico, pois a narração fílmica, uma vez incorporada às imagens, funcionaria como equivalente interna e invisível das explicações que este comentador inicialmente fornecia.

4.4 Procedimentos de mostração e narração no primeiro cinema

No item em que tratamos da autonomia do plano apontamos alguns motivos que levaram os primeiros realizadores a conceber o plano cinematográfico como uma unidade autônoma. Agora vamos comentar alguns casos que mostram que a preocupação de manter a continuidade do plano efetivamente atravessa os procedimentos sintáticos utilizados nos primeiros filmes, tanto no nível da mostração

[45] Norman King, "The Sound of Silents", *Screen*, volume 25, número 3, maio-junho 1984, p. 15.

(manipulação do profílmico e dos efeitos do aparato) quanto no nível da narração (manipulação dos planos, isto é, montagem).

Em geral, as histórias do cinema mostram que os primeiros filmes fazem um percurso que parte de um estado inicial de imobilidade e vai gradualmente incorporando o dinamismo *natural* da câmera. Exemplos de imobilidade são os primeiros filmes feitos em estúdio, como os de Méliès ou os filmes da Cia. Edison. São filmes enquadrados de um ponto de vista fixo, dentro do qual a ação se desenrola frontalmente, com os atores se deslocando num sentido horizontal à câmera. Cenários e iluminação dão a estes filmes uma impressão de achatamento. Esta descrição, entretanto, dá conta de apenas uma parte dos filmes, aqueles feitos em estúdio. As filmagens em locações naturais ou ao ar livre não tinham estas características. Os filmes dos Lumière, por exemplo, não obedeciam exatamente a este padrão, como se pode constatar facilmente em *Arrivée d'um train em gare à la Ciotat* (Lumière, Louis Lumière, 1895), *Sortie d'usine*, ou mesmo num filme encenado como *L'arroseur arrosé* (Lumiére, Louis Lumière, 1895). E também dentro dos filmes de estúdio há exceções.

Na verdade, estas particularidades dos primeiros filmes nos saltam aos olhos porque são as que mais se chocam com nossa concepção moderna, segundo a qual o cinema deve naturalmente representar a profundidade do espaço. Mas Burch lembra muito bem que no cinema a sensação de profundidade não é imediata; ela resulta de uma forma de representação do espaço. Ao invés de transferir automaticamente para a película a tridimensionalidade do espaço, o cinema teve que construir um código especial para representar o espaço tridimensional contínuo, da mesma maneira que a pintura teve que inventar a perspectiva monocular para resolver o mesmo problema. O fato de o aparato cinematográfico captar o espaço real como algo que tem uma profundidade de campo específica não implica que essa profundidade possa ser experimentada pelo espectador imediatamente e sempre da mesma maneira. A impressão de um achatamento das coisas e das pessoas num único plano que os primeiros filmes nos causam é a prova de que o aparato sozinho não garante a sensação de profundidade. Outros fatores contribuem para incrementar este efeito: a iluminação, a movimentação dos atores, a proximidade da câmera em relação aos objetos. Nesse sentido, a representação do espaço tridimensional é resultado de uma série de escolhas que, apesar de terem sido espontaneamente automatizadas, não estavam ainda estabelecidas nas primeiras décadas.[46]

Burch enumera os elementos que nos dão a impressão de achatamento nestes primeiros filmes: 1) a colocação horizontal ou frontal da câmera e sua permanência num ponto fixo; 2) uma iluminação uniforme sobre todos os componentes profílmicos que aparecem dentro do campo visual da câmera; 3) a utilização bastante freqüente de telões pintados nos fundos de cenários, muitos deles reproduzindo, como no teatro da época, perspectivas em *trompe l'oeil*; 4) atores localizados longe da câmera, enquadrados quase sempre no estilo dos quadros vivos e que se movimentam lateralmente à câmera, sem executar deslocamentos axiais.[47] O autor explica a predominância destes fatores por uma ausência de preocupação com a representação da profundidade do espaço:

> As condições materiais de produção do momento – e também as dos modelos populares que marcaram o primeiro cinema, dos cromos às historietas, dos teatros de sombra aos Folies Bergère – provocaram em todos os autores de vistas *compostas* – em estúdio mas muitas vezes também ao ar livre – uma soberba indiferença diante do que nos aparece hoje como a vocação tridimensional do cinematógrafo.[48]

---

[46] Noel Burch, *El tragaluz del infinito*, Op. Cit., p. 172.
[47] Noel Burch, *El tragaluz del infinito*, Op. Cit., p. 173.
[48] Noel Burch, *El tragaluz del infinito*, Op. Cit., p. 173.

A observação de Burch foi muito importante, já que ele questionava toda uma linhagem de teóricos que defendiam a existência de uma capacidade objetiva do aparato cinematográfico de retratar a tridimensionalidade. Propunha, na mesma direção de Comolli, que a sensação de profundidade espacial é uma construção gradual nas formas de representação do cinema. A criação de um espaço ficcional tridimensional pode ser obtida, desta forma, pela manipulação dos planos cinematográficos, através da montagem, ou pela manipulação dos elementos que compõem estes planos, tais como os efeitos produzidos pelo aparato (profundidade de campo, movimentos de câmera) ou no profílmico (comportamento dos atores, deslocamento de objetos).

Tanto os procedimentos utilizados no interior dos planos – seja em filmes de plano único, seja em filmes com mais de um plano – quanto os procedimentos utilizados para juntar fotogramas de um mesmo plano ou de planos diferentes estão atravessados por uma preocupação, mais ou menos difundida, de manter a continuidade do ponto de vista da câmera. A utilização de movimentos de câmera, tomadas subjetivas, *closes*, profundidade de campo, direção dos olhares e das entradas e saídas de campo não levam, como no cinema clássico, à construção de um espaço imaginário perfeitamente homogêneo. O uso de todos esses recursos está subordinado a uma outra concepção de cinema, que produziu o chamado *cinema de atrações*.

4.4.1 Cenário, comportamento dos atores: alguns recursos de mostração profílmica no primeiro cinema

O traço mais evidente no que diz respeito aos cenários dos primeiros filmes é o grande contraste entre os ambientes de estúdio e as locações externas.[49] Os cenários construídos nos estúdios eram feitos

---

[49] A este contraste muitas vezes se sobrepõe um outro: aquele entre documentário e ficção. Neste caso, existe uma intercalação, nas cenas ficcionais produzidas tanto em estúdio como em

As sombras das cruzes sobre o painel do fundo, resultantes da iluminação frontal direta, em The Passion Play of Oberammergau *(1898), são um exemplo da pouca preocupação com a artificialidade dos cenários.*

seguindo as regras cenográficas do teatro popular da época, que não se preocupavam em criar ambientes realistas.[50] Na verdade, muitos destes cenários aproveitavam móveis, painéis e objetos de segunda mão, que tinham sido utilizados em peças teatrais ou estúdios de fotografia. Outras vezes as companhias produtoras de filmes empregavam carpinteiros e marceneiros de teatro para construir novos ambientes, que traziam com eles toda uma referência estética do teatro. Tais cenários compunham-se de um ou mais painéis pintados, que representavam ambientes internos (quartos, *halls* etc.) ou externos (jardins, ruas ou paisagens naturais com ilusão de perspectiva). Diante destes painéis

ambientes externos, de cenas com caráter documentário (produzidas em outros momentos, mas consideradas úteis para incrementar as histórias que estes filmes contavam, e aproveitadas até em mais de um filme). Analisaremos esta questão no item "A mistura de ficção e não-ficção: as atualidades".

[50] É necessário deixar claro que o teatro que serviu de principal referência ao primeiro cinema – tanto em termos de cenário, quanto em termos de modelo em encenação, estrutura narrativa melodramática, estilo de atuação – é o teatro popular, que se fazia nos *vaudevilles*, burlesco, ferias, circos e outros espetáculos itinerantes. Nesse tipo de teatro a regra era a estilização e não o realismo. Já o teatro burguês dessa mesma época caminhava na direção oposta: buscava-se a verossimilhança das montagens, com cenários realistas visualmente sofisticados (movimentados muitas vezes por pesado maquinário). Sobre isso ver Nicholas Vardac, *Stage to Screen — Theatrical Origins of Early Film: David Garrick to D.W.Griffith*, New York, Da Capo Press, s/d.

se colocavam uns poucos objetos reais, indispensáveis à realização da cena. O problema era que estes cenários teatrais ficavam ainda mais artificiais quando apareciam nos filmes. Como explica Brooks McNamara, essa cenografia funcionava bem com as fracas luzes de querosene ou de gás utilizadas no teatro, mas perdia seu aspecto tridimensional quando iluminada uniformemente pela luz diurna de que os filmes necessitavam.[51] Com a artificialização ainda maior dos ambientes cenográficos, tornava-se gritante o contraste com as filmagens externas, feitas em lugares reais.

O novo morador do subúrbio exaspera-se diante da mobília detruída pelos encarregados da mudança em The Suburbanite *(Biograph, 1904).*

Esta diferença entre cenografias é bastante evidente em filmes como *The suburbanite* (Biograph, 1904), *The bold bank robbery* (Lubin, 1904) ou *The European rest cure* (Edison, 1904). Em *The suburbanite* conta-se a tentativa desastrosa de uma populosa família de mudar-se para o que deveria ser a tranqüilidade do subúrbio. Mas logo no início os encarre-

---

[51] Brooks McNamara, "Scene Design and the Early Film", in Jay Leyda (ed.), *Before Hollywood: Turn-of-the-Century American Film*, New York, Hudson Hills Press/American Federation of Arts, 1987, p. 53

gados da mudança brigam com a família, tratando todos os objetos da casa com o maior descuido. Depois a sogra briga com a empregada, que passa a defender com paneladas o seu poder sobre a cozinha e só sai arrastada pela polícia. No final, o pai resolve alugar a casa e sai com toda a família para outro lugar. Neste filme, cenas externas mostram o lado de fora da casa durante a chegada da família. Vê-se a mudança, as pessoas que chegam andando e as crianças brincando no jardim, através de panorâmicas e da profundidade de campo, que revelam os detalhes do bairro e as outras casas da vizinhança. Já as cenas

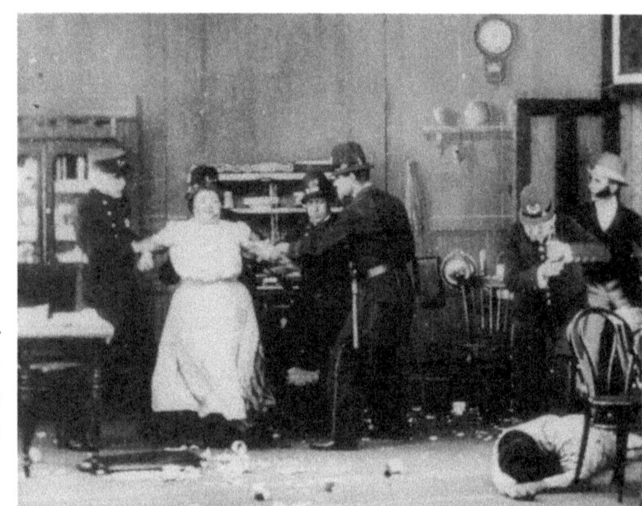

Depois de brigar com todo mundo e destruir a cozinha, a empregada irlandesa é presa em The Suburbanite *(1904).*

de estúdio mostram, com um número bem reduzido de objetos de cena, a sala e a cozinha – que se transformam num campo de batalha doméstica por causa do conflito da empregada com a sogra – banhadas por uma iluminação que parece colar todos os atores na parede.

A comédia *The European rest cure* descreve uma viagem turística pela Europa, feita por um americano gordo e grisalho que precisa descansar.[52]

---

[52] Este mesmo ator-personagem aparece em outro filme de Porter, *The Great Train Robbery*.

Cena de um filme documentário que Porter inseriu em seu The European Rest Cure *(1904).*

O turista volta mais cansado do que na partida, por causa do ritmo intenso da viagem. Todos os quadros onde se desenrolam as paradas da viagem têm cenários estilizados, assim como a cabine do navio. Há painéis no fundo e os já conhecidos objetos ou estruturas mínimas indispensáveis a cada cena: um degrau de pirâmide do Egito, ruínas italianas, uma trilha alpina de pedras e neve, um café parisiense, uma bacia de lama medicinal alemã. O filme tem ainda quatro tomadas iniciais e uma final, que contrastam com esta paz esquemática dos cenários. A primeira mostra o velho turista que se despede da mulher na plataforma de um navio parado no porto. Depois vemos a partida de um navio real, diante de uma multidão genuína, que agita mãos, lenços e chapéus verdadeiros. Em seguida, há um panorama de Nova York vista de um barco (tomada retirada de um outro filme) e também uma cena feita a partir de um navio, mostrando outro personagem chegando de bote ao navio. No final do filme, há a cena de uma carruagem conduzida por cavalos de carne e osso, que levam para casa o exausto viajante.

Em *The bold bank robbery* as cenas de estúdio são feitas diante de cenários bastante simples, em cujos painéis se desenhou somente o indispensável: o cofre do banco assaltado, o saguão e os balcões. Este cenário mínimo se choca com o dinamismo dos meios de transporte que proliferam nas cenas externas: automóveis, carruagens, trens.

Em *The hold-up of the Rocky Mountain Express* há um longo travelling obtido através da colocação da câmera sobre a locomotiva de um trem, o que transmite todo o movimento da paisagem. Esse *travelling* é interrompido quando uma armadilha dos assaltantes – um pedaço de madeira atravessado nos trilhos – obriga o trem a parar. O cenário dentro do trem, pelo contrário, é mais estilizado e menos realista, num ambiente demasiado amplo e estável para se parecer com o interior de um vagão. Este contraste não deve ser tomado como um defeito, como faria um historiador clássico. Há, isto sim, duas atrações: a encenação vaudevilesca de uma situação que envolve os passageiros, com ameaças, desmaios e tudo o mais, e a exibição da vertigem que resulta do movimento do trem. Além disso, este filme também segue um outro estilo de filmagem bastante comum na época e que faz parte da atividade do mostrador profílmico: o grande distanciamento das pessoas filmadas, vistas sempre em planos abertos. O afastamento que a câmera

O cansado turista enfrenta a subida das pirâmides no Egito em The European Rest Cure *(1904).*

Cena final de The hold-up of the Rocky Mountain Express *mostra várias ações simultâneas. O ponto de vista da locomotiva do trem nas cenas externas foi mantido o mesmo durante todo o tempo, para que o filme fosse exibido nos Hale's Tours.*

mantém com relação aos atores é tão acentuado que não é possível identificar com clareza os personagens. No plano final do filme, é muito difícil perceber que os bandidos estão sendo presos e mais ainda distinguir os ladrões dos homens da lei.

Noel Burch lembra como a precária continuidade entre as tomadas, mantida muitas vezes apenas pela presença continuada dos personagens de plano a plano, era ainda mais ameaçada por esta prática.[53] Com efeito, quem assiste hoje *The eviction* (Hepworth, 1904) uma única vez terá dificuldade para entender quem são os despejados e quem é da polícia. O distanciamento mantido pela câmera dos primeiros filmes impedia que se vissem com clareza os rostos dos atores, dificultando a individualização ou a caracterização psicológica dos personagens, isto é, a sua personalização. Mas este não era, de qualquer forma, um objetivo perseguido pelos primeiros realizadores. Certamente havia casos em que esta dificuldade na visualização das faces tornava-se problemática. É o caso de *The lost child* (Biograph, outubro 1904): o filme tem uma cena de perseguição toda feita de planos gerais, mas o

---

[53] Noel Burch, "Porter, or Ambivalence", *Screen*, volume 19, número 4, winter 1978-79, p. 99.

realizador do filme optou por inserir um plano médio, no final dela, para mostrar o espanto dos perseguidores diante do fato de que o perseguido trazia em sua cesta não a criança desaparecida, mas um porquinho-da-índia. Este plano é colocado na cadeia de *quadros* da perseguição com a função de reiterar o que o plano geral já havia mostrado de forma pouco visível.

Apesar de ter sido realizado no final do período do primeiro cinema, contemporâneo portanto aos filmes de Griffith na Biograph, *The bank robbery* (Oklahoma Mutoscene, 1908) mantém ainda as particularidades que estamos aqui descrevendo. Tem uma longa duração, acompanhando o aumento do comprimento dos filmes que se deu naqueles anos. Faz um uso repetido de panorâmicas para reenquadrar situações de movimento – homens e cavalos – solução preferível, naqueles tempos, à montagem. Dominam os planos gerais, nos quais atores e figurantes formam um grupo indistinto de ladrões e perseguidores, principalmente nas cenas externas, que são mais numerosas. Há muitos cavalos, tiros, fumaça. Tudo isso contribui para que vejamos, nesta mistura de cidadãos, policiais e marginais, um único personagem coletivo: a multidão exasperada.

A substituição gradual desse ator coletivo e difuso por indivíduos personalizados é descrita por Charles Musser em "The Changing Status of the Film Actor".[54] Ele nos informa que, até 1904, atores de teatro, atores não profissionais e pessoal da produção se revezavam diante das câmeras. Dançarinas, cães amestrados ou as ondas do mar eram temas que mantinham o mesmo *status* no cinema. Os atores só começaram a se tornar importantes com os filmes narrativos. Na primeira época, fazer filmes era um trabalho ocasional para atores que precisavam de um dinheiro extra e que participavam anonimamente das produções.

---

[54] Charles Musser, "The Changing Status of the Film Actor", in Jay Leyda (ed.), *Before Hollywood: Turn-of-the-Century American Film*, Op. Cit., pp. 57-62.

Quando a proliferação dos *nickelodeons* aumentou a demanda de filmes exigindo uma especialização da produção cinematográfica, os estúdios começaram a requisitar o trabalho intensivo dos atores, inclusive pagando salários que os encorajassem a optar por trabalhar em algo tão desprezível como o cinema. Apenas a partir de 1907, com a transposição de romances e peças de teatro para a narrativa do cinema, é que se lançaram as bases do *star system*, através da hierarquização dos personagens em principais e secundários e a correspondente diferenciação salarial. O que caracteriza o primeiro cinema é, ao contrário, uma hierarquização mínima entre atores, dada a hierarquização pouco clara de personagens.

*   *   *

É curioso observar que mesmo nos casos em que a câmera se posiciona mais perto dos atores – que se tornariam assim mais individualizados – não há incremento do grau de personalização dentro da diegese, já que estamos ainda em pleno cinema de atrações. Neste segundo caso, o ator se dirige diretamente à audiência, numa abordagem que é bem característica dos primeiros filmes. Aqui o personagem – se é que se pode falar realmente em personagem – interpela o observador da cena – a câmera, e portanto o espectador – estabelecendo com o público uma relação direta.

De fato, o ator que aparece nestes filmes sabe que está sendo observado, mesmo quando em posições voyeuristas. Ele se dirige ao espectador num estilo que Gunning chama de "confrontação exibicionista": o ator olha para a direção da câmera, faz mímicas e cara de deboche, buscando a cumplicidade do espectador quando ridiculariza um terceiro personagem ou convoca a atenção do público, como acontece, por exemplo, nos números mágicos de Méliès. Em *Les cartes vivantes*, o mágico não só nos interpela enquanto espectadores, mas literalmente se aproxima de nós, para que possamos ver *melhor* a carta de baralho que ele vai submeter às suas transformações mágicas. *That fatal sneeze* (Hepworth, Fitzhammon, 1905) é um filme com estrutura de perseguição. Um velho prega uma peça num garoto, misturando um pó que parece ser rapé ou pimenta em sua comida. Para revidar, o garoto entra no quarto do velho e espalha a mesma substância por toda a parte, pulverizando-a em sua cama, em suas roupas e em seu lenço. Enquanto prepara sua vingança, o garoto faz mímicas para a câmera, imitando a futura reação do velho e os espirros que ele espera lhe causar. É a interpelação típica do cinema de atrações. Quando o velho começa a espirrar violentamente, vai destruindo tudo que está perto, começando pelo seu próprio quarto e depois pela rua, quando destrói as lojas e os ambientes por onde passa, como se seus espirros fossem pequenos terremotos. Os prejudicados, como acontece nas perseguições, vão formando um grupo que o persegue pelas ruas, mas não consegue evitar outros espirros. A história termina com um grande espirro final que faz o próprio personagem explodir e desaparecer.

Segundo Noel Burch, há também voyeurismo no período, já que foi produzida uma série de filmes do tipo "buraco de fechadura", em que personagens voyeurs espiam a vida alheia por intermédio de instrumentos ópticos ou buracos de fechadura, como acontece por exemplo com *A search for evidence* (Biograph, 1903). Neste filme uma esposa traída procura pelo marido espiando pela fechadura das portas de um hotel, até encontrá-lo e, conseqüentemente, castigá-lo. Para Burch, este tipo de filme, que estrutura uma série de planos subjetivos, "implica um importante passo na direção da identificação do espectador com a câmera".[55]

Tom Gunning, por sua vez, afirma que estes primeiros voyeurs são completamente diferentes dos personagens voyeurs do cinema

---

[55] Noel Burch, *El tragaluz del infinito*, Op. Cit., p. 226.

diegético posterior, porque mostram, com suas mímicas, que compartilham com o espectador o prazer de ridicularizar o que estão vendo, dirigindo-se diretamente à audiência. Os "filmes de buraco de fechadura" envolvem voyeurismo, mas "o espectador ao qual eles se dirigem está ainda longe do espectador voyeur do filme narrativo clássico, aquela testemunha invisível que assiste sem ser observada pelos habitantes do mundo do filme, segura no isolamento da escuridão da sala [de projeção]".[56] O cinema de atrações repousa sobre o reconhecimento da presença do espectador, porque é antes de tudo um ato de exibição de um espetáculo visível. O voyeurismo explícito nos primeiros filmes tem esta característica de experiência quase coletiva, pois o público ao qual o ator-interpelador se dirige nunca é considerado como observador solitário. É neste sentido que se pode afirmar a existência de uma espécie de público coletivizado no primeiro cinema: um público não voyeur, pelo menos, um público que não mantém a imunidade configurada por um lugar fora da diegese.

4.4.2 Movimentos de câmera, profundidade de campo: alguns recursos de mostração filmográfica no primeiro cinema

Ao contrário do que se pode pensar quando se toma o cinema narrativo clássico como referência, os movimentos de câmera e o uso da profundidade de campo estão presentes desde o início do cinema. Estes recursos, que na conceituação de Gaudreault são manipulados no âmbito do mostrador filmográfico, aparecem tanto em filmes curtíssimos de apenas um plano, quanto nos filmes compostos por várias

---

[56] Tom Gunning, "What I Saw from the Rear Window of the Hôtel des Folies Dramatiques, or the Story Point of View Films Told", in André Gaudreault (ed.), *Ce que je vois dans mon ciné... La representation du régard dans le cinéma des premiers temps*, Paris, Méridiens Klincksieck, 1988, p. 38.

tomadas. Gaudreault explica que, numa época em que o narrador filmográfico não domina, os movimentos de câmera permanecem no nível da mostração. O mostrador filmográfico

> se permitirá assim estabelecer laços entre os diversos motivos filmados graças a sábias trajetórias, freqüentemente calculadas com antecipação. Apesar de suas pretensões à narração, [o mostrador filmográfico] permanece sempre no nível da mostração: os movimentos de câmera se fazem dentro da continuidade do plano e a articulação entre os fotogramas impede toda escapada temporal. Malgrado os vaivéns da câmera, o que é apresentado no plano é um bloco único de "realidade".[57]

O fato, porém, de tratar-se de mostração filmográfica não torna o uso dos movimentos de câmera uma tarefa "primitiva". Analisando os movimentos de câmera nos filmes feitos por Edison e pela Biograph, Jon Gartenberg mostrou, em sua participação em Brighton, como era equivocada a tese de que nos primeiros filmes estes movimentos de câmera são desajeitados e improvisados.[58]

Podemos observar a utilização de panorâmicas tanto nos filmes de perseguição do período 1903-1906, que possuem um fio narrativo mínimo, como em filmes de plano único, que funcionam claramente como pura atração, feitos já a partir de 1895. Entre estes extremos, temos muita variação, mas em todos os casos o uso da panorâmica é uma maneira de manter a continuidade no interior do plano sem que haja corte, já que o que predomina, como já explicamos, é a idéia da autonomia do quadro.

---

[57] André Gaudreault, *Du litteraire au filmique*, Op. Cit., p. 126.
[58] Jon Gartenberg, "Les mouvements de caméra dans les films produits par Edison et Biograph", *Les cahiers de la cinemathèque*, Le cinéma des premiers temps (1900-1906), número 29, inverno 1979, p. 70.

Circular panorama of Electric Tower (Edison, 1901) é um filme de plano único que mostra a Exposição Panamericana de Buffalo, vista do alto, do ponto de vista de uma câmera que faz um giro horizontal de 360 graus em torno de seu eixo. Em *Panorama of esplanade by night* (Edison, Porter, 1901), vemos a mesma exposição, num movimento de câmera similar, mas feito durante a noite, o que resulta numa paisagem composta de múltiplos pontos de luz, provenientes dos prédios iluminados. Nestes dois exemplos, a palavra *panorama* no título já denota o caráter descritivo destes filmes e sua relação com ancestrais não cinematográficos: os panoramas pintados, populares no século XIX, cujo objetivo era exibir uma paisagem, a partir de um ponto de vista privilegiado, que faz descortinar diante do espectador uma grande porção de espaço visível. Nestes filmes, porém, o interesse vem não apenas da paisagem, mas também do próprio aparato que pode reproduzi-la com tanta precisão. A atração vem tanto do movimento das pessoas, máquinas e objetos que a câmera consegue captar, quanto do próprio deslizamento horizontal da objetiva, que ao varrer a paisagem com seu ângulo limitado de visibilidade, imita o movimento de olhar do observador dos panoramas, mas potencializado pela animação. As panorâmicas destes filmes exibem as coisas e ao mesmo tempo sua própria presença como olhar sobre estas coisas. Elas exibem portanto a sua capacidade de varrer o mundo com a sensibilidade fixadora da película.

Em *Panorama of Flatiron Building* (Biograph, 1903), Tom Gunning descobre um outro exemplo deste tipo de filme. Neste caso, a câmera imita o gesto que seria feito pela cabeça de um visitante da cidade grande: enquadra a base do prédio, com o movimento do tráfego e dos pedestres, subindo aos poucos até chegar ao topo do prédio. Para ele, filmes como este indicam que "o movimento de câmera começou como um mostruário da habilidade da câmera em movimentar-se e explorar o espaço".[59] Em

---

[59] Tom Gunning, "An Unseen Energy Swallows Space", Op. Cit., p. 362.

Scenes of the wreckage from the waterfront (Lubin, 1900), o objetivo é mostrar a facilidade com que a câmera pode varrer boa parte da imensidão da tragédia causada por um tornado em Galveston.

A presença explícita das panorâmicas em filmes como os que comentamos vai, ao longo da história, tornando-se quase imperceptível ao nosso olhar moderno quanto mais se compromete com formas narrativas. Assim, quando o papel ativo da câmera começa a ser utilizado nos filmes de perseguição para seguir os personagens, estas panorâmicas parecem tornar-se mais invisíveis, mesmo que estejam atuando para evitar a montagem. É o caso, por exemplo, dos planos inicial e final de *The lost child*, em que a

A panorâmica sobre o parque de diversões em Rube and Mandy at Coney Island *(Edison, 1904) e a cena final em que os protagonistas comem os seus cachorros-quentes fazendo caretas para a câmera.*

câmera faz uma panorâmica para seguir a personagem feminina que faz começar e terminar a perseguição. Isso acontece também com a câmera que acompanha a perseguição em *Desperate poaching affray* (Haggard, 1903).

Rube and Mandy at Coney Island (Edison, 1904) é uma mistura desses dois usos diferentes da panorâmica, uma composição ambígua de atrações e relato. O filme mostra a visita de um casal meio caipira a um parque de diversões em Coney Island, misturando dois atores de vaudevile, que fazem o casal, com freqüentadores e funcionários reais do parque. Isso tudo configura uma dupla atração. Rube e Mandy, com seu jeito desengonçado e suas palhaçadas, ao atuarem para a câmera, tornam-se também uma estranha novidade para os freqüentadores do parque. Seu comportamento, aliado ao espanto dos circunstantes e aos olhares constrangidos dos funcionários são, por sua vez, uma atração para o espectador do filme. Um dos planos do filme é uma panorâmica, tomada de um lugar bem alto de onde se vêem as várias diversões do parque. A câmera varre um ângulo de uns noventa graus e estaciona sobre uma pequena multidão enquadrada em plano geral no qual, com algum esforço, podemos divisar lá embaixo, bem pequeninos, Rube e Mandy. Essa panorâmica, por causa da mistura de realidade e encenação que caracteriza o filme, cria um descompasso bastante visível na fluência já precária da narração, feita de uma série de atrações. Na verdade, a linearidade é mantida apenas pela presença do casal protagonista, que se repete em todos os planos. Mas estes planos poderiam ser embaralhados sem prejudicar o filme, que é uma sucessão de cenas vividas em diversos pontos do parque, finalizada por um plano aproximado, em forma de *quadro* inserido, em que Rube e Mandy são finalmente mostrados de perto, lambuzando-se ao devorar seus cachorros-quentes, diante de um painel negro, de estúdio.

*　　*　　*

Uma série de outros movimentos de câmera foram conseguidos nos primeiros filmes colocando-se as câmeras sobre variados meios de transporte. Os filmes dos Hale's Tours são apenas um exemplo das tentativas de reconstituir a emoção de penetrar no espaço através da câmera cinematográfica. Uma reconstrução que, segundo Gunning, é ao mesmo tempo lúcida e lúdica, já que simula perfeitamente um trem que, todos sabem, é falso. Esta emoção surgiu já bem no início, desde que "as câmeras foram atiradas para dentro do espaço através dos vagões de metrô, trens de carga, balões aéreos, carros, gôndolas e plataformas rolantes na Exposição Universal de Paris em 1900".[60]

Para Gartenberg, a capacidade de captar, através das panorâmicas, a rapidez do movimento dos novos veículos deriva da rapidez da própria máquina que gera os filmes: "as panorâmicas parecem estar em relação direta com a era da máquina. De um filme a outro os automóveis, os trens e as ferrovias passam diante da câmera que, sendo ela mesma uma máquina, entra dentro da dança do movimento".[61] A afirmação de Gartenberg é importante porque nos coloca frente às multideterminações de vários dispositivos utilizados no primeiro cinema. Para nós, o uso das panorâmicas nos primeiros filmes serve como exemplo das contradições de um tempo de transição, que se baseava numa estética do século XIX, mas enfrentava os desafios perceptivos propostos pela modernização tecnológica. As panorâmicas cinematográficas baseiam-se na estética dos panoramas pintados, estáticos, que vieram do século XIX, para mostrar ao olhar burguês uma visão idealizada e pacífica da cidade. Mas ao serem transferidos para o cinema, tornaram-se reproduções fotográficas que, dotadas de movimento, incorporaram o caos de uma sociedade que se transformava. Foram contraditoriamente viabilizadas por uma tecnologia da velocidade, necessária para uma economia industrial que potencializaria, entre outras coisas, conflitos sociais violentos. Muitos dos primeiros filmes nos revelam esta tensão.

Também os *travellings* estão presentes desde o início do cinema, tanto em estúdio como em locações externas. Em alguns casos estes *travellings* são utilizados para dar a sensação de deslocamento do espectador dentro de um espaço tridimensional, como no filme *The bank robbery*. Em outros casos, são usados para esconder o deslocamento da

<hr>

[60] Tom Gunning, "An Unseen Energy Swallows Space", Op. Cit., pp. 362-363.
[61] Jon Gartenberg, Op. Cit., p. 69.

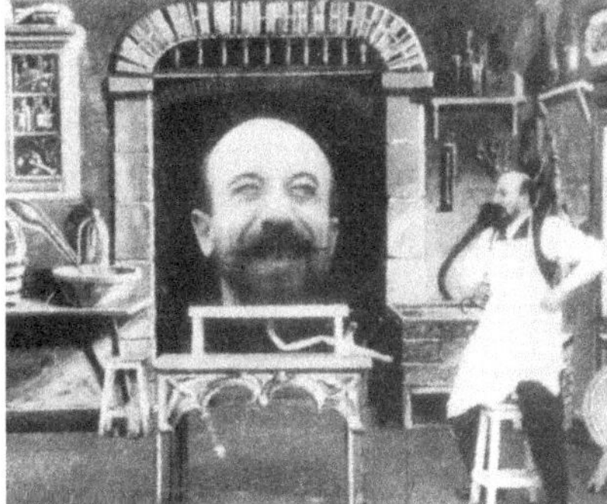

Em L'homme à la tête de caoutchouc
*(1902), o mágico e cineasta Georges
Méliès sobrepõe um travelling para
frente a uma tomada fixa, o que
dá a sensação de que a cabeça foi
aumentando de tamanho.*

câmera e criar uma sensação de ambigüidade do espaço representado. O cinema de Méliès é um exemplo deste segundo tipo de uso dos *travellings*, aliado às trucagens. Alguns de seus filmes propõem uma percepção alternativa das imagens produzidas com o deslocamento da câmera, porque inserem estes *travellings*, por sobreposição, em planos que enquadram de maneira imóvel cenários próximos aos do teatro. É o caso de *La sirène* (Star Film, Méliès, 1902) ou do *L'homme à la tête de caoutchouc*.

Em *L'homme à la tête de caoutchouc*, um cientista coloca uma duplicação de sua própria cabeça sobre uma mesa de trabalho e vai inflando-a com um fole até que essa cabeça, depois de aumentar de tamanho fazendo várias caretas, acaba explodindo. Aqui a trucagem que permite o crescimento da cabeça do cientista é justamente a sobreposição de um travelling para a frente sobre uma tomada de ângulo fixo, que mostra o cenário do laboratório. O objetivo de Méliès é dar ao espectador a impressão de crescimento da cabeça e não de deslocamento da câmera, por isso ele subordina o *travelling* à fixidez do ponto de vista. Todas as trucagens de Méliès baseiam-se nestes mesmos princípios: a unidade do ponto de vista, a pressuposição da imobilidade da câmera, e uma espécie de aparência achatada do espaço, ao qual o espectador nao tem acesso a não ser por uma visão frontal.

O mesmo tipo de trucagem é utilizado em *La sirène*, para dar ao espectador uma sensação de aumento de tamanho da sereia e do aquário.

Com menos freqüência se utilizaram *travellings* em estúdio com a intenção de mostrar uma aproximação do objeto filmado. Há alguns exemplos, como *Hooligan in Jail* (Biograph, 1903) ou *Photographing a female crook* (Biograph, McCutcheon, f. Weed, 1904).[62] *Hooligan in jail* mostra em plano de conjunto um prisioneiro comendo dentro de sua cela, sentado numa mesa. Para que se possa ver a mímica de sua face, a câmera executa um lento *travelling* para a frente até enquadrar o ator pela cintura. Movimento semelhante é encontrado em *Photographing a female crook*, mas não há muitos outros exemplos deste tipo de *travelling*. De qualquer forma, é bom deixar claro que nestes casos todos os movimentos de câmera não funcionam dentro de uma progressão narrativa, mas são atrações, no sentido de Gunning,[63] porque o objetivo dos filmes é sua apresentação.

Os *travellings* mais freqüentes são aqueles que conduzem o espectador para um ambiente externo, associados aos vários tipos de transporte que podiam potencializar este deslocamento. Foram utilizados nos filmes de atualidades – que mostravam ou encenavam catástrofes, guerras e outros fatos jornalísticos – ou nas ficções que incorporavam à suas cenas tomadas feitas fora dos estúdios. Esses *travellings* podiam trazer a sensação das embarcações fluviais nos oito planos de *Panorama des rives du Nil* (Lumière, c. 1895), a vertigem do metrô novaiorquino em *Interior N. Y. subway, 14th Street to 42nd Street* (Biograph, 1905) ou o suspense da luta encenada sobre o trem em *The great train robbery*. É curioso como, nessa cena de briga sobre o trem, em *The great train robbery*, misturam-se várias tendências do cinema da época. Ao mesmo tempo que sentimos o veloz deslocamento do trem diante da paisagem, num

---

[62] Jon Gartenberg, Op. Cit., p. 60.
[63] Gunning comenta estes filmes em "The Cinema of Attractions", Op. Cit., p. 58.

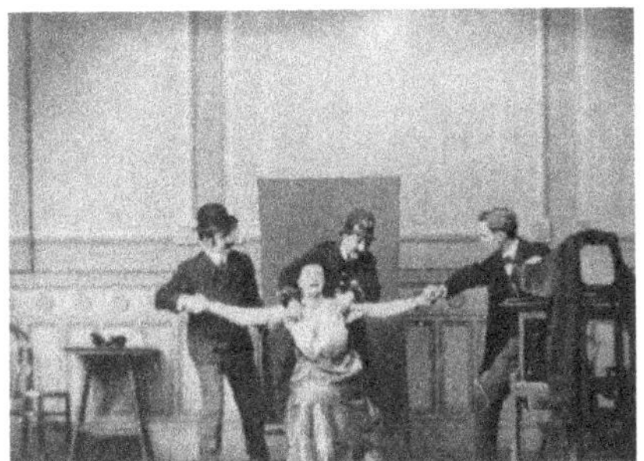

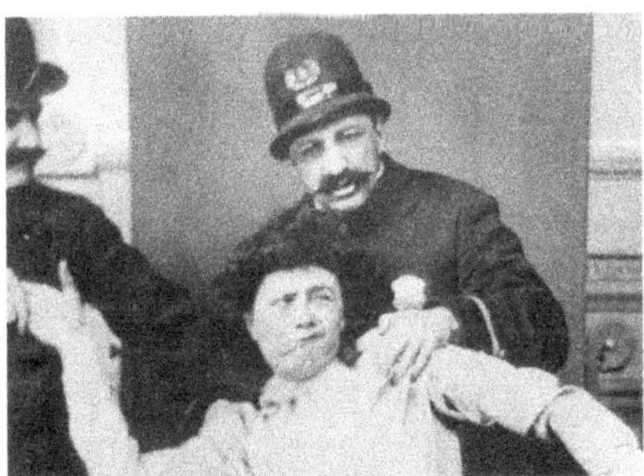

Travelling para a frente vai pouco a pouco revelando as caretas da vagabunda que, presa pela polícia, não quer se deixar fotografar em Photographing a Female Crook *(Biograph, 1904).*

travelling visível quase como um borrão, nas bordas do enquadramento, temos uma ação feita dentro dos moldes de encenação da época, vista sob um único e fixo ponto de vista. Apesar de ter sido filmada sobre um trem em movimento, a cena é mostrada como se tivesse sido feita em estúdio. Há inclusive uma trucagem, feita para substituir um dos atores por um boneco, quando o maquinista é atirado para fora do trem. Uma prova de que a valorização da autonomia e da continuidade no interior do plano resistia até às altas velocidades.

*   *   *

Assim como os *travellings* e panorâmicas, o uso da profundidade de campo nos primeiros filmes resulta de cenas externas, mas não se reduz a elas, aparecendo também em cenas de estúdio. John Fell explica-nos que a profundidade de campo foi mais largamente utilizada nas atualidades reconstituídas e cenas documentárias, que acompanhavam o movimento de objetos tais como trens, veículos, cavalos e soldados.[64] O uso da profundidade de campo no primeiro cinema é parecido com o dos movimentos de câmera: não obedecia a uma única tendência. Em alguns casos, servia para reforçar a ilusão de um espaço homogêneo, respeitando as regras da perspectiva. Em outros, era manipulado de forma a subverter as regras clássicas de codificação do espaço e criar um jogo ambíguo entre superfície e profundidade.

Muitos filmes de Méliès fazem brincadeiras com a perspectiva ilusionista através das superposições. Um exemplo famoso é *Le melomâne*. Nesse filme, composto de apenas um enquadramento, o cineasta realiza

---

[64] John Fell, "L'articulation des rapports spatiaux dans certains films de la periode 1900-1906", *Les cahiers de la cinemathèque*, número 29, inverno 1979, p. 82. Publicado depois em inglês como "Articulation of spatial relationships in designated film 1900-1906", in Roger Holman (ed.), *Cinema 1900-1906*, Bruxelas, F.I.A.F., 1982, volume 1, pp.163-167.

Fotograma do filme
Panorama des rives
du Nil *(1895),*
fotografado por um
dos operadores de
Lumière, que
mostra a margem
do rio Nilo, no
Egito, em travelling
lateral produzido a
partir do movimento
de um barco onde
estava a câmera.

um detalhado trabalho de trucagem, produzindo múltiplas sobreposições para fazer aparecer, ao mesmo tempo, várias tomadas de sua própria cabeça. Já comentamos como, neste filme, os fios elétricos sobre o céu negro do fundo (um cenário, obviamente pintado) se transformam na superfície chapada de uma pauta musical, onde as cabeças de Méliès aparecem como diferentes notas de uma música. Para Tom Gunning, este filme, ao contrário de muitos outros de Méliès cuja encenação é baseada nos *tableaux* teatrais da virada do século, apresenta um espaço como que ambíguo, recorrente em vários de seus filmes que envolvem superposição ou uma continuidade primitiva.[65]

Há, por outro lado, uma vasta produção de filmes cuja preocupação é lidar com a tridimensionalidade física do espaço. São as atualidades e as ficções com encenações externas, que incluem as perseguições. Como exemplo podemos citar uma atualidade dos Lumière, *Dragoons traversant la Saône à la nage* (Lumière, 1896), que mostra militares franceses atravessando um rio a nado e desta forma se afastando da câmera, colocada lateralmente à margem, em direção à outra margem,

<hr>

[65] Tom Gunning, "An Unseen Energy Swallows Space", Op. Cit., p. 358

portanto em direção ao fundo da cena. Outro exemplo é a comédia de um plano *Extraordinary cab accident* (R. W. Paul, 1903), em que um homem é atropelado por um cavalo e desfalece cercado pelos passantes. Como se utilizou um boneco para a cena do choque, o filme faz uma referência ao próprio truque utilizado, pois o personagem revive, e foge correndo com a mulher, justamente numa direção que tangencia a câmera.

O plano inicial de *The suburbanite* é um exemplo de utilização, em ambiente externo, da profundidade de campo e de movimento de câmera. Posicionada na calçada em frente à nova casa da família, a câmera enquadra a calçada em direção à esquina, de onde vem a família (pai, mãe e

Dois fotogramas de Le spectre rouge *(Pathé, Segundo de Chomón, 1906). O de cima mostra o enquadramento em plano geral, que predomina durante o filme. O de baixo mostra que a câmera não se moveu, mas o protagonista se deslocou do fundo do cenário para perto dela, executando seu número mágico bem próximo de nossos olhos.*

muitos filhos). O grupo familiar avança pela calçada na direção da câmera e, ao chegar em frente à casa, vira à esquerda do quadro para subir pela escada da casa. A câmera faz então um movimento de panorâmica para a esquerda. Contudo, esta mobilidade não se repete em outros planos do filme, nos quais ela talvez fosse necessária, como o trajeto dos homens da mudança. Isso mostra que não havia um código cinematográfico estabelecido e que certas descobertas não eram conquistas que se tornavam imediatamente correntes.

Há casos em que este deslocamento dos atores no sentido axial à câmera acontece dentro do estúdio. Em *Le spectre rouge* (Pathé, Segundo de Chomon, 1906) vemos uma caveira fazendo uma série de números mágicos num cenário que imita uma gruta e está enquadrado em ângulo fixo. Mas, diferentemente do que acontecia em geral naquela época, há um momento em que a caveira se aproxima bastante da câmera para mostrar uma parte da sua *mise em scène*, rompendo o costume dos deslocamentos exclusivamente laterais. Da mesma forma, o mágico encarnado por Méliès em *Les cartes vivantes*, além de interpelar o espectador à moda do teatro ilusionista, aproxima-se dele – da câmera – para mostrar melhor as cartas de baralho que vai utilizar em seu número de transformações.

Vale ainda mencionar dois casos em que a câmera oscila sobre o que seria um hipotético eixo horizontal, perpendicular à objetiva. O primeiro caso é o quinto plano de *The European rest cure*, que mostra o cenário de uma cabine de navio supostamente em alto mar. O personagem demonstra estar enjoado e com dificuldades de ficar em pé, por causa da oscilação do barco. Porter teve aqui a idéia de oscilar a câmera para transmitir o balanço da embarcação, fazendo atuar, de forma pouco usual, o mostrador filmográfico. Efeito semelhante foi conseguido pelo inglês Lewin Fitzhammon, desta vez para representar, de maneira bem engraçada (e visível!), a vibração provocada por um violento espirro do personagem central, em *That fatal sneeze*.

Estas são algumas maneiras pelas quais recursos como os movimentos de câmera e a profundidade de campo são utilizados no âmbito do mostrador filmográfico. Vejamos agora como acontece a montagem no primeiro cinema, tal como é manipulada pelo narrador filmográfico.

4.4.3 Montagem: alguns recursos de narração filmográfica no primeiro cinema

Para a historiografia clássica, a montagem "verdadeiramente cinematográfica" só foi conquistada quando o cinema conseguiu representar a continuidade do fluxo narrativo, criando para o espectador uma sensação de fluência. Assim, nem as trucagens, nem a mera junção de planos, comuns aos primeiros filmes, seriam verdadeiras montagens. Jean Mitry, como vimos no segundo capítulo, considerava que só a partir dos filmes de Griffith a montagem incorporou um valor de signo, deixando de ser um recurso meramente descritivo:

> Se concebemos a montagem como uma sucessão de cenas se desenrolando em tempos e lugares diferentes, a montagem certamente existia antes de Griffith. (...) Mas a montagem concebida como a reunião de elementos constitutivos de uma mesma cena, visualizada sob ângulos diversos ou de pontos de vista diferentes, foi uma das primeiras grande inovações de Griffith. Sem contar que, a partir dele, os primeiros planos, que tinham sido até então *closes* muito raros e excepcionais, tornaram-se parte integrante da continuidade, uma significação que recaía sobre o contexto. A imagem tomava de certa forma um valor de signo ou de símbolo.[66]

Se Noel Burch criticou este posicionamento, compartilhou, por outro lado, a idéia de que há realmente uma diferença entre as descontinuidades narrativas e descontinuidades não narrativas. Para Burch, as Paixões filmadas representam uma transição de uma situação em que as mudanças de plano "funcionam de um modo descritivo e para satisfazer a pulsão escópica, [e portanto], em um sentido estrito,

---

[66] Jean Mitry, *Histoire du cinéma – Art et industrie*, Tome I; 1895-1914, Paris, Editions Universitaires, 1967, p. 270.

não são narrativas", para uma outra situação, em que à descontinuidade significante corresponde uma articulação narrativa.[67] As Paixões filmadas ilustrariam a "natureza profundamente contraditória do cinema primitivo", porque, apesar de serem organizadas numa estrutura linear de "concatenação biunívoca", elas estão ainda próximas de uma forma de encenação antiga e tradicional, distante da encenação teatral clássica. As Paixões filmadas entre 1897 e 1907 compunham-se de uma sucessão de *quadros* vivos (cada um precedido pelo seu título) e possuíam antecedentes históricos: "É importante sublinhar que encontramos aqui uma forma teatral que procede diretamente dos 'Mistérios' da Idade Média e que, no final do século XIX, mantém tão só frágeis relações com o naturalismo do teatro burguês".[68]

É necessário deixar claro, portanto, que as Paixões filmadas estão associadas a um tipo de teatro que não é nem o de vaudevile, nem o naturalista, mas uma forma muito específica de encenação. Por causa do assunto de que tratavam, tais filmes incomodavam os pruridos e as orientações do clero e da comunidade religiosa, que já tinham atrapalhado várias encenações da vida de Cristo naquele final de século. Os realizadores das Paixões filmadas queriam tratar de um assunto de apelo popular, mas tinham que enfrentar também uma infinidade de restrições morais e religiosas impostas pelas elites culturais. Ficavam literalmente entre a cruz e a espada, e não raro se viam constrangidos a imaginar encenações que não criassem problemas. Isso significava, entre outras coisas: evitar caracterizações psicológicas, fugir de atuações mundanas, manter a artificialidade da interpretação dos atores como um sinal de reverência ao assunto. A pouca verossimilhança das Paixões filmadas tem mais a ver com tais restrições do que com alguma concepção de montagem tomada isoladamente e fora do contexto do filme.

[67] Noel Burch, *El tragaluz del infinito*, Op. Cit., p. 152.
[68] Noel Burch, *El tragaluz del infinito*, Op. Cit., p. 153.

Charles Keil mostra como a encenação da história de Cristo levou a um "retardamento estilístico", mesmo em filmes posteriores como *From the manger to the cross* (Kalem, 1912), feito em locações no Oriente Médio e já em plena vigência de códigos narrativos que psicologizavam os personagens. Este filme conservou a antiga estruturação, "apresentando a história de Cristo como uma série de quadros ou unidades virtualmente autônomas, cuja conexão dependia mais das capacidades reconstrutivas de um observador que conhece o Evangelho do que de estratégias formais do próprio texto cinematográfico".[69] A formatação do filme revela, para Keil, a astúcia dos realizadores, que sabiam que nestes casos a caracterização psicológica era problemática e perigosa. Eles estavam conscientes de que a representação de Cristo através de "uma forma tão consistentemente ligada aos poderes da mimese e da verossimilhança tecnologicamente aperfeiçoados pelo cinema" poderia transgredir as regras religiosas. Por isso, em vez de focalizar a figura do Cristo, o filme chamava a atenção para os cenários autênticos da Palestina e para as cenas de multidão. Keil considera que a persistência do modelo das antigas Paixões filmadas, em *From the manger to the cross*, "indica que os realizadores do período estavam mais interessados em ressaltar certa essência predefinida da vida de Cristo (...) do que em tentar utilizar elementos daquela vida como material para um exercício de narrativa cinemática".[70]

Assim, parece-nos que as Paixões, apontadas por Burch como exemplos de pouca linearidade, devem ser tomadas como uma estrutura bastante específica. Elas mostram que o primeiro cinema era palco de tendências conflitantes. As Paixões não devem, assim, ser tomadas como formas acabadas que se oferecem à análise, mas como rastros de

---

[69] Charles Keil, "*From the Manger to the Cross*. The New Testament Narrative and the Question of Stylistic Retardation", in R. Cosandey, A. Gaudreault e T. Gunning (eds.), coletânea *Une invention du Diable? Cinéma des premiers temps et religion*, Op. Cit., p. 112.
[70] Charles Keil, "*From the Manger to the Cross*", Op. Cit., p. 113.

um outro contexto. Ao analisar uma cópia de uma destas Paixões existente no Museu de Arte Moderna de Nova York, Tom Gunning observa que ela é, na verdade, uma colagem de várias Paixões e que, neste sentido, funciona como um palimpsesto do primeiro cinema: revela o nível de participação dos exibidores na forma final do filme, uma vez que cada um criava sua própria versão, ao mesmo tempo em que nos mostra as "energias contraditórias deste primeiro período", já que tais filmes não pertencem totalmente nem a um cinema narrativo, nem ao cinema de atrações, mostrando aspectos de ambas as tendências.[71]

*   *   *

Uma vez que a montagem é considerada pela historiografia tradicional um recurso eminentemente narrativo, cuja generalização marca a era da "absorção diegética" no cinema, torna-se inevitável perguntar: de que forma a montagem acontece no cinema de atrações, cujo objetivo primordial não é a narração? Para responder a essa questão, talvez seja prudente, antes de mais nada, relembrar o que estamos entendendo por montagem. Sabemos que o cinema realiza o trabalho de articulação de dois tipos de descontinuidades: a descontinuidade entre fotogramas, que são fotografias instantâneas, e a descontinuidade entre as seqüências de fotografias, os planos.

A descontinuidade entre fotogramas é apagada na projeção contínua dos fotogramas por causa da incapacidade do olho humano de perceber a diferença entre imagens que se sucedem acima de uma certa velocidade (fenômeno conhecido em psicologia como "efeito phi"). O que o cérebro humano faz, portanto, é perceber o plano cinemato-

---

[71] Tom, Gunning, "Passion Play as Palimpsest: The Nature of the Text in the History of Early Cinema", in *Une invention du Diable?*, Op. Cit., p 107.

gráfico (isto é, esta seqüência de instantâneos fotografados com um espaço regular de tempo entre eles) como uma unidade espaço-temporal. Toda interrupção desta seqüência de fotogramas, que representa o desenrolar ininterrupto de um momento filmado, é uma interrupção do plano, um corte. Estamos portanto considerando como montagem toda alteração na continuidade espaço-temporal expressa pelo plano cinematográfico, bem como as articulações entre partes de um mesmo plano ou de planos diferentes.

Como vimos no item "Espetáculo e narração: cinema de atrações, regime de mostração", Gaudreault considera que a narração fílmica só existe no âmbito da montagem, pois a função do narrador é interferir na temporalidade do filmado:

> Para mim a *narração* (especificamente) fílmica começa com a montagem, (...) primeiro porque, no âmbito do parâmetro essencial da narratividade, que é a *temporalidade*, a montagem permite às imagens fílmicas ascender a dimensões desconhecidas ao discurso restrito ao nível da mostração. Segundo, porque a operação da montagem constitui um outro "momento", uma instância (...) outra que não a da filmagem (...). Daí a possibilidade de estabelecer uma fronteira discreta entre os dois níveis distintos de narratividade, que são a narração e a mostração.[72]

Uma vez que no plano cinematográfico as imagens se desenrolam num presente em ação, ou melhor dizendo, como um passado presentificado, só a atividade montadora do narrador fílmico permite a inscrição de outros tempos. A mostração limita-se ao presente, e por isso há uma facilidade maior de que a instância narrativa permaneça escondida. O trabalho da montagem evidencia, ao contrário, a presença de um responsável pelo relato. Neste sentido, Gaudreault afirma

---

[72] André Gaudreault, *Du litteraire au filmique*, Op. Cit., p. 108.

*Georges Méliès
dirige-se diretamente
ao espectador em*
Les cartes vivantes
*(1905), deixando
aberta a ligação
entre o seu mundo e
o nosso.*

que "é efetivamente pela montagem que o espectador experimenta a sensação de não ser o único a observar a história que se desenrola diante de seus olhos".[73] Esta instância, cujo trabalho se faz após a filmagem, aparece como manipulação do tempo. Será que poderíamos concluir que, para Gaudreault, toda montagem é narração? Admitamos provisoriamente que sim.

Apesar de ser uma intervenção narrativa no tempo, a montagem no período do primeiro cinema obedece a um "projeto" (usando o termo de Gaudreault) que é o do cinema de atrações e não tem como objetivo principal o relato linear de acontecimentos. Em que sentido, então, poderíamos entender a montagem dentro deste projeto? Algumas formas de utilização da montagem no primeiro cinema estão bem exemplificadas nos filmes de trucagens *(trick films)*, cujos representantes mais famosos são os filmes de Méliès. Os *trick films* são importantes porque trazem à baila as especificidades destes primeiros filmes. Tomemos como exemplo um filme já comentado neste trabalho, *Les cartes vivantes*. Neste filme de transformações Méliès encarna um mágico que

---

[73] André Gaudreault, *Du litteraire au filmique*, Op. Cit., p. 109.

faz aumentar e diminuir instantaneamente o tamanho de cartas de baralho e que transforma as figuras em pessoas reais. Duas características do filme nos interessam agora. Em primeiro lugar, a atitude de interpelação do público por parte do mágico. Méliès nos faz gestos, pergunta se dá para enxergar a carta de baralho que está nos mostrando e demonstra dificuldade em ouvir nossa hipotética resposta. Através de seus gestos, ele nos promete uma surpresa, antes de iniciar suas incríveis e numerosas transformações. Em segundo lugar, interessa-nos o ponto de vista fixo sob o qual o filme nos mostra estas prestidigitações. Durante todo o filme, o enquadramento apresenta inúmeras fusões, sobreposições e as "paradas para substituição". Ao chamar a atenção do espectador de forma explícita e direta, Méliès formula o projeto básico do primeiro cinema: espantar, mostrar uma novidade, exibindo junto as capacidades mágicas do cinema. Deixando aberta a ligação entre o mundo do espectador e a atmosfera exibicionista do mundo mostrado na tela, os primeiros filmes vão permitir que a própria montagem esteja a serviço do espetáculo e não da narrativa, e se mostre, por isso, explicitamente. Entretanto, a montagem dos primeiros filmes, apesar de explícita, não foi vista como tal por inserir-se na concepção de autonomia do quadro. Os primeiros filmes privilegiaram uma outra continuidade. Não aquela entre planos, mas a continuidade do enquadramento.

O conceito narrativo de montagem privilegiou, na historiografia tradicional, a junção de planos tomados de pontos de vista diferentes. Neste sentido os *trick films*, com suas paradas para substituição, múltiplas sobreposições e recorrentes fusões, acabaram não sendo entendidos como montagens. O detalhado trabalho de corte, colagem, rebobinamento múltiplo da película para as várias sobreimpressões, o uso de máscaras, tudo isso passou despercebido, seja porque os filmes não tinham preocupação narrativa, seja porque sua unidade de ponto de vista impediu que se enxergassem montagens onde se mantinha o enquadramento.

Gunning afirma que esta cegueira explica-se também pelo mito de que os primeiros filmes eram uma mera reprodução de números teatrais já existentes. Na verdade, a associação necessária do realismo com o cinema, pela via da verossimilhança, paradigma da historiografia clássica, é uma das causas desta cegueira. As pesquisas recentes têm mostrado que outras formas de entretenimento popular (além do teatro que serve de padrão à velha historiografia) às quais os primeiros filmes estavam relacionados, também propunham a exibição de ilusões visuais. O espectador dos primeiros filmes sabia-se presa de ilusões e esta consciência fazia parte da diversão. Daí vinha o maravilhamento, tanto do cinema como de outras diversões óticas ou mágicas da época.[74]

A própria idéia de uma "parada para substituição", mencionada tanto pela historiografia quanto pelo próprio Méliès, está um pouco distante do verdadeiro processo utilizado nestes filmes de trucagens. Em 1907 Méliès pode ter iniciado este mal-entendido, explicando, num artigo publicado no *Annuaire géneral et international de la photographie*, como tinha descoberto a trucagem envolvida nas paradas para substituição:

Um defeito no aparelho que eu utilizava no início (...) produziu um efeito inesperado num dia em que eu fotografava a *Place de l'Opéra*: precisei de um minuto para desbloquear a película e fazer o aparelho funcionar novamente. (...) Quando projetei a película no ponto onde tinha havido a ruptura, vi que um ônibus se transformara em carro fúnebre e que homens tinham se transformado em mulheres. O truque por substituição, dito truque por parada, tinha sido encon-

---

[74] Tom Gunning, "Primitive Cinema - A Frame-Up? or The Trick's on Us", in Thomas Elsaesser (ed.), *Early Cinema: Space-Frame-Narrative*, Op. Cit., p. 97. Sobre o mito da ingenuidade dos primeiros espectadores ver também, do mesmo autor, "O cinema das origens e o espectador incrédulo, Revista *Imagens*, Número 5, agosto 1995, Campinas, Editora da Unicamp, pp.52 61.

trado. Dois dias depois eu executava minhas primeiras metamorfoses (...).[75]

Este trecho, repetido exaustivamente pelas histórias do cinema, na verdade corresponde a apenas uma parte do processo técnico utilizado por Méliès e parece ter sido escrito por ele talvez para despistar os imitadores, a cuja ameaça ele faz explícita referência no mesmo artigo. Em 1981 Jacques Malthête demonstrou detalhadamente que todas as trucagens feitas nos filmes de Méliès envolviam montagem. As "paradas para substituição" eram produzidas, na verdade, por um complexo trabalho de corte e colagem dos negativos, e nunca poderiam ter sido produzidas da maneira descrita por Méliès:

> Toda aparição, desaparição ou substituição era realizada na tomada, mas remontada em laboratório, no negativo, por uma simples razão: esta trucagem – assim como as outras – não suporta a ruptura de ritmo. A inércia da câmera era tal que não se podia estacionar na última imagem do "plano" de "antes da trucagem", mudar personagens ou cenário, e depois retomar o movimento a partir da primeira imagem de "após a trucagem" sem que houvesse uma ruptura significativa na cadência das imagens. Na impossibilidade de parar o filme exatamente no momento em que se queria introduzir o "truque", filmava-se então um pouco mais que o necessário e se juntavam em seguida, com a imagem pronta, as duas tomadas, de maneira a evitar as incongruências temporais.[76]

---

[75] Trecho de artigo de Georges Mélies denominado "Les vues cinématographiques" e reproduzido em Georges Sadoul, *Méliès*, Paris, Seghers, 1961, p. 105.

[76] Jacques Malthête, "Méliès, technicien du collage", in Madeleine Malthête-Méliès (ed.), *Méliès et la naissance du spetacle cinématographique*, Paris, Klincksieck, 1984, p. 174.

Além destas metamorfoses instantâneas conseguidas com uma única colagem, Méliès também utilizava sobreimpressões. Eram feitas por um processo ainda mais trabalhoso, porque envolvia o rebobinamento da película para seguidas reimpressões, que podiam chegar a mais de dez. A cada vez que se voltava o filme existia o risco de rompimento da perfuração, caso em que o trabalho precisaria ser todo refeito. Jacques Malthête criou até um "quadro trucográfico" para dar conta dos nove tipos de paradas de câmera e 36 tipos diferentes de sobreimpressões que Méliès produziu em seus filmes. Ele constatou que as sobreimpressões implicavam sempre a existência de pelo menos dois cortes: um no começo e outro no final da sobreimpressão. Isto era necessário porque as películas utilizadas no processo "eram feitas à parte, com o mesmo cenário e os mesmos personagens, mas geralmente *imóveis*, para evitar problemas suplementares de ajustamento na hora da junção".[77]

Ao identificar o "quadro primitivo" com o plano, a historiografia acabou deixando passar essas complexas formas de montagem, tão freqüentes não apenas nos filmes de Méliès como também em muitos outros filmes do período, de Porter a Zecca. Estas *colagens* podem ter sido eclipsadas pela teatralidade estilizada das encenações, pela ausência de fluxo narrativo ou pela própria presença das freqüentes descontinuidades nas montagens de planos resultantes de enquadramentos diferentes.

O que caracteriza as várias transformações, mutilações, degolamentos, materializações e desaparições dos *trick films* é sua visibilidade, nos saltos perceptivos que elas proporcionam. Em contraste com a montagem invisível e a verossimilhança dos filmes narrativos posteriores, a montagem dos primeiros filmes faz alarde de sua própria presença, da manipulação que esta presença revela e de sua vinculação à construção de uma ilusão.

---

[77] Jacques Malthête, "Méliès, technicien du collage", Op.Cit., p. 176.

Ao mesmo tempo, como mostra Tom Gunning, o árduo trabalho de Méliès, recortando e colando os filmes, preocupado em manter o fluxo da ação dentro da continuidade do quadro, tornou a montagem de seus filmes de transformação realmente invisível, inclusive para os historiadores clássicos:

> [Esse cuidado] mostra que os primeiros realizadores estavam preocupados com questões que tradicionalmente se pensou que eles ignoravam: a da precisa continuidade de ação entre pedaços de planos. Nos filmes de Méliès estes pedaços são tratados de modo a manter um fluxo e um ritmo de atuação que uma mera parada de câmera não poderia conseguir. Enquanto a montagem clássica posterior pode ser designada como "montagem invisível" apenas metaforicamente, estas "montagens por substituição" são quase literalmente invisíveis, tendo passado despercebidas para a maioria das pessoas, nas últimas oito décadas.[78]

A partir do que foi exposto, é necessário, agora, que façamos uma diferenciação entre *plano* e *quadro*. Enquanto o *plano* supõe uma mesma tomada, que pode ou não ter o mesmo enquadramento, o *quadro* supõe, inversamente, a manutenção do enquadramento mas também a possibilidade de várias tomadas. É nesse sentido que poderíamos entender a noção da *autonomia do quadro* elaborada por Burch. Para ele, essa autonomia do quadro implica a continuidade do enquadramento, mas não necessariamente do plano.

É interessante notar que enquanto as descontinuidades das primeiras montagens entre planos (de ângulos diferentes!) são incomodamente explícitas, as trucagens internas ao plano se dissimularam a ponto de não poder impedir uma série de críticas à excessiva teatralidade dos

---

[78] Tom Gunning, "Primitive Cinema - A Frame-Up? or The Trick's on Us", Op. Cit., p. 98.

primeiros filmes e à falta de uma expressão "verdadeiramente cinematográfica" nestes filmes. A unidade do ponto de vista, essencial à realização das trucagens especificamente cinematográficas dos primeiros filmes, alimentou a visão teleológica da existência de uma fase "primitivamente teatralizada". Nesse sentido, Gunning explica:

> A unidade do ponto de vista dá a ilusão de uma unidade de tempo característica do teatro, quando, de fato, as substituições criam uma síntese do tempo que é especificamente cinemática. O enquadramento da composição mélièsiana, tido pelos historiadores como signo de teatralidade primitiva, revela-se como uma ilusão construída conscientemente para desviar a atenção do real processo cinemático em curso. E, pelo menos com certos historiadores, isto deu certo.[79]

A partir do que foi exposto devemos repensar a afirmação provisória que fizemos, de que, para Gaudreault, toda montagem é narração porque manipula o tempo original do plano. Na verdade, teríamos que diferenciar de alguma forma a montagem para o espetáculo, objetivo do cinema de atrações, e a montagem para o desenvolvimento de uma narrativa. Quer dizer, o que tornaria a montagem narrativa ou não é o objetivo (ou projeto) que condiciona o processo técnico que, grosso modo, a montagem na verdade é. Concordando com Gaudreault, Tom Gunning diz que uma vez que o objetivo das trucagens é auxiliar a apresentação de uma atração, mantendo um certo tipo de relacionamento explícito e interpelativo como espectador, e mantendo o enquadramento, mais do que o relato de uma história, estamos aqui lidando com um mostrador e não com um narrador.[80] Este mostrador se preocupa com a continuidade implícita na manutenção do enquadramento, e a montagem

[79] Tom Gunning, "Primitive Cinema - A Frame-Up? or The Trick's on Us", Op. Cit., p. 100.
[80] Tom Gunning, "Primitive Cinema - A Frame-Up? or The Trick's on Us", Op. Cit., pp. 99-102.

decorrente não é pior, primitiva, nem configura "um degrau anterior na evolução" do cinema narrativo. Apenas pertence a um outro projeto, que envolve uma forma diferente de continuidade – regida não pelo narrador, mas pelo mostrador fílmico.

Só admitindo a pertinência da autonomia do quadro a este projeto não narrativo é que se pode entender a ocorrência de um filme como *The big swallow* (Williamson, 1901), sem explicá-lo como "precoce", "visionário" ou "surrealista *avant la lettre*". A atração oferecida por este filme é uma brincadeira inteligente com a imunidade real do espectador e sua coincidência parcial com o lugar da câmera, mas está vinculada à unidade do ponto de vista da mesma forma que os filmes de Méliès.

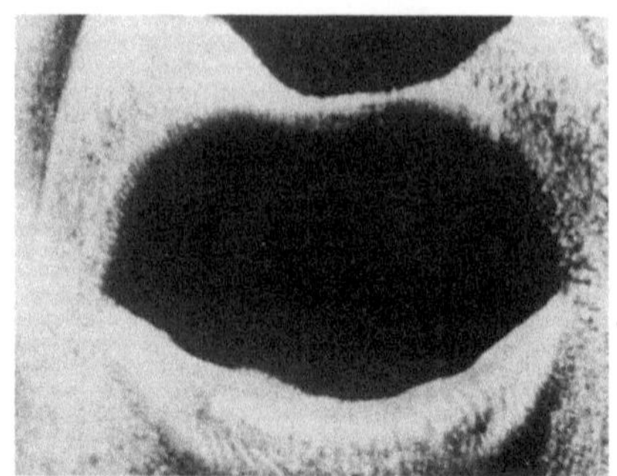

O protagonista de The Big Swallow *(Williamson, 1901) ameaça comer o cinegrafista, que insiste em filmá-lo e observá-lo, querendo ocupar o lugar análogo ao do espectador. Depois de engolir o cinegrafista-personagem, o protagonista se afasta, demonstrando a imunidade do espectador.*

Em *The big swallow* temos dois personagens: um homem que está sendo filmado e o cineasta que o fotografa. Vemos este homem enquadrado do ponto de vista do fotógrafo, que portanto não aparece (já que está atrás da câmera e reparte conosco seu ângulo de visão). O personagem não está gostando de ser filmado, por isso aproxima-se da câmera (e portanto de nós, espectadores) com ameaças. Como a filmagem não se interrompe, o homem, irado, aproxima-se da câmera com a boca aberta, para engolir o fotógrafo (e portanto nos engolir também). Vemos um escuro e em seguida o fotógrafo, caindo para dentro da goela do personagem. Neste momento, o cineasta passou para o campo de visão da tela e deixou de ter seu ponto de vista associado ao nosso. Em seguida vemos o homem afastando-se, mastigando o fotógrafo e sua câmera, explodindo numa gargalhada e lançando-nos olhares de cumplicidade. Para realizar esse filme Williamson inseriu, no plano em que o personagem se aproxima e depois se afasta (feito ao ar livre), um outro plano, de estúdio, em que filmou o cineasta e seus equipamentos caindo dentro de uma cavidade escura. Manteve assim, durante todo o filme, o enquadramento fixo. Quanto à encenação, mostra-se aí claramente que o personagem do filme reconhece nossa presença e se diverte com o nosso susto, já que o filme demonstra que nós, espectadores, estamos imunes ao que se passa na tela.

Assim como os filmes de Méliès, *The big swallow* é uma celebração da ilusão proporcionada pelo cinema, uma celebração feita junto com o espectador, com quem o protagonista partilha a gargalhada final. O reconhecimento da presença do público é, em filmes como este, também um reconhecimento da ilusão cinematográfica. Seja interpelado nos filmes de magia, seja dividindo a cumplicidade com os voyeurs das ficções, seja recebendo os olhares curiosos dos passantes captados pela câmera, o espectador sabe que é uma peça de um jogo tácito de ilusões explícitas. Diz Gaudreault, nesse sentido, que nos *trick films* "o espectador não é nunca verdadeiramente iludido, até porque muitos elementos dos filmes se encarregam de lembrá-lo de que ele está assistindo a um espetáculo de ilusão".[81] Assim como o reconhecimento da presença do público não tem nada a ver com as regras de constituição de um universo diegético fechado e autônomo, da mesma maneira a montagem presente nestes filmes também não faz parte deste projeto. Ela não objetiva

[81] André Gaudreault, "Theâtralité et narrativité dans l'ocuvre de Georges Méliès", in Madeleine Malthête-Méliès (ed.), *Méliès et la naissance du spetacle cinématographique*, Op. Cit., p 207.

esconder-se a si mesma e às outras marcas de enunciação. Pelo contrário, em certos momentos, até faz alarde de sua própria artificialidade.

*   *   *

Falamos das montagens internas ao plano. Resta-nos agora falar da montagem entre planos diferentes (leia-se planos com enquadramentos diferentes!). Ao contrário das trucagens, que procuram preservar a sensação de continuidade, as montagens entre planos diferentes chamam imediatamente a atenção nos primeiros filmes porque na maioria das vezes constituem flagrantes exemplos de descontinuidade.

Mais uma vez, é preciso criticar uma idéia bastante difundida pela historiografia: a de que as descontinuidades do primeiro cinema aconteciam porque os ingênuos primeiros cineastas ainda não sabiam contar uma história da forma adequada. Como já mencionamos, a idéia de um quadro autônomo dificultava intervenções radicais na duração original dos planos. Assim, juntar dois planos distintos não tinha nenhuma relação com uma intervenção no interior de cada um deles. Algumas vezes esta não intervenção resultava em descontinuidades: encavalamentos temporais, elipses abruptas ou muito extensas, inserções de planos alegóricos independentes do desenrolar da história. Outras vezes, a não intervenção sobre o plano trazia alterações de ritmo apesar de não interferir na sensação de continuidade. É o caso dos filmes de perseguições, em que a descontinuidade entre os planos acabava sendo compensada pela continuidade da história que estava sendo contada. É possível distinguir, portanto, dois tipos básicos de montagem entre planos no primeiro cinema: as montagens que resultam em vários tipos de descontinuidades, e as montagens típicas dos filmes de perseguição. Mas, assim como não existe um sistema de representação estável no cinema de atrações, também há formas múltiplas de montagem.

Há filmes em que a junção de planos se dá como um desfile de atrações, sem continuidade, no estilo das apresentações de vaudevile. E há outros em que, por se contar uma história, tenta-se criar ligações entre planos. Ao caminhar na direção de um fluxo que começa a se tornar narrativo, alguns filmes passam a esboçar formas pouco homogêneas de continuidade entre planos, mas mantendo ao mesmo tempo o estilo de uma seqüência de atrações independentes. Tom Gunning chama de "antologias" a estes filmes feitos de vários planos, juntados sem o objetivo de se obter qualquer continuidade.[82] Nas "antologias", cada plano constitui uma entidade independente e fica ligado aos outros por um tema comum ou por um tênue enredo, que funciona como um pretexto para a junção dos planos. Poucos destes filmes apresentam um desenrolar temporal bem definido e linear.

Há antologias cujos planos ficam ligados apenas por um tema comum, recorrente nas imagens de forma implícita ou explícita. Os três planos de *Three American beauties* (Edison, 1906) são ligados por fusões, mas neste período a própria fusão é um ornamento, não tendo o significado de passagem do tempo que adquiriu posteriormente no cinema narrativo. Aqui a fusão suaviza o corte entre os planos, criando uma atração singela. O tema, recorrente nas imagens, é a idéia da americanidade, apresentada não como argumentação lógica, mas como alegoria.

The whole Dam family and the Dam dog (Lubin, 1905) também não tem um enredo. Neste caso, o tema é a cômica existência da família Dam. Entre um plano e outro, há simples cortes. O filme difere um pouco dos *trick films*, pois nele, apesar da manutenção do enquadramento e dos cenários, que permanecem fixos em todas as tomadas, não existe uma preocupação em suavizar o corte entre os planos.

Há outro grupo de antologias em que aparece um fio narrativo, mas tão simples que pode certamente ser resumido em uma ou duas

---

[82] Tom Gunning, "Le style non continu du cinéma des premiers temps", Op. Cit., pp. 30-31.

frases. Neste tipo de filme, a continuidade entre os planos é indicada, muitas vezes, apenas pela presença repetida dos personagens. Há um microenredo (ou uma simples idéia) que vai sendo reiterado em todos os planos. E já que a reiteração predomina sobre a transformação, não há preocupação de continuidade.

Em *Rube and Mandy at Coney Island* temos um bom exemplo dessa ausência de enredo. Rube e Mandy aparecem em todos os planos fazendo suas palhaçadas mas não há progressão linear entre os planos, que são ligados por corte seco e poderiam ter sua ordem modificada ou invertida sem que isso alterasse muita coisa.

Isto já não acontece em *The seven ages* (Edison, Porter, 1905), em que a ordem dos planos importa porque o filme conta as sucessivas fases da vida de um homem. Mas não há continuidade entre os planos, uma vez que eles retratam períodos separados por um grande intervalo de tempo. Inspirado em Shakespeare, o filme faz uma série de quadros alegóricos de cada uma das fases significantes da vida, e por isso não desenvolve um enredo. A mesma configuração existe em *Uncle Tom's cabin*. Apesar de inspirado no livro, o filme possui a estrutura de quadros, que apenas aludem aos momentos mais importantes do romance e não indicam um desenrolar gradual da história.

Tableaux alegóricos e quadros de apresentação de personagens (vistos mais de perto e muitas vezes com fundo artificial, bem diferentes dos outros quadros que compõem o filme) são bastante freqüentes, inclusive inseridos em descontinuidade dentro dos filmes de enredo. Essas inserções podem parecer hoje um pouco abruptas, mas devemos lembrar que as alegorias eram formas de ilustrações gráficas muito praticadas em revistas e cartões postais na virada do século. Quadros de apresentação de personagens eram bastante comuns, por exemplo, nas histórias em quadrinhos. Exemplos de planos alegóricos são o plano final de *The kleptomaniac* (Edison, Porter, 1905), mostrando a Justiça olhando por baixo da venda, de olho no dinheiro, o que faz desequilibrar sua balança, e o plano final de *Uncle Tom's cabin*, que mostra uma seqüência de imagens alusivas à Guerra da Secessão e à libertação dos escravos nos Estados Unidos, que aparecem dentro de uma máscara circular inserida no quadro da morte de Tom. O mais famoso plano de apresentação de personagens do primeiro cinema é aquele que mostra o *close* do bandido de *The great train robbery* atirando na direção da platéia. Esse tiro não tem nada a ver com os outros disparados na história, é apenas uma apresentação do bandido e da ameaça que ele representa. Outro exemplo é o plano final de *Rube and Mandy at Coney Island*, cuja função é nada mais que mostrar de perto os dois caipiras. *Rescued by Rover* (Hepworth, Hepworth/ Fitzhammon, 1905), por sua vez, começa com um plano de apresentação que introduz os personagens e o cachorro que vai salvar a criança seqüestrada.

Os efeitos de descontinuidade existem não apenas pela inserção destes planos "independentes". Eles são também freqüentes em filmes constituídos por mais de um plano, nos quais a ação conduz ao desenvolvimento de uma ficção linear. Isso acontece em histórias curtas e simples como a que é contada em *Mary Jane's mishap, or don't fool with paraffin* (Smith, 1903). Este filme conta a história de uma mulher ignorante que acende o fogo com parafina, o que leva a uma explosão. Nele figuram algumas das características apontadas por Gunning como típicas do primeiro cinema: elipse abrupta, repetição temporal e inserção de planos aproximados (corte no eixo).

Há duas seqüências básicas no filme de Smith. Na primeira, Mary Jane dá sinais de sua ingenuidade, olhando-se no espelho e divertindo-se com a própria cara suja de graxa. Percebendo que já é hora de cozinhar, ela despeja parafina no fogão e risca um fósforo. Vemos uma explosão na cozinha. Em seguida, num cenário de telhados domésticos, vemos o corpo de Mary Jane ser arremessado através de uma chaminé, acompanhado de fumaça. Na segunda seqüência, aparece a espirituosa lápide de seu túmulo, onde se lê *"Here lies Mary Jane, who lighted the fire with paraffin. Rest in pieces"* e um plano geral mostrando pessoas visitando o cemitério e fugindo assustadas quando o fantasma de Mary Jane aparece, numa trucagem por sobreposição.[83] A elipse abrupta neste filme acontece justamente no intervalo entre as duas seqüências, quando se passa da explosão diretamente para o cemitério. É evidente que consideramos essa transição como abrupta partindo do padrão cinematográfico clássico; mas se pensarmos nessa mesma transição retratada por uma história em quadrinhos ou pelos versos de uma canção popular (formas culturais que serviam de referência para estes filmes, e que naturalmente permitem tal junção), não há necessariamente ruptura violenta.

A repetição temporal ocorre na junção dos planos interno e externo da explosão. O plano interno mostra a explosão vista do lado de dentro da casa, no cenário da cozinha. Uma trucagem faz desaparecer Mary Jane, que se supõe ter sido arremessada para fora através da chaminé, e faz surgir, por trucagem, uma nuvem de fumaça que vai se dissipando lentamente, mostrando a cozinha vazia. No plano seguinte vemos o telhado da casa visto de fora. De repente, o corpo da personagem é lançado para fora pela chaminé e, de novo, aparece a fumaça da explosão. O tempo representado por esta junção entre planos parece se repetir, temos a sensação de que a ação acontece duas vezes. O mesmo ocorre em muitos outros filmes: em *Next!* (Biograph, novembro 1903), a passagem dos palhaços pela janela é mostrada duas vezes, da mesma forma que o salvamento da mulher e da criança em *Life of an American fireman*, ou como o choque do veículo fantástico contra a parede da taverna em *Le voyage à travers l'impossible* (Star Film, Méliès, 1904).

---

[83] Literalmente, a frase significa "Aqui jaz Mary Jane, que acendeu o fogo com parafina. Descanse em pedaços". Há um trocadilho em inglês, não pode ser traduzido para o português: *"rest in pieces"* é uma brincadeira com o texto habitual das lápides, *"rest in peace"* (que quer dizer "descanse em paz").

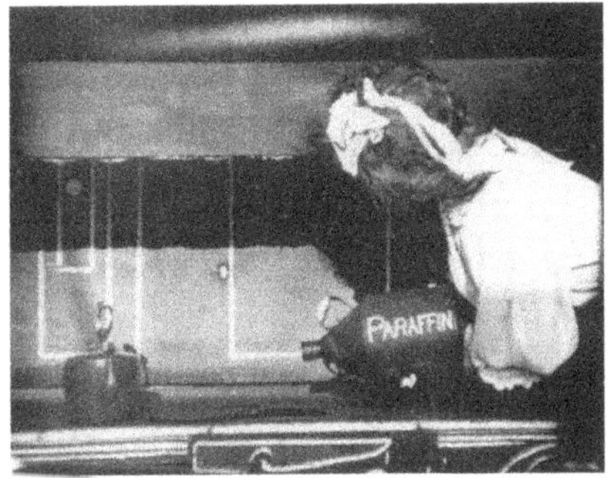

O plano aproximado de Mary Jane, que Smith inseriu no plano mais aberto, mostra a moça despejando a parafina no fogão, em Mary Jane's mishap *(1903).*

Em *Mary Jane's mishap, or don't fool with paraffin* há a inserção de planos aproximados cujo desenrolar não concorda exatamente com a ação mostrada em plano geral. Este tipo de inserção de *closes*, planos subjetivos ou planos aproximados é muito comum nos primeiros filmes. Na verdade, o filme começa num plano aproximado que nos mostra a face de Mary Jane e, em seguida, corta para o plano geral do cenário da cozinha, enquadrado frontalmente. Mary Jane mexe com graxa e suja o rosto. Um segundo plano aproximado, sem continuidade, mostra-nos de perto a face suja da moça. Voltamos mais uma vez para o plano geral, que tem a personagem despejando a parafina no fogão, e depois para um terceiro plano aproximado, que enquadra Mary Jane pela cintura, ao mesmo tempo em que ela faz uma expressão pretensamente inteligente, enquanto despeja o líquido.

Há muitos exemplos de inserções de planos aproximados que não concordam exatamente com o que se mostra mais de longe. Em *The gay shoe clerk* (Edison, Porter, 1903) insere-se um *close* com fundo neutro, mostrando uma mulher levantando lentamente sua saia enquanto experimenta o sapato, para provocar o funcionário da loja. Em *The widow and the only man* (Biograph, 1904), a cena mostra uma jovem viúva cheirando as flores que acabou de receber de seu pretendente. Insere-se nesta tomada um plano aproximado, para mostrar melhor a satisfação da moça e sua cara de apaixonada. Mas o lugar das flores, a localização da mesa, tudo é diferente do plano anterior, deixando explícito que a segunda tomada foi feita em momento diferente. *The seven ages* exibe-nos em seus vários *quadros* as fases da vida de um juiz. Nos quadros em que o personagem beija sua companheira há a inserção de planos aproximados em completo desacordo com o plano geral. No segundo quadro ("*playmates*") o menino tenta beijar sua amiguinha. Mostrados mais de perto, eles repetem de modo diferente a ação já executada antes. O mesmo acontece nos quadros "*lovers*", "*soldier*" e "*second childhood*". O efeito de aproximação neste filme aparece como uma espécie de satisfação à pulsão de ver uma situação considerada um pouco proibida (como a do beijo), e, na verdade, não serve a um projeto de linearidade temporal. Em todos estes planos de cortes no eixo, o que está em questão é uma reiteração erótica, espetacular ou curiosa de ações já mostradas. Por isso estes planos são inseridos, coerentemente, como atrações, tendo por essa razão licença para interromper o fluxo de tempo já precariamente representado.

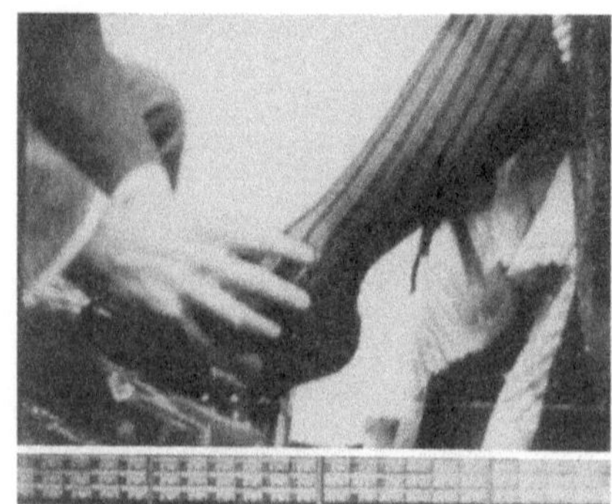

O close *de* The Gay Shoe Clerk *(Edison, 1903) e o plano geral em que Porter o inseriu.*

Há freqüentes aparições de planos subjetivos no primeiro cinema, sempre fazendo parte de uma dupla de planos observador/observado, que pode aparecer uma ou várias vezes. Esta dupla de planos foi largamente utilizada em filmes que se tornaram um gênero no primeiro cinema: os "filmes de buraco de fechadura". Nestes filmes o enredo é pouco desenvolvido, curto mas repetitivo, e serve de pretexto para mostrar várias situações que não se ligariam sozinhas. *Par le trou de serrure* (Pathé, 1901), por exemplo, mostra um empregado de hotel espiando pelas fechaduras dos quartos, até ser descoberto e surrado por um hóspede que saía de um dos aposentos. Neste momento, o personagem sofre a punição clássica que se abatia quase inevitavelmente sobre todos os personagens voyeurs desses filmes. Quando olha pelas fechaduras, o personagem chama as inserções dos planos subjetivos, em que vemos uma mulher que se penteia, depois um travesti, depois um casal, sempre mostrados através de uma máscara em forma de uma fechadura estilizada, costume vindo da lanterna mágica.

Com esta mesma estrutura, *Grandma's reading glass* (Smith, 1900) mostra em plano médio o netinho observando o que o cerca através da lente da avó. *Closes* inseridos mostram as letras do jornal, o passarinho, o relógio, o gato, o olho da vovó. Aqui a máscara imita a lente e tem, portanto, forma circular.

Estes são exemplos claros de uso do plano subjetivo inserido com a função de atração. Mas alguns filmes também utilizam o par observador/ observado (plano subjetivo) para representar ações narrativas. É o caso de *Révolution en Russie* (Pathé, Nouquet, 1905). Neste filme, o diretor inseriu dois planos subjetivos, nas duas vezes em que um oficial do encouraçado Potemkim observa a cidade (Odessa?) com seu telescópio, do convés. Ambas as subjetivas são mostradas dentro de uma máscara circular, para indicar que estão sendo vistas através do telescópio.

Há quem considere que o uso do plano subjetivo é uma boa prova de que o período do primeiro cinema representa uma real transição do cinema de espetáculo para o cinema de narração. Richard Abel, pesquisando o uso deste tipo de tomada nos filmes da Pathé, constata que em 1906 estes planos subjetivos estavam claramente começando a perder o status de atrações e assumindo uma função narrativa. Não por acaso, o plano subjetivo tem função de atração nas comédias e assume um papel mais narrativo dentro dos melodramas, que vinham se tornando mais numerosos. E há muitas vezes um uso híbrido desse procedimento, quando os planos subjetivos aparecem como interrupções espetaculares numa cadeia narrativa, ou como figuras retóricas nos dramas.[84]

*   *   *

A montagem envolvida nos filmes de perseguição pressupõe a idéia de que cada plano é a continuidade imediata da ação que foi interrompida no plano anterior. Não há ruptura na única linha narrativa que se desenvolve. Esses filmes merecem ser comentados porque, como já foi dito, encarnam visivelmente a simbiose de atração e narração do primeiro cinema.

As perseguições são geradas por um roubo ou por um mal-entendido inicial, que detona a aparição de uma série de quadros, mostrando os vários episódios da fuga. Cada um dos quadros começa com a aparição do perseguido e só termina quando o último perseguidor sai de campo. Não há verdadeira continuidade espacial entre os planos, apenas a presença dos personagens em todos os quadros atenua a separação e a elipse entre as tomadas. Os filmes de perseguição terminam depois que todos passaram por uma boa quantidade de lugares e de situações ridículas, pois na maioria das vezes trata-se de comédias. Neste ponto, os perseguidos são alcançados pelos perseguidores e acontece um evento que finaliza a história: uma punição, uma gargalhada etc. Esta forma narrativa foi extremamente popular, mas teve duração relativamente curta. Segundo Gunning, as perseguições, que já existiam pelo menos desde 1901, tornaram-se importantes por volta de 1904,

---

[84] Richard Abel, "The Point-of-View Shot: from Spetacle to Story in Several Early Pathé Films", in André Gaudreault (ed.), *Ce que je vois dans mon ciné... La representation du régard dans le cinéma des premiers temps*, Op. Cit., pp. 74-76.

mas em 1909 já tinham sido substituídas pela montagem paralela, característica dos filmes de "salvamento-no-último-instante".[85]

Noel Burch considera que as perseguições deram origem àquilo que chama de "continuidade institucional", porque introduziram a idéia de duração no espaço indeterminado das abruptas elipses dos filmes de dois planos, oferecendo planos intermediários onde a perseguição se desenrola. Para ele, uma estrutura feita apenas pelos dois pólos, início e fim, suporia "uma ausência das leis da narratividade". O intervalo entre os pólos temporaliza a história. "Uma série de dois planos criaria a impressão de uma perseguição que acaba logo que começa".[86]

Ao mesmo tempo, porém, os planos intermediários inseridos nas perseguições apresentam-se como atrações, pois de certa forma interrompem o desenrolar temporal da duração e instalam uma suspensão no tempo narrativo. Por isso, nossa paciência esgota-se rapidamente diante de filmes como *Personal* (Biograph, McCutcheon, 1904) – a perseguição de um solteiro por mulheres à procura de marido –, ou *The lost child* (Biograph, 1904), a não ser que façamos uma suspensão do fluxo que estamos acompanhando e deixemos passear o olhar pelos infinitos detalhes de cada quadro. Isto é, precisamos estar dispostos a enxergar estes filmes não apenas como perseguições, que se desenvolvem com rapidez, mas também como híbridos de vários espetáculos atemporais, reiterativos e suspensivos.

Feita de "quadros autárquicos", a perseguição vai, por outro lado, levar às primeiras montagens em continuidade. Para Burch, o papel das perseguições é nítido e fundamental na transição entre espetáculo e narração. Elas têm a função de "alargar a experiência fílmica, iniciar uma certa produção 'imaginária' da duração e da sucessão que põe em

[85] Tom Gunning, "Non-Continuity, Continuity, Discontinuity: A Theory of Genres in Early Films", in Thomas Elsaesser (ed.), *Early Cinema: Space Frame-Narrative*, Op. Cit., p. 93.
[86] Noel Burch, *El tragaluz del infinito*, Op. Cit., p. 152.

marcha um fora de campo que, por ser ainda amorfo, tornará possível, em última instância, a produção diegética institucional".[87]

Em *That fatal sneeze*, a interrupção da linearidade temporal da narrativa em cada quadro é materializada até mesmo nos espirros do protagonista. Em cada um dos planos, a ameaça de mais um espirro gera expectativa e depois destruições. Cada plano atua como suspensão do fluxo da perseguição, como um espetáculo de microatrações, confusões multiplicadas. Mas, ao mesmo tempo, cada espirro aumenta o número de prejudicados, que perseguem o pobre velho e impulsionam para a frente a temporalidade linear do relato.

4.5. A mistura de ficção e não ficção: as atualidades

Um dos mitos que a nova historiografia do cinema tem ajudado a derrubar é o de que os filmes de Lumière e Méliès estão nos patamares de origem de duas tendências opostas do cinema: o documentário e a ficção. Para esta visão, os filmes de Méliès, realizados em estúdios, tratando de assuntos geralmente fantásticos e utilizando a estilização de cenários, representariam a vertente ficcionalizante do cinema. Os filmes de Lumière, ao contrário, por serem feitos em locações externas e autênticas, teriam lançado as bases do que se chama de realismo documentário. É certo que, desde o início, havia uma diferenciação explícita entre filmes encenados (não necessariamente de ficção) e filmes documentários que naqueles anos se chamavam "atualidades"). Tal diferenciação permitiu que historiadores recentes pudessem medir com certo sucesso a proporção de um e outro tipo no conjunto de filmes que faziam parte da programação de *vaudeviles*, exibições itinerantes e *nickelodeons*. Sabe-se que as atualidades compunham a grande maioria dos filmes, desde o início do cinema até cerca de 1903, quando o

---

[87] Noel Burch, *El tragaluz del infinito*, Op. Cit., p. 160.

aumento da popularidade dos filmes de ficção fez crescer a produção de encenações ficcionais. Segundo Charles Musser, a partir desse ano os exibidores sentiram que crescia o gosto popular pela modalidade ficcional e passaram a enfatizá-la em suas exibições, forçando a indústria cinematográfica a acompanhar este movimento. O autor cita um caso que comprova esta drástica mudança: na programação de três teatros de Chicago: as atualidades eram 70% dos filmes anunciados em fevereiro de 1903, e em novembro do mesmo ano elas eram apenas 10%.[88]

Em 1978, Paul Spehr apresentou no simpósio de Brighton uma pesquisa realizada nos registros da American Mutoscope and Biograph Company. Considerou como ficções as encenações de enredos ficcionais e de números de vaudevile (danças, mágicas, anedotas ou comédias curtas), em oposição às chamadas atualidades. Seu trabalho mostrou que no período 1900 a 1906 a Biograph tinha produzido mais filmes de atualidades do que de ficção (1.035 contra 774). Seus dados também nos mostram que o ano de 1903 marcou uma inflexão nas proporções destes dois tipos de filmes, quando as atualidades deixam de compor a maior parte e passam a representar cerca de 50% dos filmes produzidos.[89]

Dentro das ficções, que eram minoritárias, as narrativas cômicas dominaram sobre as dramáticas durante todo o primeiro cinema. Segundo Robert Allen, quando as narrativas dramáticas começaram a aparecer nas programações de *vaudevile* em 1903, as comédias eram 30% da produção total de filmes americanos, enquanto os dramas representavam apenas 6%. O crescimento da participação dos filmes narrati-

---

[88] Charles Musser, *The Emergence of Cinema*, Op. Cit., pp. 337-338.
[89] Veja Paul Spehr, "La production cinématographique à la Biograph, entre 1900 et 1906", *Les cahiers de la cinémathèque*, número 29, inverno 1979, pp. 152-159. Para que se tenha uma idéia mais detalhada da evolução destas proporções, o leitor pode consultar os sete quadros que quantificam mensalmente, ano a ano, a produção da Biograph nesse período

vos no total de filmes produzidos foi lento; 4% em 1902, 6% em 1903, 7% em 1904 e 15% em 1905.[90] Pesquisando essas diferenças, Charles Musser afirma que uma análise estatística dos registros de produção da Cia. Edison mostra que nos anos 1904-1905 os filmes de ficção (*"story films"*) estavam vendendo 3,5 vezes mais do que as atualidades. Esta proporção permaneceu constante nos dois anos seguintes.[91]

Apesar de parciais, esses dados indicam que as atualidades formavam parte bastante significativa do total de filmes produzidos e tinham o mesmo prestígio que os filmes de ficção, antes que se generalizasse a produção de filmes para o público crescente dos *nickelodeons*.

Entretanto, as atualidades muitas vezes incluíam encenações dos fatos que elas pretendiam retratar. Tratava-se, neste caso, das "atualidades reconstituídas".[92] As atualidades reconstituídas eram uma mistura bastante particular de elementos ficcionais e documentários que existiu até cerca de 1907. Nelas se misturavam filmagens de situações autênticas com reconstituições de situações em estúdios, locações naturais ou nos próprios locais dos acontecimentos, incluindo encenações, trucagens e maquetes parecidas com as utilizadas nas ficções. Sua aparição suscita algumas questões importantes, uma vez que o que se chamava de "atualidades" não corresponde exatamente ao que se designa hoje como "documentário".

O uso de cenas reconstituídas reflete, obviamente, uma combinação de fatores econômicos que justifica também o impulso tomado pelos filmes de ficção: as encenações eram muito mais baratas, fáceis de serem realizadas e supervisionadas por seus produtores, não dependiam de longas viagens dos operadores de câmera e podiam ser

---

[90] Robert C Allen, "The Movies in Vaudeville: Historial Context of the Movies as Popular Entertainment" in Tino Balio (ed.), *The American Film Industry*, Madison, University of Wisconsin Press, 1985, p. 75

[91] Charles Musser, *The Emergence of Cinema*, Op. Cit., p. 375.

[92] Utilizamos este termo para traduzir as expressões *fake newsreels*, em inglês, e *actualités reconstituées*, em francês, que aparecem nos textos consultados.

adaptadas ao tamanho dos estúdios e à cenografia disponível. O uso das encenações permitia que um número maior de filmes pudesse ser feito em menos tempo e em condições mais controladas, mantendo o ritmo de produção que a expansão do cinema começava a exigir.

As encenações faziam parte tanto das ficções como das atualidades reconstituídas, o que indica que o estatuto do que se considerava *ficção* ou *documentário* não era o mesmo de hoje. Havia encenações nas atualidades e cenas documentais nas ficções. Essa mistura desfaz necessariamente a rigidez das fronteiras conceituais que já se ergueram para explicar estes filmes e indica claramente que os primeiros filmes só podem ser compreendidos – ainda mais uma vez – tendo em conta suas inter-relações com um repertório cultural que se espalhava também por outros circuitos de informação.

Charles Keil alerta para os perigos que a oposição Méliès-Lumière tem representado para uma compreensão histórica do status das atualidades, ficções e documentários nos primeiros anos do cinema:

Este esquema oferece a confortável coerência histórica que as oposições binárias freqüentemente fornecem, implicando também que estas tendências fossem evidentes desde o começo, isto é, que as categorias do fato e da ficção estivessem demarcadas e facilmente observáveis no período do primeiro cinema.[93]

Na verdade, não só estas categorias estavam pouco definidas, como a própria existência das atualidades reconstituídas – através da mistura dos registros documentário e ficcional – questiona as rígidas dicotomias que alimentam os posicionamentos simplistas sobre o primeiro cinema.

[93] Charles Keil, "Steel Engines and Cardboard Rockets: The Status of Fiction and Nonfiction in Early Cinema", *Persistence of Vision*, Number 9, 1991, New York, p. 37.

É certo que os filmes de ficção evitavam os problemas de acesso ao fato real – distância, tempo, *timing*. Esse fato é, porém, superestimado por certos tipos de explicações, que tendem a reforçar as fronteiras entre fato e ficção, considerando, com certa ironia paternalista, que as encenações de acontecimentos eram tentativas ingênuas e pouco realistas de reproduzir os fatos reais. E o problema é que as abordagens que tradicionalmente se referem aos documentários lançam mão de um conceito de realismo cinematográfico que foi forjado posteriormente e aplicam-no sobre o primeiro cinema sem a devida relativização histórica e sem diferenciar as atrações das narrações. É preciso não esquecer que os primeiros filmes, dos quais uma parcela ínfima e alterada chegou até nós, faziam parte de uma prática específica daquele tempo e que não pode ser deixada de lado.

Em lugar de classificar filmes ou pedaços de filmes segundo descrições formais – o que nos levaria necessariamente ao impasse diante da fluida zona de fronteira entre ficção e não ficção por onde transitam as atualidades –, será mais produtivo, para os propósitos deste trabalho, procurar entender como é que se comportavam ficções, documentários e atualidades dentro do regime de atrações que regia o primeiro cinema.

*   *   *

Talvez seja importante começar com o fato de que as reconstituições eram parte integrante do gênero das atualidades. Isto quer dizer que, por mais que tentemos descobrir quais os momentos encenados e quais os momentos verdadeiramente autênticos nas atualidades – e essa era inclusive uma discussão que começou a acontecer já naqueles anos –, isso não esclarece muito sobre o estatuto cultural dessas atualidades. A historiografia tem diferenciado as "atualidades" das "atualidades reconstituídas" segundo a presença ou não de tomadas encenadas. Mas, muitas vezes, existe por trás disso uma preocupação em buscar, no território indeterminado das atualidades, aquilo que é claramente identificável como ficção pura ou como documentário puro.

Na verdade, o que confere a qualidade específica das atualidades é, justamente, a possibilidade de que essa mistura exista sem ter suas arestas aparadas pelos instrumentos da linguagem narrativa. E essa abertura para a reunião dos registros diferenciados da ficção e do fato só pode ser compreendida a partir de seu específico contexto semiótico e cultural.

As reconstituições sempre procuravam abordar assuntos de grande apelo popular difundidos pela imprensa, tais como lutas de boxe, guerras imperialistas em que os Estados Unidos e os países da Europa se envolviam, execuções, rebeliões, crimes recentes, cataclismos naturais, acontecimentos cívicos como desfiles de autoridades, coroamentos, funerais. A imprensa também publicava críticas desses filmes, funcionando como arena de debate sobre a fidelidade das recriações inseridas nestas reconstituições. Segue aqui um exemplo. *The Corbett-Fitzsimmons fight* (Veriscope, 1897) mostrava em trinta minutos de filme um combate real entre famosos lutadores. A luta foi assistida ao vivo por um enorme público e ao mesmo tempo filmada, em 17 de março de 1897. Podemos nos perguntar que critério de realismo seria necessário utilizar para qualificar este filme, pois, como se sabe, o final da luta estava combinado entre os produtores do filme e os lutadores. O filme foi mostrado com sucesso nos vaudeviles a partir de maio de 1897, explicado por comentadores que faziam papel de comentaristas esportivos. A imprensa questionou o final inesperado da luta: a vitória inexplicável daquele que parecia estar perdendo. O embate foi um acontecimento bastante anunciado e reencenado em teatros por treinadores e lutadores, que se enfrentavam ao mesmo tempo em que a (não tão) verdadeira luta acontecia, recebendo pelo telégrafo as descrições de cada *round*. A duração deste filme era bastante atípica para a época, em que os filmes duravam, em geral, poucos minutos. Aqui, mais uma vez, temos de ter em conta que o tipo de performance envolvido nesse filme era bastante específico. Ao contrário do que acontecia com a maioria dos filmes, sua exibição foi uma das primeiras performances compostas exclusivamente por filmes. É pelo fato da filmagem da luta acenar como espetáculo lucrativo que, como afirma Musser, a revelação, a copiagem dos filmes e a construção de um projetor adequado e especial para a ocasião levaram mais de dois meses. A estréia em 22 de maio, em Nova York, foi precedida de intensa publicidade nos jornais. As imagens apresentadas eram as maiores vistas até então e o ritual de assistir a um filme era, no caso, o ritual de estar diante de um ringue assistindo a uma luta reproduzida mecanicamente em tempo real.[94]

Houve vários outros filmes de luta como este, chegando a configurar um gênero. Parece claro que as reconstituições puderam proliferar como acessórios visuais informativos (do mesmo jeito que as encenações ao vivo das lutas), porque se vivia num contexto em que a informação era difundida basicamente pela palavra impressa. A informação visual que aparecia na imprensa consistia em desenhos feitos com base em fotografias, portanto artifícios. Havia, assim, entre o público, uma demanda ansiosa por imagens fotográficas, mais realistas.

É difícil definir precisamente o que fazia um filme ser considerado uma boa ou má reconstituição. Quando Sigmund Lubin lançou a reconstituição da luta entre Corbertt e Fitzsimmons, chamou-a de *Reproduction of the Corbertt-Fitzsimmons fight* (Lubin, 1897), deixando claro no próprio título do filme que se tratava de uma reconstituição. Mas o modo de atuação dos atores-lutadores irritou os aficionados, de tal modo que numa exibição do filme em Little Rock (EUA) tiveram de ser contidos pela polícia.[95] Essa reação do público indica que havia

---

[94] Charles Musser, *The Emergence of Cinema*, Op. Cit., pp 194-200.
[95] Charles Musser, *The Emergence of Cinema*, Op. Cit., pp. 200-203.

uma certa heterogeneidade nos níveis de imitações, sendo que algumas eram aceitas, outras não. De qualquer maneira, essa zona indistinta entre fato e ficção era o terreno típico das atualidades. Terreno em que se discutiam, já naqueles anos, critérios de realismo e de encenação. Talvez o que tenha irritado a multidão de Little Rock tenha sido menos o fato de se tratar de uma imitação e mais a carência de elementos de verossimilhança da reconstituição .

É evidente que a questão do realismo, subjacente a essa nossa discussão, tem sido tratada por uma infinidade de teóricos, desde antes mesmo de o cinema nascer. Não temos, por isso, qualquer pretensão de abarcar um tema tão complexo. Queremos apenas indagar se há diferenças entre o que se concebia como realismo na virada do século e o que se considera hoje como realismo, no âmbito da representação cinematográfica.

Parece-nos que hoje a chamada verossimilhança depende do apagamento das diferenças (explícitas) entre os registros em foco (fato e ficção) pela via da narração. Nesse sentido, é o estilo da narração que caracterizará uma ficção ou um documentário, porque tanto um como outro são formas narrativas. Segundo André Gaudreault, em vez de mantermos um de costas para o outro, precisamos aceitar que documentário e ficção se encavalam. Para ele, o aparelho, cinematográfico "ficciona" toda vez que "funciona" transformando ficção ou não ficção em narrativas, que podem ser, aí sim, mais ou menos desenvolvidas.[96] Em outro contexto, falando sobre documentários brasileiros recentes, o cineasta Artur Omar defende essa mesma posição, ao afirmar o caráter narrativo de qualquer documentário. Para ele "o documentário tal como existe hoje é um subproduto da ficção narrativa, sem conter em si qualquer aparato formal e estético que lhe

---

[96] André Gaudreault, "La Passion du Christ: une forme, un genre, un discours" in R. Cosandey, A. Gaudreault e T. Gunning (eds), coletânea *Une invention du Diable? Cinéma des premiers temps et religion*, Op. Cit., p. 100.

permita cumprir com independência seu hipotético programa mínimo: documentar."[97]

Em *Paisà* (Roberto Rosselini, 1946) o diretor italiano fez preceder cada um dos seis episódios ficcionais do filme de trechos documentários, que tratam da situação da Itália no final da Segunda Guerra. As cenas de ficção são feitas em locações autênticas (as cidades recém-destruídas pela guerra), portanto similares às que aparecem nos trechos não-ficcionais. Apesar da mistura, tomamos o filme como um relato ficcional. *Rube and Mandy at Coney Island* também contém, como já vimos, cenas tomadas em locações autênticas. Há no filme trechos quase que exclusivamente documentários, como no caso da panorâmica que mostra o parque visto de cima. O estatuto de ficção deste segundo filme não é, porém, igual ao do primeiro. Interessa-nos, justamente, comentar a maneira como as atualidades contribuem para manter o estatuto diferencial dos primeiros filmes.

Tomemos alguns exemplos de filmes em que aparecem esses três tipos de registros fílmicos: documentários, reconstituições e ficções. Vejamos, em primeiro lugar, exemplos de filmes constituídos exclusivamente de cenas documentárias. *Scenes of the wreckage of the waterfront* (Lubin, 1900) e *Searching ruins on Broadway, Galveston, for dead bodies* (Vitagraph, 1900) mostram cenas reais tomadas em setembro de 1900, quando um furacão destruiu a cidade de Galveston, no Texas. Várias companhias produtoras enviaram para lá seus operadores, logo em seguida à catástrofe. Nestes filmes, o que se vê é a melancolia da paisagem destruída. Só era possível registrar acontecimentos reais que fossem previsíveis. Este é o caso da mórbida filmagem da execução de uma elefanta que matou três homens e foi condenada à morte, em *Eletrocuting an elephant* (Edison, 1903). O filme é um curioso registro de um tempo onde a

---

[97] Arthur Omar, "O antidocumentário, provisoriamente", Revista *Vozes*, número 6, agosto de 1978.

A elefanta Topsy matou três homens. Aqui o filme Eletrocuting an elephant *(Edison, 1903) mostra a sua real e terrível execução, com um choque de três mil volts, diante de uma multidão excitada em Luna Park, Coney Island.*

eletricidade era uma novidade, que anunciava a ambigüidade dos poderes produtivos e destrutivos da ciência.

As reconstituições, por sua vez, entravam em cena para representar situações imprevisíveis ou impossíveis de serem documentadas *in loco*. Esse era o expediente usado nos filmes de reportagem de guerra, catástrofes e execuções. Em *Execution of Czolgosz with panorama of Auburn Prision* (Edison, Porter, 1901), Porter intercalou cenas reais tomadas em panorâmica da fachada exterior das prisão onde o assassino do presidente McKinley foi executado, com uma cena da reconstituição da execução, feita no padrão dos filmes de ficção: enquadramento frontal, plano de conjunto, luz uniforme e cenário plano. Pode-se constatar neste filme a gritante diferença entre a profundidade das cenas externas e a planura artificial do estúdio. O assunto interessava aos freqüentadores de vaudevile não apenas por se tratar de um crime, mas por envolver o assassinato de uma personalidade, e trazer a novidade da eletricidade como tecnologia de morte, o que transformava a execução num espetáculo. Uma série de filmes foi feita sobre o assassinato de McKinley: tomadas da Exposição de Buffalo onde ele tinha

Encenação da execução do assassino do presidente dos EUA McKinley, que Porter intercalou com tomadas externas da prisão onde o fato ocorreu, em Execution of Czolgosz with Panorama of Auburn Prision *(Edison, 1901).*

sido morto, o discurso do presidente na Exposição um dia antes do atentado, trechos do cortejo fúnebre.[98]

The European rest cure é, por sua vez, um relato ficcional que mistura encenações e planos documentários, à maneira característica do cinema de atrações. A ficção não é muito ajudada pelo fio da narração, porque seus planos estão ligados ao estilo das conferências de viagem. Segundo Musser, Porter retrabalhou, como era seu costume, um gênero documentário (o *travelogue*), fazendo com que o elemento de união narrativa entre os quadros fosse um personagem ao invés do comentador externo que tradicionalmente atuava nas conferências ilustradas. O filme é uma espécie de paródia do gênero, porque ao mesmo tempo em que combina materiais de diferentes procedências, misturando cenas de estúdio com documentárias, inverte o tom otimista e institucional desse tipo de apresentação, parodiando a aura romântica dos relatos de viagem, fazendo o personagem enfrentar, em cada um dos *quadros,*

[98] David Levy fornece a lista desses filmes em "The Fake Train Robbery: les reportages simulés, les reconstitutions et le film narratif américan", *Les cahiers de la cinemathèque*, número 29, inverno 1979, pp. 50-51.

dificuldades e situações vexatórias e estafantes, bem pouco harmoniosas com a idéia que se faz do turismo.[99]

Outros filmes usavam tomadas documentárias como pano de fundo de narrativas ficcionais, aproveitando seu aspecto de autenticidade. É o caso de *The tunnel workers* (Biograph, Dobson, 1906). As cenas dramáticas deste filme acontecem em estúdio, num cenário que imita o interior de um túnel. Tais cenas são antecedidas por planos feitos na entrada de um túnel verdadeiro, onde o ator se mistura aos trabalhadores reais. Esses últimos não perdem a oportunidade de acenar para a câmera e fazer palhaçadas, constituindo uma atração à parte antes que se desenrole o drama ficcional.

Certos filmes apresentam reconstituições que funcionam como pura atração, para integrar os programas dos vaudevilles e dos *travelogues*. *Battle of Manila Bay* (Vitagraph, 1898) reproduz com barquinhos de papel sobre um tanque de água (ajudados por punhados de pólvora que explodem) a batalha em que o almirante norte-americano Dewey saiu vitorioso nas Filipinas, em conflito com os espanhóis. O evento era recente: tinha ocorrido duas semanas antes. O fato foi largamente noticiado pelos jornais e, dessa forma, era abordado também pelos signos visuais do cinema. Só que, neste caso, o filme joga com a artificialidade, construindo um momento mais emblemático do que propriamente narrativo.

Em 1898, as tensões entre Estados Unidos e Espanha por causa de Cuba aumentaram a demanda por filmes sobre guerras, que neste caso funcionavam como uma espécie de cinejornal.[100] Quando o navio norte-americano Maine foi afundado no porto de Havana, o evento teve repercussão internacional e foi reproduzido até por Méliès, que

---

[99] Charles Musser, "The Travel Genre in 1903-1904: Moving Towards Ficcional Narrative", in Thomas Elsaesser (ed.), *Early Cinema: Space-Frame-Narrative*, Op. Cit., p. 126.
[100] Robert Allen, "Contra The Chaser Theory", in John Fell (ed.), *Film Before Griffith*, Berkeley, University of California Press, 1983, pp. 110-112.

elaborou vários filmes mostrando sua versão fantástica do evento. Destes filmes pudemos ver apenas um, *Visite sous-marine du "Maine"* (Star Film, Méliès, 1898), em que o artista utiliza atores vestidos com escafandros num cenário de fundo do mar, com a sobreposição das imagem de peixes vivos num aquário.

O sucesso dos filmes que representavam a guerra deve-se não apenas à alegada fidelidade representativa destes filmes, mas também à popularidade do assunto. Como explica Robert Allen, a hostilidade contra a Espanha por causa de Cuba era apenas "o aspecto mais visível e passível de exploração visual de um complexo de questões políticas inter-relacionadas, que eram debatidas com alarde em revistas, jornais e campanhas eleitorais entre 1897 e 1900". Segundo ele, o expansionismo americano era uma inesgotável fonte de interesse popular que o cinema capitalizava, recriando o ambiente exótico e tropical dos combates. Assim, o cinema também aproveitou como assunto a ação militar norte-americana nas Filipinas, entre 1899 e 1901, para construir atrações fílmicas espetaculares.[101]

Outra guerra importante explorada pelo primeiro cinema foi a guerra dos bôeres, entre britânicos e nativos de origem holandesa na África do Sul. Vários filmes britânicos e americanos reproduziram o conflito. Muitos operadores chegaram a ser mandados para o local e filmaram batalhas e paisagens reais. W. K. L. Dickson foi um desses operadores, mas nenhum dos filmes que ele fez da guerra, para a Biograph, sobreviveu.[102]

É certo que parte do sucesso destes filmes veio de sua capacidade de utilizar fotografias em movimento para representar os fatos. Como explica David Levy, quando os filmes de guerra apareceram em 1897,

---

[101] Robert Allen, "Contra The Chaser Theory", Op. Cit., pp. 110-112.
[102] Elisabeth Grottle Strebel, "Imperialist Iconography of Anglo-Boer War Film Footage", in John Fell (ed.), *Film Before Griffith*, Op. Cit., p. 267.

os jornais e revistas não tinham tecnologia para reproduzir com precisão e nitidez as fotografias. Eles só podiam fazer impressões de fotografias em meia-tinta, produzindo uma espécie de molde visual sobre o qual se desenhavam as ilustrações. David Levy também considera que as atualidades filmadas em ambientes externos, como as reconstituições de guerras, obedeciam a uma "estética da reportagem" que privilegiava ângulos e posições de câmera bem diferentes daqueles usados nos estúdios, e que podiam captar o movimento diagonal ou em profundidade de objetos e pessoas. Para ele, este estilo teria levado a formas de decupagem que procuravam um certo efeito de continuidade muito próximo daquele que impera hoje no realismo cinematográfico.[103]

Musser tem posição diferente sobre a continuidade que Levy vê nesses filmes. Estudando as formas de exibição dos primeiros filmes, ele considera que, no caso dos *travelogues*, a continuidade era realizada fora dos filmes, pelos exibidores, que a cada sessão definiam alterações na montagem dos planos, muitas vezes intercalando planos documentários com filmes de ficção ou com placas de lanterna mágica. Os exibidores definiam também os elementos narrativos que poderiam ligar as várias partes exibidas em seus espetáculos.[104]

Comentamos aqui as atualidades reconstituídas porque sua existência evidencia aquilo que consideramos como o traço definidor dos primeiros filmes, sejam eles ficções, reconstituições ou registros de fatos reais: o hibridismo e as referências intertextuais.

A crítica tradicional tem explicado o sucesso de *The great train robbery* pela perfeição premonitória no modo como constrói o suspense de sua narrativa, utilizando técnicas de montagem e elementos típicos

---

[103] David Levy, "'The Fake Train Robbery': les reportages simulés, les reconstitutions et le film narratif américain", Op Cit., pp. 47-49.
[104] Charles Musser, "The Travel Genre in 1903-1904", Op. Cit., pp. 123-132

dos filmes de perseguição para "lançar as bases dos filmes de bangue-bangue". Mas as pesquisas de Musser têm possibilitado fundamentar críticas a essas leituras retrospectivas. Segundo o historiador, o filme não foi entendido como pertencente ao gênero do *western* – que aliás só se configurou como tal na era dos *nickelodeons* – mas sim como um semidocumentário sobre um crime violento, em que Porter incorporou elementos do gênero do filme de trem (popularizados nos *Hale's Tours*), das atualidades reconstituídas – já que a cena do assalto foi baseada em relatos jornalísticos dos crimes da época – e de um conhecido melodrama teatral que estava em cartaz na época, com o mesmo título do filme. O filme era mostrado integralmente nos vaudeviles, mas nos *Hale's Tours* ele era algumas vezes precedido por panoramas filmados de trens, que aumentavam a duração do espetáculo e faziam o espectador assumir o papel de passageiro e, depois, de vítima do assalto. O *close-up* do bandido, considerado como descontínuo, estranho ou inadequado pela historiografia, tem, segundo Musser, uma função importante porque intensifica o processo de identificação emocional do público, elemento que no primeiro cinema tem peso tão importante quanto o estatuto da verossimilhança para a constituição do filme realista clássico.[105]

∗   ∗   ∗

No contexto sócio-cultural do primeiro cinema, o termo *atualidade* designa uma forma particular de realismo, que não é nem exclusivamente ficcional, nem exclusivamente documentária, nem exclusivamente cinematográfica. É uma forma de representação que lida com um repertório de referências culturais amplas – compartilhado por mídias como os jornais, as revistas ilustradas, os folhetins, o teatro, o circo, o museu de cera, a feira, e a própria fotografia –, dramatizando o

[105] Charles Musser, "The Travel Genre in 1903-1904", Op. Cit., pp. 130-131.

real de maneira espetacular. Vanessa Schwartz estuda a dinâmica particular que esse tipo de representação assumiu na Paris da virada do século, onde as *actualités* designavam tudo o que retratava a cidade como um "teatro do real inspirado nas ruas". Nessa época, Paris representa a modernização através da própria reorganização da cidade, onde se destacam a visibilidade das amplas avenidas e a vida pulsante que passa por elas. Esse teatro do real está nos jornais, que funcionam como reproduções verbais do cenário urbano dos bulevares. Está no folhetim e nas suas descrições sensacionalistas da realidade social. Está na fotografia, que aparece como metáfora das imediaticidade, que o jornal não conseguia transmitir. O real teatralizado (ou espetacularizado, como preferimos chamar) é mostrado ao mesmo tempo como impressionante e acessível ao cidadão comum. As "atualidades reconstituídas" do cinema não são, portanto, ingênuas, mas fazem parte de um procedimento mais amplo e generalizado, compartilhado pelos meios de comunicação em sua globalidade.[106]

Richard Crangle aborda este mesmo período na Grã-Bretanha, procurando estender a idéia de um cinema de atrações, proposta por Gunning, para um contexto ao mesmo tempo específico (a Inglaterra dos anos 1890) e mais amplo, que abarca as ressonâncias deste regime de representação em textos e mídias contemporâneas ao primeiro cinema, que compartilham um repertório comum.[107] Crangle pesquisa algumas características dos primeiros filmes e das revistas ilustradas, encontrando uma série de correspondências entre seus modos de representação. Assume, assim, a idéia de que o modo de representação

---

[106] Vanessa Schwartz, "Cinematic Spectatorship before the Apparatus: The Public Taste For Reality in *Fin-de-Siècle* Paris", in Leo Charney e Vanessa R. Schwartz (eds.), *Cinema and the Invention of Modern Life*, Berkeley, University of California Press, 1995. Publicado em português como *O cinema e a invenção da vida moderna*, São Paulo, Cosac & Naify, 2000.

[107] Richard Crangle, "Astounding Actuality and Life: Early Film an the Illustrated Magazine in Britain", comunicação apresentada em 17/06/1994 no Terceiro Colóquio Internacional Domitor, não publicada.

de uma mídia só pode ser entendido pelo lugar que ocupa em relação às outras, e constata cinco tipos de paralelismos entre os primeiros filmes e as revistas. Em primeiro lugar, os filmes eram mostrados em performances singulares, aparecendo como textos híbridos onde, à seqüência permanente de fotogramas, se incorporavam os comentários, a música, a participação da platéia e os outros números de vaudevile, criando um acontecimento efêmero e irreprodutível. Já os textos híbridos das revistas ilustradas misturavam texto escrito, desenhos e ilustrações fotográficas. O sucesso desses textos reside também na mistura do efêmero (as novidades mostradas) com o permanente (o estilo que mantém o público fiel). Em segundo lugar, o conteúdo fortemente documental dos filmes alinha-se a um padrão de realismo que já existia na cultura civilizada ocidental, dominada por uma "iconografia do tripé", feita de retratos e paisagens frontais. No caso das revistas, a maior parte de seu conteúdo é de reportagens, cujo tom de objetividade convive com o sensacionalismo (nas freqüentes descrições de aspectos da vida moderna, novas tecnologias, curiosidades). Em terceiro lugar, Crangle comenta que a ausência de montagem fazia corresponder o tempo de projeção ao tempo decorrido na filmagem, produzindo uma rigidez temporal. Aqui a relação com as revistas é apenas analógica: são uma forma de o leitor medir a passagem do tempo e conferir suas impressões com os seus semelhantes. O uso do detalhe redundante é a quarta correspondência. Aparece nos planos multicêntricos dos primeiros filmes e no entrelaçamento mutuamente referente dos textos e ilustrações das revistas.

O quinto paralelismo é o que nos interessa: a ambigüidade. Os primeiros filmes têm a marca ficcionalizante do enquadramento, mesmo ao captarem eventos não ficcionais. Mas, ao mesmo tempo, são registros documentários do evento filmado. Esta dualidade, para Crangle, não precisa ser resolvida, ela é um traço definidor do primeiro cinema e vai qualificar o que estamos chamando aqui de *atualidades*.

Crangle mostra que o cinema é descrito nas revistas da época como uma máquina ao mesmo tempo maravilhosa e assombrosa, porque produz registros reais da vida. "Parte de sua natureza maravilhosa deriva portanto de sua habilidade de criar representações realistas de um tempo maravilhoso".[108] Nesse sentido, as atualidades são, antes de mais nada, uma representação espetacularizada do real – entendido então como "progresso", "modernidade", "velocidade", "multidão", ambiente urbano. A diferença entre o documentário de hoje e as atualidades dos primeiros tempos parece residir, portanto, no fato de que as atualidades não são narrativas, isto é, sua narração é primordialmente espetacular. Nas revistas, a ambigüidade se dá pelo encavalamento destas duas funções: ficção e exibição do real. Há uma ficcionalização de realidades curiosas ou exóticas, trazidas pelos relatos de viagem e pelas reportagens.

Na Inglaterra dos anos 1890 que se modernizava, a preocupação recorrente, visível nas mídias, era, segundo o mesmo autor, conseguir fazer com que o mundo ganhasse sentido, que a cidade tivesse seu labirinto iluminado e que o cidadão decifrasse os enigmas do progresso tecnológico. Crangle ajuda-nos a entender os primeiros filmes como encarnações ambíguas de uma mesma promessa efêmera: retratar a vida real transformando-a em espetáculo maravilhoso.

É provável que essa dualidade irredutível tenha possibilitado ao cinema se transformar em agente efetivo de mudança social e de construção da subjetividade moderna, agindo num período de transição entre duas tradições representativas. Enquanto permaneceu nesse terreno ambíguo, o cinema fez com que estes dois modelos, um nascente e outro em declínio, dialogassem. Inspirado em Benjamin, Tom Gunning afirma que o que define o início do cinema é, mais do que outras coisas, o aparecimento de uma nova percepção. Com efeito, esta mudança

___

[108] Richard Crangle, Op. Cit., p. 3.

perceptiva, ambígua e atormentada, instável e singular, vive nos primeiros filmes e parece ter persistido por algum tempo mais. Com o esclarecimento do "regime de absorção diegética", este diálogo pouco comportado foi de certa forma domesticado e passou para um segundo plano.

5 Comentários finais

Procuramos fazer aqui uma descrição do primeiro cinema, localizando suas práticas e filmes dentro de seu contexto histórico e comentando algumas de suas características. O objetivo foi tentar mostrar em que este cinema difere do cinema narrativo posterior. Comentamos alguns dos processos que levaram à transformação do cinema de espetáculo em cinema narrativo, pelo jogo entre os regimes diferentes, mas não necessariamente opostos, de "confrontação exibicionista" e de "absorção diegética". Todavia, um grande número de questões que mereceriam desdobramento ficaram de fora deste trabalho, permanecendo como promessa de futuros estudos. Uma delas é a ausência de controle moral sobre os filmes até o surgimento de um movimento de autocensura em 1908, com a criação da Motion Pictures Patents Company, em resposta aos ataques desferidos contra o cinema pelas elites nos Estados Unidos. Durante o período do primeiro cinema, os realizadores não tinham vergonha nem medo de exprimir, em seus filmes, preconceitos étnicos, sociais, sexuais e profissionais, nem de ridicularizar as figuras de autoridade. Os filmes depreciavam imigrantes (chineses, latinos, judeus, eslavos), ridicularizavam mulheres e exibiam retratos pouco edificantes de padres, policiais e da própria justiça. Tal falta de escrúpulos não era censurada porque o cinema era uma atividade marginal, tanto econômica quanto culturalmente, estando fora das atividades consideradas recomendáveis, saudáveis e familiares. Inicialmente, nenhum organismo institucionalizado disciplinava de maneira explícita o conteúdo, os assuntos e as formas de representação do novo divertimento, que se desenvolvia fora do alcance das normas culturais dominantes. Alguns filmes revelam essa dinâmica claramente. *Le tripot clandestin* (Star Film, Méliès, 1905) mostra uma patrulha policial que invade uma casa de jogos clandestina. Deixados sozinhos pelos jogadores, que fogem pelas janelas, os policiais instalam-se na mesa de apostas e começam a jogar. Em *How they rob men in Chicago* (Biograph, McCutcheon, 1900), um ladrão ataca um cavalheiro nas ruas de Chicago, mas na fuga deixa cair um pouco do dinheiro roubado sobre o pobre assaltado, que permanece desmaiado. Um policial passa por ali em seguida e rouba o resto do dinheiro, sem dar a menor atenção à vítima.

A partir de 1908 todo o esforço das empresas cinematográficas norte-americanas – organizadas na MPPC – e de instituições de controle ligadas a elas (como o Conselho Nacional de Exame de Filmes Cinematográficos, composto de respeitáveis líderes filantrópicos, educacionais e religiosos e que censurava os filmes) era o de associar às estruturas formais do cinema uma retórica moral e um objetivo educativo e edificante. Vale a pena, portanto, pesquisar o processo pelo qual a procura de respeitabilidade cultural do cinema coincidiu com o despertar das hegemonia do filme narrativo, resultando no processo que estamos chamando de domesticação.

O período da *domesticação* é aquele em que o cinema é trazido para dentro das famílias (passando de marginal a doméstico) e para dentro da vida social civilizada e controlada pelas elites (passando de selvagem a domado). Nesse trajeto, sofre mudanças decisivas em suas formas de representação. Usando os termos de Gunning, é o tempo em que o "mendigo das artes" – que recolhia nas ruas, como material de trabalho, tudo que lhe interessava – vai sendo substituído pela "arte com *pedigree*" – um cinema que faz alarde de sua (falsamente) nobre filiação.

Também não foi tratada aqui com o detalhamento que mereceria a questão da temporalidade dos primeiros filmes. Enquanto o cinema narrativo contrói-se sobre uma progressão temporal, o cinema de atrações se faz através de uma sucessão de momentos que repõem uma espécie de presente dilatado e recortado. As surpresas, aparições e desaparições, choques e sustos característicos do primeiro cinema não deixam deslanchar uma representação do tempo como progressão narrativa.

Isso é visível nos filmes de Méliès. A infinidade de trucagens que ele utiliza apontam para uma importante característica de seus filmes: o trabalho lúdico com a idéia da simultaneidade e da progressão. Se o cinema começava a se encaminhar para o sintagma linearizado, o cinema de Méliès e de alguns de seus contemporâneos permaneceu numa espécie de fusão retorcida do tempo, como se suas seqüências representassem o emaranhamento de múltiplas linhas temporais. As aparições e surpresas desses filmes revelam uma instabilidade típica do cinema de atrações. A capacidade de Méliès manipular imageticamente o tempo, construindo durações fantásticas, poderia ser entendida até mesmo como uma forma de crítica das continuidades convencionais e lineares. Como afirma Pierre Jenn, o mérito de Méliès é que ele consegue perturbar a idéia de unidade, da existência de um centro, de um desenrolar único. Méliès destrói as estabilidades à medida que suas trucagens revelam modificações flutuantes entre pólos estáveis, tais como homem/mulher, presente/ausente, inteiro/em pedaços; em suma, solapam as identidades: "cada corte interno tem o sentido de uma incerteza de identidade que reenvia ao conjunto do filme (que não tem nenhuma estrutura narrativa), repousando sobre a metáfora: identidade mutante".[1] Filmes como os de Méliès e o cinema de atra-

---

[1] Pierre Jenn, "Le cinéma selon Georges Méliès", in Madeleine Malthête-Méliès (ed.), *Méliès et la naissance du spetacle cinématographique*, Paris, Klincksieck, 1984, p. 147.

ções em geral talvez possam, no limite, ser entendidos como críticas à idéia da seqüência de fotogramas como reprodução automática da temporalidade do mundo real.

Nesse sentido, Tom Gunning considera que o cinema de atrações, por suas múltiplas irrupções temporais, limita-se ao tempo presente, pontilhado de momentos de surpresa. Enquanto a temporalidade narrativa se faz como "progressão temporal vetorializada", que vai de um *agora* para um *depois*, a temporalidade das atrações se faz como sucessão de um *agora* para um *outro agora*.[2]

A representação diferenciada da temporalidade no cinema de atrações e no cinema narrativo coloca em foco uma infinidade de questões. Seria possível pensar no estabelecimento de uma representação homogênea e progressiva do tempo também como uma espécie de *domesticação* destes instantes intercambiáveis, selvagens e ambíguos? Será que a representação do tempo no cinema de atrações pode nos dizer algo sobre as mudanças perceptivas que aconteciam na virada do século? Seria possível interpretar a temporalidade narrativa e a temporalidade das atrações como duas respostas diferentes àquela sensação de desalento diante da morte fotografada pelo instantâneo, que comentamos no começo do livro? São questões que podem servir de inspiração para novos trabalhos.

---

[2] Tom Gunning, "Now You See it, Now You Don't: The Temporality of the Cinema of Attractions", *The Velvet Light Trap*, número 32, outono 1993, p. 11.

Bibliografia

Esta bibliografia incorpora textos importantes sobre o assunto que foram publicados após a primeira edição deste livro, em 1995, e serve para orientar a pesquisa dos interessados sobre o tema do primeiro cinema.

ABEL, Richard. "Scenes of Domestic Life in Early French Cinema", *Screen*, volume 30, número 3, verão 1989, pp.4-28.

ABEL, Richard. "The Point-of-View Shot: from Spetacle to Story in Several Early Pathé Films" in André GAUDREAULT (ed.), *Ce que je vois de mon ciné... La representation du régard dans le cinéma des premiers temps*, pp.73-76.

ALLEN, Robert. "Contra The Chaser Theory", in John FELL (ed.), *Film Before Griffith*, pp.105-115. Publicado antes em *Wide Angle*, volume 3, número 1, 1979, Baltimore, John Hopkins University Press.

ALLEN, Robert. "From Exhibition to Reception: Reflections on the Audience in Film History", *Screen*, volume 31, número 4, inverno 1990, pp.347-356.

ALLEN, Robert. "The Archeology of Film History", *Wide Angle*, Volume 5, Number 2, Baltimore, John Hopkins University Press, 1982, pp.4-12.

ALLEN, Robert. "The Movies in Vaudeville: Historical Context of the Movies as Popular Entertainment", in Tino BALIO (ed.), *The American Film Industry*, pp.57-82.

ALLEN, Robert. "Vitascope/Cinematographe: Initial Patterns of American Film Industrial Practice", in John FELL (ed.), *Film Before Griffith*, pp.144-152. Publicado antes em *Journal of the University Film Association*, Volume 31, Number 2, Spring 1979.

ALLEN, Robert. Motion Picture Exhibition in Manhattan 1906-1912: Beyond the Nickelodeon", in John FELL (ed.), *Film Before Griffith*, pp.162-175.

Publicado antes em *Cinema Journal*, volume 18, número 2, primevera 1979, pp.2-15.

ANDRÉ, Jacques et Marie. "Le rôle des projections lumineuses dans la pastorale catholique française (1895-1914)" in Roland COSANDEY, André GAUDREAULT, Tom GUNNING (eds.), *Une invention du diable? Cinéma des premiers temps et religion - An Invention of the Devil? Religion and Early Cinema*, pp.44-59.

ARAÚJO, Vicente de Paula. *A bela época do cinema brasileiro*, (Debates, 116) São Paulo, Perspectiva, 1976.

ARAÚJO, Vicente de Paula. *Salões, circos e cinemas de São Paulo*, (Debates, 163) São Paulo, Perspectiva, 1981.

AUMONT, Jacques. "Griffith: the Frame, the Figure", in Thomas ELSAESSER (ed.), *Early Cinema: Space-Frame-Narrative*, pp.348-359. Publicado antes em Raymond BELLOUR (ed.), *Le cinéma americain*, volume 1, Paris, Flammarion, 1980.

AUMONT, Jacques; André GAUDREAULT e Michel MARIE (eds.), *L'histoire du cinéma: nouvelles approaches*, (Collection Langues et Langages, 19) Paris, Publications de la Sorbonne, 1989. Comunicações apresentadas no colóquio "Problèmes et methodes de l'histoire du cinema" no Centre Culturel International de Cerisy-la-Salle, 17-25 agosto 1985.

BALIO, Tino (ed.), *The American Film Industry*, segunda edição revista (primeira edição 1976), Madison, University of Wisconsin Press, 1985.

BALIO, Tino. "A Novelty Spawns Small Business, 1894-1908", in Tino BALIO (ed.), *The American Film Industry*, pp.43-56.

BARNES, John. "Pioneers of Cinematography in Brighton", in Roger HOLMAN (ed.), *Cinema 1900-1906*, pp.93-99.

BARNES, John. *Pioneers of the British Film. 1898: The Rise of the Photoplay*, 1ed, (The Beginnings of the Cinema in England 1894- 1901, volume 3), London, Bishopsgate Press Limited, 1983.

BARNES, John. *The Rise of the Cinema in Great-Britain: Jubilee Year 1897*, 1ed, (The Beginnings of the Cinema in England 1894-1901, volume 2), London, Bishopsgate Press Limited, 1983.

BARNOUW, Eric. *The Magician and the Cinema*, New York/Oxford, Oxford University Press, 1981.

BARTHES, Roland et alii. *Análise Estrutural da Narrativa*, 1ed. (Novas Perspectivas de Comunicação, 1), Petrópolis, Vozes, 1971.

BATLLORI, Joan M. Minguet. "L'Église et les intellectuels espagnols contre le cinéma", in Roland COSANDEY, André GAUDREAULT, Tom GUNNING (eds.), *Une invention du diable? Cinéma des premiers temps et religion - An Invention of the Devil? Religion and Early Cinema*, pp.12-20.

BAUDRY, Jean-Louis. "Cinema: efeitos ideológicos produzidos pelo aparelho de base" (tradução de Vinícius Dantas), in Ismail XAVIER (org.), *A experiência do cinema*, pp.381-399.

BAUDRY, Jean-Louis. "Le dispositif: approches métapsychologiques de l'impression de realité", *Communications*, Psychanalise et cinéma, número 23, Paris, Seuil, 1975, pp.56-72.

BAZIN, André. *Qu'est-ce que le cinéma?*, (Septième Art, 60) Paris, Les Éditions du Cerf, 1987.

BENJAMIN, Walter. "A obra de arte na era da sua reprodução técnica"in Eduardo GEADA (org.), *Estéticas do cinema*, pp.15-49.

BERNARDET, Jean-Claude. "Acreditam os brasileiros nos seus mitos? O cinema brasileiro e suas origens" in Prefeitura do Município de São Paulo, *O direito à memória*, p. 175-187. Publicado depois em Jean-Claude BERNARDET, *Historiografia clássica do cinema brasileiro: metodologia e pedagogia*, São Paulo, Annablume, 1995 (Coleção E, 2).

BERNARDINI, Aldo. "Les Catholiques et l'avenement du cinema en Italie: promotion et contrôle"in Roland COSANDEY, André GAUDREAULT, Tom GUNNING (eds.), *Une invention du diable? Cinéma des premiers temps et religion - An Invention of the Devil? Religion and Early Cinema*, pp. 3-11.

BOWSER, Eileen. "Preparation for Brighton – The American contribution" in Roger HOLMAN (ed.), *Cinema 1900-1906*, pp. 3-29. (Publicado antes como "Introduction au projet Brighton", *Les cahiers de la cinematheque*, Le cinéma des premiers temps (1990-1906), (número editado por André GAUDREAULT), número 29,inverno 1979, Perpignan, pp. 7-23).

BOWSER, Eileen. "Silent Fiction: Reframing Early Cinema"in William SLOAN (ed.). *Circulating film Library Catalog*, pp 11-17.

BRETEQUE, François de la. "Les films hagiographiques dans le cinéma des premiers temps", in Roland COSANDEY, André GAUDREAULT, Tom GUNNING (eds.), *Une invention du diable? Cinéma des premiers temps et religion - An Invention of the Devil? Religion and Early Cinema*, pp. 121-130.

BURCH, Noel. "Film's Institutional Mode of Representation and the Soviet Response", *October*, 11, inverno 1979, pp. 77-96.

BURCH, Noel. "Intervention de M. Noel Burch au Symposium de Brighton – juin 1978, Session 4", in in Roger HOLMAN (ed.), *Cinema 1900-1906*, volume 1, pp. 61-76.

BURCH, Noel. "Passion, poursuite: la linéarization", *Communications*, Enonciation et cinéma, número 38, Paris, Seuil, 1983, pp. 30-50.

BURCH, Noel. "Porter, or Ambivalence" in Roger HOLMAN (ed.), *Cinema 1900-1906*, volume 1, pp. 101-113. (Publicado antes em *Screen*, volume XIX, número 4, inverno 1978-1979, pp. 91-105).

BURCH, Noel. *El tragaluz del infinito*, (tradução para o espanhol de Francisco Llinas), Madrid, Ediciones Cátedra, (Signo e Imagen, 6) 1987.

CERAM, C. W. *Archeologie du cinéma* (traduzido para o francês por Isabelle Hildebrand), Plon, 1966.

CHANAN, Michael. "Economic Conditions of Early Cinema", in Thomas ELSAESSER (ed.), *Early Cinema: Space-Frame-Narrative*, pp. 174-188. Publicado antes em Roger HOLMAN (ed.), *Cinema 1900-1906*, volume 1, pp. 115-129.

CHANAN, Michael. *The dream that kicks: the prehistory and early years of cinema in Britain*, London/Boston/Henley, Routledge and Kegan Paul, 1980.

CHARCONNET-MÉLIÈS, Marie-George e Anne-Marie QUÉVRAIN. "Méliès et Freud: un avenir pour les marchands d'illusion?", in Madeleine MALTHÊTE- MÉLIÈS MÉLIèS (ed.), *Méliès et la naissance du spetacle cinématographique*, pp.222-239.

CHARNEY, Leo e Vanessa R. SCHWARTZ. *Cinema and the Invention of Modern Life*, Berkeley/ Los Angeles/ London, University of California Press, 1995. Publicado em português como *O cinema e a invenção da vida moderna*, São Paulo, Cosac & Naify, 2000.

COMOLLI, Jean-Louis. "Technique et ideologie: caméra, perspective, profondeur de champ", *Cahiers du cinéma*, Paris, Éditions de L'Étoile, número 230, julho 1971, pp. 51-57 e número 231, agosto-setembro 1971, pp. 42-49.

COSANDEY, Roland e François ALBERA (eds), *Cinéma sans Frontières 18961-1918 / Images Across Borders 1896-918*, Aspects de l'internationalité dans le cinéma mondial: représentations, marchés, influences et reception / Internationality in World Cinema: Representations, Markets, Influences and Reception, Lausanne/Québec, Payot/Nuit Blanche, 1995.

COSANDEY, Roland; André GAUDREAULT, Tom GUNNING (eds.). *Une invention du diable? Cinema des premiers temps et religion - An Invention of the Devil? Religion and Early Cinema*, Actes du 1er Colloque International de Domitor, tenu au Musée de la civilization et à l'Université Laval, en juin 1990/ Proceedings of the 1st International Conference of Domitor, held at the Musée de la civilization and Université Laval, June 1990, Québec/Lausanne, Les Presses de L'Université Laval/ Éditions Payot Lausanne, 1992.

COSTA, Flávia Cesarino. "Burch ficou aquém de seu tema" (resenha do livro *El tragaluz del infinito: Contribuición a la genealogia del lenguage cinematografico*, de Noel Burch, Ediciones Catedra, Madrid), revista *Imagens*, número 1, abril 1994, Campinas, Editora da Unicamp, pp.132-133.

COSTA, Flávia Cesarino. "O primeiro cinema: considerações sobre a temporalidade dos primeiros filmes", *Cadernos de* Subjetividade, volume 3, número 1, março/agosto 1995, São Paulo, Núcleo de Estudos e Pesquisas da Subjetividade / Programa de Estudos Pós-Graduados em Psicologia Clínica da PUC-SP, pp.49-58.

COSTA, Flávia Cesarino. *Antes da narrativa linear: tempo e modernidade no primeiro cinema (1895-1907)*, tese de doutorado, Pontifícia Universidade Católica, São Paulo, 2000.

CRANGLE, Richard. "'Astounding Actuality and Life': Early Film and the Ilustrated Magazine in Britain", comunicação apresentada em 17 de junho de 1994, no Terceiro Colóquio Internacional Domitor, denominado "Cinema Turns 100", realizado de 13 a 19 de junho de 1994 na New York University e no Museum of Modern Art, não publicado.

DAYAN, Daniel. "O código-matriz do cinema clássico", in Eduardo GEADA (org.), *Estéticas do cinema*, pp. 97-115. Publicado antes como "The Tutor-Code of Classical", *Film Quarterly*, volume 28, número 1, outono 1974, pp. 22-31.

DESLANDES, Jacques. *Histoire comparée du cinéma*, tome I, De la cinematique au cinématographe 1826-1896, Tournai, Casterman, 1966.

DETELBAUM, Marshall (ed.). *"Image" on the Art and Evolution of the film*, New York, Dover Publications, 1979.

DETELBAUM, Marshall. "Structural Patterning in the Lumière Films", in John FELL (ed.), *Film Before Griffith*, pp.229-310. Publicado antes em *Wide Angle*, volume 3, número 1, Baltimore, John Hopkins University Press, 1979.

DOUBLIER, Francis. "Reminiscences of an Early Motion-Picture Operator", (V, 6/6/1956), in Marsall DETELBAUM (ed.), *"Image" on the Art and Evolution of the film*, p. 23-25.

EISENSTEIN, Serguei. "Métodos de montagem" (tradução de Graça Bastos a partir da versão inglesa de Jay Leyda, em *Film Form*, Harcourt Brace and World, Nova Iorque, 1949.), in Eduardo GEADA (org.), Estéticas do cinema, pp.59-70.

ELSAESSER, Thomas (ed.). *A Second Life: German Cinema's First Decades*, (Film Culture in Transition) Amsterdam, Amsterdam University Press, 1996.

ELSAESSER, Thomas (editado com Adam BARKER). *Early Cinema: Space-Frame-Narrative*, London, British Film Institute, 1990.

ELSAESSER, Thomas. "Early Cinema: From Linear History to Mass Media Archaeology" (General Introduction), in Thomas ELSAESSER (ed.), *Early Cinema: Space-Frame-Narrative*, pp.1-8.

ELSAESSER, Thomas. "Early German Cinema: Audiences, Style and Paradigms", *Screen*, volume 33, número 2, verão 1992, pp.205-214.

ELSKIND, Andrew H. "'She Banked in Her Stocking'; or, Robbed of Her All: Mutoscopes Old and New", (XIX, 1/3/1976), in Marshall DEUTELBAUM (ed.), *"Image" on the Art and Evolution of the Film*, pp.26-31.

FELL, John L. (ed.). *Film Before Griffith*, Berkeley/Los Angeles/London, University of California Press, 1983.

FELL, John L. "Articulation of Spatial Relationships in Designated Film 1900-1906", in Roger HOLMAN (ed.), *Cinema 1900/1906*, pp.163-167. Publicado antes como "L'articulation des rapports spatiaux dans certains films de la période 1900-1906", *Les cahiers de la cinemathèque*, Le cinéma des premiers temps (1900-1906), (número editado por André GAUDREAULT), número 29, inverno 1979, Perpignan, pp.81-87.

FELL, John L. "Cellulose Nitrate Roots: Popular Entertainments and the Birth of Film Narrative", in Jay LEYDA (ed.), *Before Hollywood: Turn-of-The-Century American Film*, pp.39-44.

FELL, John L. "Motive, Mischief and Melodrama: The State of Film Narrative in 1907", in John L. FELL (ed.), *Film Before Griffith*, pp.272-273. Publicado antes em *Film Quarterly*, volume 33, número 3, primavera 1980.

FELL, John L. *Film and the Narrative Tradition*, Norman, University of Oklahoma Press, 1974.

FIELDING, Raymond. "Hale's Tours: Ultrarealism in the Pre-1910 Motion Picture", in John L. FELL (ed.), *Film Before Griffith*, pp.116-130. Publicado antes em *Journal of History*, 3, Smithsonian Institution, 1957.

FRAZER, John. "Le cubisme et le cinéma de Georges Méliès" in Madeleine MALTHÊTE-MÉLIÈS (ed.), *Méliès et la naissance du spetacle cinématographique*, pp.157-167.

GARTENBERG, Jon. "Les mouvements de caméra dans les films produits par Edison et Biograph", *Les cahiers de la cinemathèque*, Le cinéma des premiers temps (1900-1906), número 29, inverno 1979, Perpignan, pp.81-87. Publicado depois como "Camera Movement in Edison and Biograph Films, 1900-1906", em *Cinema Journal*, volume 9, número 2, primavera 1980, Evanston, e em Roger HOLMAN (ed.), *Cinema 1900-1906*, pp.169-180.

GAUDREAULT, André (ed.). *Ce que je vois dans mon ciné... La representation du régard dans le cinéma des premiers temps*, 1ª ed, Paris, Méridiens Klincksieck, 1988.

GAUDREAULT, André (ed.). *Les cahiers de la cinemathèque*, Le cinéma des premiers temps (1900-1906), número 29, inverno 1979, Perpignan.

GAUDREAULT, André e Denis SIMARD. "L'éxtranéité du cinéma des premiers temps: bilan et perspectives de recherches" in Jean A. GILI,

Michèle LAGNY, Michel MARIE, Vincent PINEL (eds.), *Les vingt premières années du cinéma français*, pp.15-28.

GAUDREAULT, André e Francois JOST. *Le récit cinematographique: Cinéma et récit-II*, (Série "Cinéma") Paris, Nathan, 1990.

GAUDREAULT, André e Tom GUNNING. "Le cinéma des premiers temps: un défi a l'histoire du cinéma?" in Jacques AUMONT, André GAUDREAULT e Michel MARIE (eds.), *L'histoire du cinéma: nouvelles approches*, pp.49-63.

GAUDREAULT, André et alii. *Bulletin de liaison*, volume V, número2, Montréal, Domitor, juillet 1991.

GAUDREAULT, André. "Bruitage, musique et commentaires aux débuts du cinema", *Protée*, volume 13, número 2, verão 1985, Chicoutimi, Université du Québec à Chicoutimi, pp.25-29.

GAUDREAULT, André. "Ce que je vois de mon ciné... ou le regardant regardé", in André GAUDREAULT (ed.), *Ce que je vois dans mon ciné... La representation du régard dans le cinéma des premiers temps*, pp.13-17.

GAUDREAULT, André. "De 'L'arrivée d'un train' a 'The Lonedale Operator': une trajectoire à parcourir", in Jean MOTTET (ed.), *D.W.Griffith*, pp.44-71.

GAUDRÉAULT, André. "Film, Narrative, Narration: The Cinema of the Lumière Brothers", in Thomas ELSAESSER (ed.), *Early Cinema: Space-Frame-Narrative*, pp.68-75.Publicado antes como "Film, récit, narration: le cinéma des frères Lumière", *Iris*, volume II, número 1, Paris, Éditions Analeph, 1984.

GAUDREAULT, André. "La Passion du Christ: une forme, un genre, un discours", in Roland COSANDEY, André GAUDREAULT, Tom GUNNING (eds.), *Une invention du diable? Cinéma des premiers temps et religion - An Invention of the Devil? Religion and Early Cinema*, pp.91-101.

GAUDRÉAULT, André. "Les détours du récit filmique. Sur la naissance du montage parallèle", *Les cahiers de la cinemathèque*, Le cinéma des premiers temps (1900-1906), número 29, inverno 1979, Perpignan, pp.88-107. Publicado também como "Detours in Film Narrative: the Development of Cross-Cutting", *Cinema Journal*, volume XIX, número 1, outono 1979, pp.39-59; em Roger HOLMAN (ed.), *Cinema 1900/1906*, pp.181-200; e em Thomas ELSAESSER (ed.), *Early Cinema: Space-Frame-Narrative*, pp.133-150.

GAUDREAULT, André. "Méliès et la naissance du spetacle cinématographique", *Les cahiers de la cinemathèque*, Cinéma et Histoire, Histoire du Cinéma II, número 35-36, 1982, Perpignan, pp.138-143.

GAUDRÉAULT, André. "Mimesis et diegesis chez Platon", *Revue de Métaphysique et de Morale*, número 1, janeiro-março 1989, Paris, pp.79-92.

GAUDRÉAULT, André. "Mimesis, diegesis et cinema", *Recherches Sémiotiques/Semiotic Inquiry*, volume V, número 1, março 1985, Toronto, Association Canadienne de Semiotique, pp.32-45.

GAUDREAULT, André. "Narration et monstration au cinéma", *Hors Cadre*, Cinenarrable, 2, 1984, Paris, Université de Paris VIII, pp.87-98. Em inglês publicado em *Journal of Film and Video*, volume 39, número 2, primavera 1987.

GAUDREAULT, André. "O comentador do cinema dos primeiros tempos", Revista *Imagens*, número 4, abril 1995, Campinas, Editora da Unicamp, pp.92-98.

GAUDRÉAULT, André. "Showing and Telling: Image and World in Early Cinema", in Thomas ELSAESSER (ed), *Early Cinema: Space-Frame-Narrative*, pp.274-281.

GAUDRÉAULT, André. "Temporality and Narrativity in Early Cinema (1895-1908)", in John FELL (ed.), *Film Before Griffith*, pp.311-329. Publicado antes em Roger HOLMAN (ed.), *Cinema 1900/1906*, pp.201-218 e como "Temporalité et narrativité: le cinema des premiers temps (1895-1908)", *Études Litteraires*, volume XIII, n. 1, Québec, Presses de L'Université Laval, abril 1980.

GAUDRÉAULT, André. "The Infrigment of Copyright Laws and Its Effects (1900-1906)", in Thomas ELSAESSER (ed.), *Early Cinema: Space-Frame-Narrative*, pp.114-122. Publicado antes em *Framework* 29, 1985; e também como "La transgression des lois du copyright aux débuts du cinéma: conséquences pratiques et sequelles théoriques", *Filméchange*, número 28, Paris, 1984, pp.41-49.

GAUDREAULT, André. "Theâtralité et narrativité dans l'oeuvre de Georges Méliès" in Madeleine MALTHÊTE-MÉLIÈS (ed.), *Méliès et la naissance du spetacle cinématographique*, pp.199-219.

GAUDREAULT, André. *Au pays des ennemis du cinéma...* (collaboração de Germain LACASSE e Jean-Pierre SIROIS TRAHAN), Québec, Nuit Blanche Éditeur, 1996.

GAUDREAULT, André. *Du litteraire au filmique: système du récit*, (preface de Paul Ricoeur) 1ed, Paris, Méridiens Klincksieck, 1989.

GEADA, Eduardo (org.). *Estéticas do cinema* (Coleção Arte e Sociedade, 4), Lisboa, Dom Quixote, 1985.

GENETTE, Gerard. "Fronteiras da narrativa" in Roland BARTHES et alii, *Análise estrutural da narrativa*, pp. 257-275. Publicado antes como "Frontiéres du récit", *Communications*, L´analyse structurale du récit, número 8, Paris, Seuil, 1966.

GILI, Jean A.; Michèle LAGNY, Michel MARIE, Vincent PINEL (eds.), *Les vingt premières années du cinéma français*, Atas do colóquio internacional da Sorbonne Nouvelle - 4,5 e 6 de novembro de 1993, Paris, Presses de la Sorbonne Nouvelle, 1995.

GUNNING, Tom. "'Fotografias animadas': contos do esquecido futuro do cinema" in Ismail Xavier (ed.*)*, *Cinema no Século*, Rio de Janeiro, Editora Imago, 1996. Publicado antes como "'Animated Pictures': Tales of Cinema's Forgotten Future", *Michigan Quarterly Review*, The Movies: a Centennial Issue - Part One (número editado por Laurence GOLDSTEIN e Ira KONISBERG), volume 34, número 4, outono 1995, Ann Arbor, University of Michigan, pp. 464-485.

GUNNING, Tom. "'The Whole World within Reach': Travel Images without Borders" in Roland COSANDEY, François ALBERA (eds.), *Cinéma sans Frontières 1896-918 Images Across Borders*, 1995.

GUNNING, Tom. "'Those Drawn with a Very Fine Camel's Hair Brush': The origins of Film Genres", *Iris*, Sur la notion de genre au cinéma, número 20, outono 1995, pp. 49-61.

GUNNING, Tom. "A grande novidade do cinema das origens: Tom Gunning explica suas teorias a Ismail Xavier, Roberto Moreira e Fernão Ramos", Revista *Imagens*, número 2, agosto 1994, Campinas, Unicamp, pp.112-121.

GUNNING, Tom. "A Tale of Two Prologues: Actors and Roles, Detectives and Disguises on *Fantômas*, Film and Novel", *The Velvet Ligth Trap*, Feuillade and the French Serial, número 37, primavera 1996, Austin, University of Texas Press, 1996, pp. 30-36.

GUNNING, Tom. "An Esthetic of Astonishment: Early Film and the Incredulous Spectator", *Art & Text*, número 34, 1989, Austrália, pp. 31-45. Publicado em português como "O cinema das origens e o espectador incrédulo", Revista *Imagens*, n. 5, agosto 1995, Campinas, Editora da Unicamp, pp. 52-61.

GUNNING, Tom. "An Unseen Energy Swallows Space: The Space in Early Film and Its Relation to American Avant-Garde Film", in John FELL (ed.), *Film Before Griffith*, pp.355-366.

GUNNING, Tom. "Before Documentary: Early Nonfiction Films and the 'View' Aesthetic", *Uncharted Territory: Essays on Early Nonfiction Film*, Amsterdam, Stitching Nederlands Filmmuseum, 1997.

GUNNING, Tom. "Crazy Machines in the Garden of Forking Paths: Mischief Gags and the Origins of American Film Comedy", pp. 87-105 e "Response to Pie and Chase", pp. 120 122, in H. JENKINS e K. B KARNICK (eds.), *Classical Hollywood Comedy*, (AFI Film Readers), New York, Routledge, 1995.

GUNNING, Tom. "De la fumerie d'opium au théâtre de la moralité: discours moral et conception du septième art dans le cinéma primitif américain" in Jean MOTTET (ed.), *D.W.Griffith*, pp. 72-90.

GUNNING, Tom. "Early American Film" in John HILL e Pamela C. GIBSON (eds.), *The Oxford Guide to Film Studies*, pp. 255-271.

GUNNING, Tom. "Enigmas, Understanding, and Further Questions: Early Cinema Research in its Second Decade Since Brighton", *Persistence of Vision*, The Journal of the Film Faculty of the City University of New York, Early Cinema - From Origins to 1913 (número editado por Tom Gunning), número 9, 1991, Nova York, pp. 4-9.

GUNNING, Tom. "Film History and Film Analysis: The Individual Film in the Course of Time", *Wide Angle*, volume 12, número 3, Baltimore, John Hopkins University Press, julho 1990, pp. 4 19.

GUNNING, Tom. "Heard Over the Phone: The Lonely Villa and the De Lorde Tradition of the Terrors of Technology", *Screen*, volume 32, número 2, verão 1991, pp. 184-196.

GUNNING, Tom. "In Your Face: Physiognomy, Photography, and the Gnostic Mission of Early Film", *MODERNISM/modernity*, vol. 4, n. 1, janeiro 1997, Baltimore, Johns Hopkins University Press, pp. 1-29.

GUNNING, Tom. "Jean Mitry: 1904-1988", *Cinema Journal*, volume 28, número 1, outono 1988, pp. 17-18.

GUNNING, Tom. "Non-Continuity, Continuity, Discontinuity: A Theory of Genres in Early Films", in Thomas ELSAESSER (ed.), *Early Cinema: Space-Frame-Narrative*, pp. 86-94. Publicado antes em *Iris*, volume 2, número 1, Paris, Éditions Analeph, 1984.

GUNNING, Tom. "Notes and Queries About the Year 1913 and Film Style: National Styles and Deep Staging", *1895*, L'Année 1913 en France (edição de Thierry Lefebvre e Laurent Mannoni), Outubro 1993, pp. 195-204.

GUNNING, Tom. "Now You See It, Now You Don't: The Temporality of the Cinema of Attractions", *The Velvet Light Trap*, número 32, outono 1993, Austin, University of Texas Press, pp. 3-12.

GUNNING, Tom. "Passion Play as Palimpsest: The Nature of the Text in the History of Early Cinema", in Roland COSANDEY, André GAUDREAULT, Tom GUNNING (eds.), *Une invention du diable? Cinéma des premiers temps et religion - An Invention of the Devil? Religion and Early Cinema*, pp. 102-111.

GUNNING, Tom. "Phantom Images and Modern Manifestations: Spirit Photography, Magic Theater, Trick Films, and Photography's Uncanny", in Patrice PETRO (ed.), *Fugitive Images: From Photography to Video*, (Theories of Contemporary Culture, 16) Bloomington, Indiana University Press, pp. 42-71.

GUNNING, Tom. "Présence du narrateur: l'heritage des films Biograph de Griffith", in Jean MOTTET (ed.), *D.W.Griffith*, pp. 126-147.

GUNNING, Tom. "Primitive Cinema - A Frame-up? or The Trick's on Us", in Thomas ELSAESSER (ed.), *Early Cinema: Space-Frame -Narrative*, pp. 95-103. Publicado antes em *Cinema Journal*, volume 28, número 2, inverno 1989, Evanston, Society for Cinema Studies, pp .3-12.

GUNNING, Tom. "Symposium: Cinema 1900-1906, Session 2, Tom Gunning, United States", in Roger HOLMAN (ed.), *Cinema 1900-1906*, volume 1, pp. 45-51.

GUNNING, Tom. "The Cinema of Attractions: Early Film, its Spectator and the Avant-Garde", in Thomas ELSAESSER (eds.), *Early Cinema: Space-Frame-Narrative*, pp.56-62. Publicado antes em *Wide Angle*, volume 8, número 3/4, Baltimore, John Hopkins University Press, outono 1986.

GUNNING, Tom. "The Non-Continuous Style of Early Film 1900-1906, in Roger HOLMAN (ed.), *Cinema 1900/1906*, pp. 219-229. Publicado antes como "Le style non continu du cinéma des premiers temps", *Les cahiers de la cinemathèque*, Le cinéma des premiers temps (1900-1906), (número editado por André GAUDREAULT), número 29, inverno 1979, Perpignan, pp. 24-34.

GUNNING, Tom. "The Whole Town's Gawking: Early Cinema and the Visual Experience of modernity", *The Yale Journal of Criticism*, volume 7, número 2, 1994, pp. 189-201.

GUNNING, Tom. "The World as Object Lesson: Cinema Audiences, Visual Culture and the St. Louis World's Fair, 1904", *Film History*, volume 6, número 4, 1994, pp. 422-444.

GUNNING, Tom. "Tracing the Individual Body: Photography, Detectives, and Early Cinema" in Leo CHARNEY e Vanessa R. SCHWARTZ. *Cinema and the Invention of Modern Life*, pp. 15-45.

GUNNING, Tom. "Weaving a Narrative: Style and Economic Background in Griffith's Biograph Films", in Thomas ELSAESSER (ed.), *Early Cinema: Space-Frame-Narrative*, pp. 336-347. Publicado antes em *Quarterly Review of Film Studies*, inverno 1981.

GUNNING, Tom. "What I Saw from the Rear Window of the Hôtel des Folies Dramatiques, or the Story Point of View Films Told", in André GAUDREAULT (ed.), *Ce que je vois dans mon ciné... La representation du regard dans le cinéma des premiers temps*, pp. 33-44.

GUNNING, Tom. *D.W.Griffith and the Origins of American Film: The Early Years at Biograph*, Urbana/Chicago, University of Illinois Press, 1991. [Primeira reimpressão em paperback, 1994]

GUNNING, Tom. Entrevista concedida a Ismail Xavier, Fernão Ramos e Roberto Moreira para a revista *Imagens*, em 9 de abril de 1994, São Paulo. Transcrição datilografada de tradução feita pela autora a partir da fita gravada.

GUNNING, Tom. *Urban Spaces in Early Silent Film: From the Kaleidoscope to X-Ray*, (Aebejdspapir 17) 27p., Copenhagen, Center for Urbanity & Aesthetics / Department of Comparative Literature / University of Copenhagen, 1995. Publicado depois como "From the Kaleidoscope to the X-Ray: Urban Spectatorship, Poe, Benjamin, and Traffic in Souls (1913)", *Wide Angle*, volume 19, número 4, outubro 1997, pp. 25-61.

HAGAN, John. "Erotic tendencies in film 1900-1906", in Roger HOLMAN (ed.), *Cinema 1900-1906*, p. 231-238. Publicado antes como 'L´erotisme au cinéma des premiers temps', *Les cahiers de la cinemathèque*, Le cinéma des premiers temps (1900-1906), número 29, inverno 1979, Perpignan, pp. 72-79.

HAGAN, John. "Simultaneous Action in Film 1900-1906", in Roger HOLMAN (ed.), *Cinema 1900-1906*, p. 239-242. Publicado antes como "Les actions simultanées", *Les cahiers de la cinemathèque*, Le cinéma des premiers temps (1900-1906), número 29, inverno 1979, Perpignan, pp. 36-41.

HANSEN, Miriam. "Adventures of Goldilocks: Spectatorship, Consumerism and Public Life", *Camera Obscura*, Feminism and Film History (Special Issue Editors: Lea Jacobs e Patrice Petro), número 22, janeiro 1990, Rochester, Johns Hopkins University Press, pp. 51-71.

HANSEN, Miriam. "America, Paris, the Alps: Kracauer (and Benjamin) on Cinema and Modernity" in Leo CHARNEY e Vanessa R. SCHWARTZ. *Cinema and the Invention of Modern Life*, pp. 362-402.

HANSEN, Miriam. "Benjamin, Cinema and Experience: The Blue Flower in the Land of Technology", *New German Critique*, 40 (inverno, 1987), pp. 179-224.

HANSEN, Miriam. "Early Cinema, Late Cinema: Permutations of the Public Sphere", *Screen*, volume 34, número 3, outono 1993, pp. 197-210.

HANSEN, Miriam. "Early Cinema: Whose Public Sphere?", in Thomas ELSAESSER (ed.), *Early Cinema: Space-Frame-Narrative*, pp. 228-246.

HANSEN, Miriam. "Pleasure, Ambivalence, Identification: Valentino and Female Spectatorship", *Cinema Journal*, 25, número 4, verão 1986, pp. 6-32.

HANSEN, Miriam. "The Mass Production of the Senses: Classical Cinema as Popular Modernism", *MODERNISM/modernity*, 6.2 (1999), p. 69.

HANSEN, Miriam. *Babel and Babylon: Spectatorship in American Silent Film*, 1a. edição, (2a. reimpressão, 1994), Cambridge/London, Harvard University Press, 1991.

HAUSER, Arnold. *História social da literatura e da arte*, segunda edição, São Paulo, Editora Mestre Jou, 1972.

HENDRICKS, Gordon. "The History of Kinetoscope", in Tino BALIO (ed.), *The American Film Industry*, pp. 43-56.

HENDRICKS, Gordon.. "The Kinetoscope: Fall Motion Picture Production", in John FELL (ed.), *Film Before Griffith*, pp. 13-21. Publicado antes em Gordon HENDRICKS, *The Kinetoscope*, New York, 1966.

HILL, John e Pamela C. GIBSON (eds.), *The Oxford Guide to Film Studies*, Oxford, Oxford University Press, 1998.

HOLLYMAN, Burnes St. Patrick. "Alexander Black's Picture Plays: 1893-1894", in John FELL (ed.), *Film Before Griffith*, pp. 236-243. Publicado antes em *Cinema Journal*, volume 16, número 2, Evanston, Society for Cinema Studies, Spring 1977, pp. 26-33.

HOLLYMAN, Burnes St. Patrick. "The First Picture Shows: Austin, Texas, 1894-1913", in John FELL (ed.), *Film Before Griffith*, pp. 188-195.

HOLMAN, Roger (ed.). *Cinema 1900-1906: An Analytical Study by the National Film Archive (London) and the International Federation of Film Archives (FIAF)*, 2 volumes, Bruxelas, Bélgica; FIAF, 1982. [Volume 1: Brighton Symposium, 1978; Volume 2: Analytical Filmography (Fiction Films), 1900-1906, editado por André GAUDREAULT]

HOLMAN, Roger. "Les contemporains anglais de Méliès", in Madeleine MALTHÊTE-MÉLIÈS (ed.), *Méliès et la naissance du spetacle cinématographique*, pp. 107-111.

JACOBS, Lewis. *The Rise of the American film. A Critical History* (Studies in Culture & Communication), New York, Teachers College Press, 1967 (1ª edição em 1939).

JENKINS, H. e K. B. KARNICK, eds. *Classical Hollywood Comedy*, 430p. (AFI Film Readers), New York, Routledge, 1995.

JENN, Pierre. "Le cinéma selon Georges Méliès", in Madeleine MALTHÊTE-MÉLIÈS (ed.), *Méliès et la naissance du spetacle cinémato-graphique*, pp.131 -148.

KEIL, Charles. "From the manger to the cross. The New Testament narrative and the question of stylistic retardation", in Roland COSANDEY, André GAUDREAULT, Tom GUNNING (eds.), *Une invention du diable? Cinéma des premiers temps et religion - An Invention of the Devil? Religion and Early Cinema*, pp. 112-120.

KEIL, Charles. "Primitive No More: Early Cinema's Academic Coming of Age" (resenha de *Early Cinema: Space-Frame-Narrative* editado por Thomas Elsaesser, *The Emergence of Cinema* de Charles Musser, *The Transformation of Cinema* de Eileen Bowser), *Persistence of Vision*, The Journal of the Film Faculty of the City University of New York, Early Cinema - From Origins to 1913 (número editado por Tom Gunning), número 9, 1991, New York, pp.107-115.

KEIL, Charles. "Steel Engines and Cardboard Rockets: The Status of Fiction and Nonfiction in Early Cinema", *Persistence of Vision*, The Journal of the Film Faculty of the City University of New York, Early Cinema - From Origins to 1913 (número editado por Tom Gunning), número 9, 1991, New York, pp.37-45.

KERN, Stephen. *The Culture of Time and Space 1880-1918*, 1ª edição, 7ª reimpressão 1994, Cambridge, Harvard University Press, 1983.

KINDEM, Gorham. "The Demise of Kinemacolor: Technological, Legal, Economic and Aesthetic Problems in Early Color Cinema Story", *Cinema Journal*, volume 20, número 2, Evanston, Society for Cinema Studies, primavera 1981, pp.3-14.

KING, Norman. "Review Article: Noel Burch, *Life to those Shadows*, Thomas Elsaesser (ed. with Adam Barker), *Early Cinema: Space-Frame-Narrative*, Early Cinema: Primitives and Pioneers", *Screen*, volume 33, número 1, primavera 1992, pp.103-109.

KING, Norman. "The Sound of Silents", *Screen*, volume 25, número 3, maio-junho 1984, pp.2-15.

KIRBY, Lynne. "Male Hysteria and Early Cinema", *Camera Obscura*, 17, maio 1988, Johns Hopkins University Press, Rochester, pp.112-131.

KIRBY, Lynne. *Parallel tracks: The Railroad and Silent Cinema*, Durham, Duke University Press, 1996.

KOMATSU, Hiroshi e Frances LODEN. "Mastering the Mute Image: The Role of the Benshi in Japanese Cinema", *Iris*, Le bonimenteur de vues animées, número 22, outono 1996, pp.33-51.

KOMATSU, Hiroshi, "The Lumière Cinématographe and the Production of the cinema in Japan in the earliest period", *Film History*, Volume 8, pp.431-438, ISSN: 0892-2160.

KOMATSU, Hiroshi. "Questions Regarding the Genesis of Nonfiction Film" in *Documentary Box*, publicação online.

KONISBERG, Ira. "Cave Paintings and the Cinema", *Wide Angle*, volume 18, número 2 (abril 1996), Movies Before Cinema: Part I (Editor convidado: Scott MacDONALD), Johns Hopkins University Press, pp.7-33.

KOVACS, Katherine Singer. "Georges Méliès and the feérie" in John FELL (ed.), *Film before Griffith*, pp. 244-257. Publicado antes em *Cinema Journal*, volume XVI, número 1, Evanston, Society for cinema Studies, outono 1976, pp. 1-13.

KULESHOV, Lev. *Kuleshov on film: Writings by Lev Kuleshov* (organizado e introduzido por Ronald Levaco), Berkeley/Los Angeles, University of California Press, 1974.

LACASSE, Germain, "De Passions en Passions: le cinéma des débuts au Québec" in Roland COSANDEY, André GAUDREAULT, Tom GUNNING (eds.), *Une invention du diable? Cinéma des premiers temps et religion - An Invention of the Devil? Religion and Early Cinema*, pp. 81-87.

LEITE, Ligia Chiappini de Moraes. O foco narrativo: ou a polêmica em torno da ilusão. São Paulo, Editora Ática (Série Princípios, 4), 1991.

LEVY, David. "'The Fake Train Robbery': les reportages simulés, les reconstitutions et le film narratif américain" (tradução de André Morency e André Gaudreaut), *Les cahiers de la cinemathèque*, Le cinéma des premiers temps (1900-1906), (número editado por André GAUDREAULT), número 29, inverno 1979, Perpignan, pp.42-56. Publicado depois como "Re-constituted Newsreels, Re-enactments and the American Narrative Film", in Roger HOLMAN (ed.), *Cinema 1900-1906*, pp.243-260.

LEYDA, Jay (ed.). *Before Hollywood: Turn-of-the-Century American film*, New York, Hudson Hills Press/American Federation of Arts, 1987.

LOUGHNEY, Patrick G. "In the Beginning Was the Word: Six Pre-Griffith Motion Picture Scenarios", in Thomas ELSAESSER (ed.), *Early Cinema: Space-Frame-Narrative*, pp. 211-219. Publicado antes em *Iris*, volume 2, número 1, 1984.

LOWRY, Edward. "Edwin J. Hadley: Traveling Film Exhibitor", in John FELL (ed.), *Film Before Griffith*, pp.131-143. Publicado antes em *Cinema Journal*, volume 28, número 3, Evanston, Society for Cinema Studies, verão 1976.

MACHADO, Arlindo. "O video e sua linguagem", *Revista USP*, Dossiê Palavra/ Imagem, número 16, São Paulo, Universidade de São Paulo, dezembro/ janeiro/fevereiro 1992-1993, pp. 6-17.

MACHADO, Arlindo. *A arte do vídeo*, 226p., 2ªed., São Paulo, Brasiliense, 1990.

MACHADO, Arlindo. *A ilusão especular: uma introdução à fotografia*, 2ª. edição inédita, revista e ampliada, São Paulo, 1988, datilogr.

MACHADO, Arlindo. *A imagem eletrônica: problemas de representação*, Face, volume 2, número 1, São Paulo, Educ, Janeiro/Junho 1989, pp. 69-81.

MACHADO, Arlindo. *Máquina e imaginário: o desafio das poéticas tecnológicas*, 1ed, 315p., São Paulo, Editora da Universidade de São Paulo, 1993.

MACHADO, Arlindo. *Pré-cinemas & pós-cinemas* (Coleção Campo Imagético), Campinas, Papirus, 1997.

MALTHÉTE, Jacques. "Méliès et la couleur" in Madeleine MALTHÊTE-MÉLIÈS (ed.), *Méliès et la naissance du spetacle cinématographique*, pp.185-

197. Publicado antes como "Coleurs, coloris, colorants des '*star films*'", *Les cahiers de la cinemathèque*, Cinéma et Histoire, Histoire du Cinéma II, número 35/36, 1982, Perpignan, pp. 156-159.

MALTHÊTE, Jacques. "Méliès, technicien du collage" in Madeleine MALTHÊTE-MÉLIÈS (ed.), *Méliès et la naissance du spetacle cinématographique*, pp. 169-184. Publicado antes como "Les collages dans les 'star' films", *Les cahiers de la cinemathèque*, Cinéma et Histoire, Histoire du Cinéma II, número 35/36, 1982, Perpignan, pp. 145-155.

MALTHÊTE, Jacques. "Mephisto-Méliès et les thèmes religieux chers à Pathé», in Roland COSANDEY, André GAUDREAULT, Tom GUNNING (eds.), *Une invention du diable? Cinéma des premiers temps et religion - An Invention of the Devil? Religion and Early Cinema*, pp.223-229.

MALTHÊTE-MÉLIES, Madeleine (ed.). *Méliès et la naissance du spetacle cinématographique*, Paris, Klincksieck, 1984. Comunicações apresentadas no colóquio "Méliès et la naissance du spetacle cinématographique" realizado no Centre Culturel Internationale de Cerisy-la-Salle, de 6 a 16 de agosto de 1981.

MALTHÊTE-MÉLIÈS, Madeleine. "L'affaire Dreyfuss de G. Méliès (1899)", *Les cahiers de la cinemathèque*, Cinéma et Histoire, Histoire du Cinéma II, número 35/36, 1982, Perpignan, pp. 166-168.

MANNONI, Laurent. "George William de Bedts et la commercialization de la chronophotographie" in Jean A. GILI, Michèle LAGNY, Michel MARIE, Vincent PINEL (eds.), *Les vingt premières années du cinéma français*, Atas do colóquio internacional da Sorbonne Nouvelle - 4,5 e 6 de novembro de 1993, Paris, Presses de la Sorbonne Nouvelle, 1995, pp. 39-51.

MANNONI, Laurent. "Une féerie de 1896: La biche au bois", *Cinémathèque*, volume 10, outono 1996, Paris, Cinemathèque Française, pp. 117-123.

MANNONI, Laurent. *Le grand art de la lumière et de l'ombre: archéologie du cinéma* (prefácio de David ROBINSON), (Collection "réf", Série "Cinéma") Paris, Nathan, 1995.

MANNONI, Laurent. *Trois siècles de cinema: de la lanterne magique au Cinématographe*, (Collections de la cinemathèque française), Paris, Éditions de la Réunion des musées nationaux, 1995.

MARIE, Michel. "La scène des fantasmes originaires", in André GAUDREAULT (ed.), *Ce que je vois dans mon ciné... La representation du régard dans le cinéma des premiers temps*, pp. 61-65.

MAYNE, Judith. "Female Narration, Women's Cinema", *New German Critique*, número 24-25, outono/inverno 1981-2, Milwaukee, University of Wisconsin, pp. 155-171.

MAYNE, Judith. "The Woman at the Keyhole: Women's Cinema and Feminist Criticism", *New German Critique*, número 23, primavera/verão 1981, Milwaukee, University of Wisconsin, pp. 27-43.

MAYNE, Judith. "Uncovering the female body", in Jay LEYDA, *Before Hollywood: Turn-of-the-Century American Film*, pp. 63-67.

MAYNE, Judith. *Cinema and Spectatorship*, 1ed. (Sightline Series), London/ New York, Routledge, 1993.

MAYNE, Judith. *The Woman at the Keyhole: Feminism and Women's Cinema*, 1ed. (Theories of Representation and Difference, general editor Teresa de Laurentis), Bloomington/Indianapolis, Indiana University Press, 1990.

McNAMARA, Brooks. "Scene Design and the Early Film", in Jay LEYDA, *Before Hollywood: Turn-of-the-Century American Film*, pp. 51-56.

METZ, Christian. *O significante imaginário: psicanálise e cinema* (tradução de Antonio Durão), 311p. (Horizonte de Cinema, 4), Lisboa, Livros Horizonte, 1980.

MITRY, Jean. "Le montage dans les films de Georges Méliès", in Madeleine MALTHÊTE-MÉLIÈS (ed.), *Méliès et la naissance du spetacle cinématographique*, pp. 149-155.

MITRY, Jean. *Esthétique et psychologie du cinéma*, 2 vols, Paris, Éditions Universitaires, 1968.

MITRY, Jean. *Histoire du cinéma - Art et industrie, Volume 1: 1895-1914* (Encyclopédie universitaire), Paris, Éditions Universitaires, 1967.

MOTTET, Jean (ed.). *D.W.Griffith: Colloque International*, 335p., Paris, Publications de La Sorbonne/ Éditions L'Harmattan, 1984.

MUSSER, Charles e Hiroshi KOMATSU. "Added Attraction: Benshi Search", *Wide Angle*, volume IX, Number 2, Baltimore, John Hopkins University Press, 1987, pp. 72-90.

MUSSER, Charles. "Another Look at the 'Chaser Theory'", *Studies in Visual Communication*, Journal of the Society for the Anthropology of Visual Communication, volume 10, número 4, outono 1984, pp. 24-44, Philadelphia, Annenberg School Press (University of Pensylvania.

MUSSER, Charles. "Early Cinema of Edwin Porter", in Roger HOLMAN (ed.), *Cinema 1900-1906*, 1982, pp.261-280. Publicado antes em *Cinema Journal*, volume XIX, número 1, outono 1979, Evanston, Society for Cinema Studies, pp.1-37, e também como "Les débuts d'Edwin S. Porter" (tradução de André Morency e André Gaudreaut), *Les cahiers de la cinemathèque*, Le cinéma des premiers temps (1900-1906), número 29, inverno 1979, Perpignan, pp. 127-151.

MUSSER, Charles. "Les Passions et les Mystères de la Passion aux États-Unis (1880-1900)" (traduzido do inglês por Jean Châteauvert e André Gaudreault), in Roland COSANDEY, André GAUDREAULT, Tom GUNNING (eds.), *Une invention du diable? Cinéma des premiers temps et religion - An Invention of the Devil? Religion and Early Cinema*, pp. 145-186.

MUSSER, Charles. "Passions and the Passion Play: Theatre, Film and Religion in America, 1880-1900", *Film History*, volume 5, 1993, pp. 419 456.

MUSSER, Charles. "Pre-Classical American Cinema: Its Changing Modes of Film Production", *Persistence of Vision*, The Journal of the Film Faculty of the City University of New York, Early Cinema - From Origins to 1913 (número editado por Tom Gunning), número 9, 1991, New York, pp. 46-65.

MUSSER, Charles. "Rethinking Early Cinema: Cinema of Attractions and Narrativity", *The Yale Journal of Criticism*, volume 7, número 2, 1994, pp. 203-232.

MUSSER, Charles. "Symposium: Cinema 1900-1906, Session 3, Charles Musser, United States", in Roger HOLMAN (ed), *Cinema 1900-1906*, volume 1, pp. 53-60.

MUSSER, Charles. "The American Vitagraph, 1897-1901: Survival and Success in a Competitive Industry", in John FELL (ed.), *Film Before Griffith*, pp. 22-66. Publicado antes em *Cinema Journal*, volume 22, número 3, Evanston, Society for Cinema Studies, primavera 1983, pp. 4-46.

MUSSER, Charles. "The Changing Status of the Film Actor", in Jay LEYDA, *Before Hollywood: Turn-of-The-Century American Film*, pp. 57-62.

MUSSER, Charles. "The Great Train Robbery & Other Primary Works", texto que acompanha o volume 1 da coleção em VHS *The Movies Begin*, New York, Kino International Corp., 1994.

MUSSER, Charles. "The Nickelodeon Era Begins: Establishing the Framework for Hollywood's Mode of Representation", in Thomas ELSAESSER (ed.), *Early Cinema: Space-Frame-Narrative*, pp. 256-273. Publicado antes em *Framework*, outono 1984.

MUSSER, Charles. "The Travel Genre in 1903-1904: Moving Towards Ficcional Narrative", in Thomas ELSAESSER (ed.), *Early Cinema: Space-Frame-Narrative*, pp. 123-132. Publicado antes em *Iris*, volume 2, número 1, 1984.

MUSSER, Charles. *Before the Nickelodeon: Edwin S. Porter and the Edison Manufacturing Company*, 1ª ed. (The UCLA Film and Television Archive Studies in History, Criticism and Theory), Berkeley, University of California Press, 1991.

MUSSER, Charles. *High-Class Moving Pictures: Lyman H. Howe and the Forgotten Era of Traveling Exhibition, 1880-1920* (in collaboration with Carol Nelson), Princeton, Princeton University Press, 1991.

MUSSER, Charles. *The Emergence of Cinema: The American Screen to 1907*, 1ª ed. (History of the American Cinema, vol. 1, Charles HARPOLE, editor geral), New York/Toronto/Oxford, Charles Scribner's Sons/ Collier Macmillan/Maxwell Macmillan, 1990.

NEMESKÜRTY, Istvan. "In the Beginning, 1896-1911", in John FELL (ed.), *Film Before Griffith*, pp.75-80. Publicado antes em *Word and Image: History of the Hungarian Cinema*, Budapest, Corvina Press, 1968.

NIVER, Kemp. *Early Motion Pictures: The Paper Print Collection in the Library of Congress*, (editado por Bebe Bergstein, introdução de Erik Barnouw), Washington D.C., Library of Congress; Motion picture, Broadcasting, and Recorded Sound Division, 1985.

NOWELL-SMITH, Geoffrey (ed.), *The Oxford History of World Cinema*, Oxford, Oxford University Press, 1996.

OMAR, Arthur. O antidocumentário, provisoriamente, *Revista Vozes*, número 6, agosto de 1978.

OUDART, Jean-Pierre. "La suture", *Cahiers du cinéma*, número 211, abril 1969, pp. 36-39; e número 212, maio 1969, pp. 50-55.

PEARSON, Roberta. "Early Cinema" in Geoffrey NOWELL-SMITH (ed.), *The Oxford History of World Cinema*, pp.13-23.

PEARSON, Roberta. "Transitional Cinema" in Geoffrey NOWELL-SMITH (ed.), *The Oxford History of World Cinema*, pp. 23-42.

PETERSON, Jennifer. *World Pictures: Travelogue Films and the Lure of Exotic, 1890-1920*, PhD Dissertation, Department of English, University of Chicago, 16 November 1998.

POLAN, Dana. *"How it Feels to Be Run Over* et le regard au spectateur", in André GAUDREAULT (ed.), *Ce que je vois de mon ciné... La representation du régard dans le cinéma des premiers temps*, pp.45-48.

PREFEITURA DO MUNICÍPIO DE SÃO PAULO, Secretaria Municipal de Cultura, Departamento do Patrimônio Histórico. *O direito a memória: patrimônio histórico e cidadania*, São Paulo, Departamento do Patrimônio Histórico, 1992.

PUISEUX, Hélène. "Un voyage à travers l'histoire: une lecture sociale des films de Méliès", in Madeleine MALTHÊTE-MÉLIèS (ed.), *Méliès et la naissance du spetacle cinématographique*, pp.23-35.

QUEVRAIN, Anne Marie. "À la découverte de Méliès: 'Le voyage dans la lune' (1902)", *Les cahiers de la cinemathèque*, Cinéma et Histoire, Histoire du Cinéma II, número 35/36, 1982, Perpignan, pp. 160-165.

SADOUL, Georges. "English Influence of the Work of Edwin S. Porter" (traduzido por Yvonne Templin), *Hollywood Quarterly*, volume 3 (1947-1948), número 3, outono 1947, pp. 41-50, Berkeley/Los Angeles, University of California Press.

SADOUL, Georges. *Georges Méliès*, 239p. (Cinéma d'aujourd'hui, 1), Paris, Éditions Seghers, 1961.

SADOUL, Georges. *Histoire générale du cinéma, Tome I: L'invention du cinéma 1832-1897*, segunda edição revista e aumentada, Paris, Les Éditions Denoël, 1948.

SADOUL, Georges. *História do cinema mundial*, (tradução de Sônia Salles Gomes) 2 vols., São Paulo, Livraria Martins Editora, 1963

SADOUL, Georges. *Louis Lumière*, 189p. (Cinéma d'aujourd'hui, 29), Paris, Éditions Seghers, 1964.

SALT, Barry. "Early German Film: The Stylistics in Comparative Context" in Thomas ELSAESSER (ed.), *The Second Life: German Cinema's First Decades*, Amsterdam University Press, pp. 225-236.

SALT, Barry. "Film Form 1900-1906", in Thomas ELSAESSER (ed.), *Early Cinema: Space-Frame-Narrative*, pp.31-44. Publicado antes em *Sight and Sound*, volume 47, número 3, verão 1978, pp. 148-153; e também como "Evolution of the Film Form Up to 1906", in Roger HOLMAN (ed.), *Cinema 1900/1906*, pp. 281-296.

SALT, Barry. "The Early Development of Film Form", in John FELL (ed.), *Film Before Griffith*, pp. 284-298.

SALT, Barry. *Film Style and Technology: History and Analysis*, segunda edição aumentada (primeira edição em 1983), London, Starword, 1992.

SANTAELLA, Lúcia. *Cultura das mídias*, São Paulo, Razão Social, 1992.

SANTAELLA, Lúcia. "Por uma classificação da linguagem visual", *Face*, volume 2, número 1, São Paulo, Educ, janeiro/junho 1989, pp. 43-67.

SAUVAGE, Leo. *L'affaire Lumière, enquête sur les origines du cinéma*, (coleção "Le cinéma et son histoire"), Paris, Éditions Pierre Lherminier, 1985.

SCHWARTZ, Vanessa R. "Cinematic Spectatorship before the Apparatus: The Public Taste for Reality in *Fin-de siècle* Paris", in Leo CHARNEY e Vanessa R. SCHWARTZ (eds.), *Cinema and the Invention of Modern Life*. O livro foi publicado em portugês como *O cinema e a invenção da vida moderna*, São Paulo, Cosac & Naify, 2000.

SHIVELBUSCH, Wolfgang. *The Railway Journey: Trains and Travel in the 19th Century*, translated from german by Anselm Hollo, 213p., New York, Urizen Press, 1977.

SINGER, Ben. "Female Power in the Serial-Queen Melodrama: The Etiology of an Anomaly", *Camera Obscura*, Feminism and Film History (Special Issue Editors: Lea Jacobs & Patrice Petro), número 22, janeiro 1990, Rochester, Johns Hopkins University Press, pp. 91-129.

SINGER, Ben. "Fiction Tie-ins and Narrative Inteligibility 1911-18", *Film History*, volume 5, número 4, 1993, pp. 489-504.

SINGER, Ben. "Manhattan Nickelodeons: New Data on Audiences and Exhibitors", *Cinema Journal*, volume 34, número 3, primavera 1995, pp. 5-35.

SINGER, Ben. "Modernity, Hyper-Stimulus and the Rise of Popular Entertainment" in Leo CHARNEY e Vanessa R. SCHWARTZ (eds.), *Cinema and the Invention of Modern Life*, pp. 72-99.

SINGER, Ben. "Serials", in Geoffrey NOWELL-SMITH (ed.), *The Oxford History if World Cinema*, pp. 105-111.

SKLAR, Robert. *História social do cinema americano* (tradução de Octávio Mendes Cajado). São Paulo, Editora Cultrix, 1978.

SLOAN, Willian (ed.). *Circulating film library catalog*. New York, The Museum of Modern Art, 1984.

SOPOCY, Martin. "James Williamson: American View", in Roger HOLMAN (ed.), *Cinema 1900/1906*, 1982, pp. 297-329. Publicado antes em *Cinema Journal*, Evanston, Society for Cinema Studies, outono 1978; e também como "Un cinéma avec narrateur: les premiers films narratifs de James A. Williamson", *Les cahiers de la cinemathèque*, Le cinéma des premiers temps (1900-1906), (número editado por André GAUDREAULT), número 29, inverno 1979, Perpignan, pp. 108-126.

SPEHR, Paul C. "La production cinématographique à la Biograph, entre 1900 et 1906", *Les cahiers de la cinémathèque*, Le cinéma des premiers temps (1900-1906), número 29, inverno 1979, Perpignan, pp. 152-159. Publicado depois como "Film Making at the American Mutoscope and Biograph Company 1900-1906" em Roger HOLMAN (ed.) *Cinema 1900-1906*, pp. 321-329 e em *Quarterly Journal of the Library of Congress*, verão-outono 1980

SPEHR, Paul C. *The Movies Begin, Making Movies in New Jersey 1887-1920*, New York, Morgan Press, 1977.

STREBEL, Elisabeth Grottle. "Imperialist Iconography of Anglo-Boer War Film Footage", in John FELL (ed.), *Film Before Griffith*, pp. 258-363. Publicado antes como "Primitive Propaganda: The Boer War Films", *Sight and Sound*, volume 46, número 1, London, BFI, inverno 1976-1977, pp. 45-47.

SUTHERLAND, Allan T. "The Yorkshire Pioneers" in John FELL (ed.), *Film Before Griffith*, pp. 92-98. Publicado antes em *Sight and Sound*, volume 46, número 1, London, BFI, inverno 1976-1977, pp. 48-51.

TOULET, Emmanuelle. "Avignon: panorama du cinéma mondial de 1895 a 1915", *Positif*, (Dossier: Les Primitifs), número 299, janeiro 1986, pp.45-47, Paris, Nouvelles Editions Opta.

TOULET, Emmanuelle. "Cinema at the Universal Exposition", *Persistence of Vision*, The Journal of the Film Faculty of the City University of New York, Early Cinema - From Origins to 1913, número 9, 1991, New York, pp. 10-36.

TSIVIAN, Yuri. "Censure Bans on Religious Subjects in Russian Films", in Roland COSANDEY, André GAUDREAULT, Tom GUNNING (eds.), *Une invention du diable? Cinéma des premiers temps et religion - An Invention of the Devil? Religion and Early Cinema*, pp. 71-80.

TSIVIAN, Yuri. "The Tango in Russia", *Experiment*, volume 2, pp.307-335.

TSIVIAN, Yuri. "Yevgeni Bauer", in Geoffrey NOWELL-SMITH (ed.), *The Oxford History if World Cinema*, pp.160-161.

TSIVIAN, Yuri. *Early Cinema in Russia and its Cultural Reception*, Chicago, University of Chicago Press, 1994.

VARDAC, A. Nicholas. *Stage to Screen - Theatrical Origins of Early Film: David Garrick to D.W. Griffith*, New York, Da Capo Press, s/d.

WALLER, Gregory A. "Situating Motion Pictures in the Prenickelodeon Period: Lexington, Kentucky, 1897-1906", *The Velvet Light Trap*, número 5, primavera 1990, pp.12-28.

WILLIAMS, Alan. "The Lumière Organization and 'Documentary Realism'", in John FELL (ed.), *Film Before Griffith*, pp. 153-161.

WILLIAMS, Rosalind. *Dream Worlds: Mass Consumption in Late Nineteenth-Century France*, Berkeley, University of California Press, 1982.

XAVIER, Ismail. *A experiência do cinema*, 1ª ed. (coleção Arte e Cultura, 5), Rio de Janeiro, Edições Graal/Embrafilme, 1983.

XAVIER, Ismail. *D.W.Griffith: o nascimento de um cinema*, (Encanto Radical, 59) São Paulo, Brasiliense, 1984.

XAVIER, Ismail. *O discurso cinematográfico: a opacidade e a transparência*, (Cinema, 4) Rio de Janeiro, Paz e Terra, 1977.

XAVIER, Ismail. *Sétima arte: um culto moderno*, (Debates, 142) São Paulo, Perspectiva, 1978.

Filmografia citada

Os tempos de duração indicados são aproximados.

A search for evidence (1903)
(À procura da evidência)
American Mutoscope and Biograph Company, EUA, 2'33"
Fotografado por G.W.Bitzer

Annabelle butterfly dance (início de 1895)
(A dança da borboleta de Annabelle)
Edison Manufacturing Company, EUA, 19'
Fotografado por W.K.L.Dickson e William Heise, atua Annabelle Whitford Moore

Annabelle serpentine dance (início de 1895)
(A dança da serpentina de Annabelle)
Edison Manufacturing Company, EUA, 29'
Fotografado por W.K.L.Dickson e William Heise, atua Annabelle Whitford Moore

Arrivée d´un train en gare à la Ciotat (1895)
(A chegada do trem a estação de Ciotat)
Société Lumiere. França. 52'
Fotografado por Louis Lumiere

As seen through a telescope (1900)
(Visto pelo telescópio)
George Albert Smith, GB, 1'07"
Fotografado por G.A. Smith

Attack on a china mission (1900)
(Ataque à missão chinesa)
Williamson's Kinematograph Company, GB. 1'14"
Fotografado por James Williamson

Baignade en mer (1895)
(Banho de mar)
Société Lumière, França, 52"
Fotografado por Louis Lumière

Battle of Manila Bay (maio de 1898)
(A batalha da baía de Manilha)
American Vitagraph Company, EUA, 1'06"
Produzido por J. Stuart Blackston e Albert Smith

Burglar on the roof (1898)
(Ladrão no telhado)
American Vitagraph Company, EUA, 1'35"
Produzido por J. Stuart Blackton; atuam Blackton como o ladrão, Mrs. Olsen (mulher do zelador do prédio do estúdio), empregados da Vitagraph e amigos (Charles Urban inclusive)

Circular panorama of Electric Tower (1901)
(Panorama circular da torre elétrica)
Edison Manufacturing Company, EUA,
1'16"
Fotografado por Edwin S. Porter

Cock fight (dezembro 1896)
(Briga de galo)
Edison Manufacturing Company, EUA,
46"
Fotografado por James White e William
Heise

Demolition d'un mur (início de 1896)
(Demolição de um muro)
Société Lumière, França, 54" (1'21")
Fotografado por Louis Lumière

Desperate poaching affray (1903)
(A violenta briga dos caçadores clandes-
tinos)
Haggar and sons, GB, 2'44"
Dirigido por Walter Haggar

Dragoons traversant la Saône a nage (1896)
(Dragões atravessando o rio Saône a nado)
Société Lumière, França, 47"

Eletrocuting an elephant (janeiro de 1903)
(Eletrocutando um elefante)
Edison Manufacturing Company, EUA,
56"
Fotografado por Edwin S. Porter ou Jacob
Blair Smith

*Execution of Czolgosz with panorama of Auburn
Prision* (1901)
(A execução de Czolgosz, com panorama
da prisão de Auburn)
Edison Manufacturing Company, EUA
Fotografado por Edwin S. Porter

Explosion of a motor car (1900)
(Explosão de um veículo motorizado)
Hepworth Manufacturing Company, GB,
1'29"
Dirigido por Cecil Hepworth

Extraordinary cab accident (1903)
(O extraordinário acidente com o táxi)
R. W. Paul, GB, 51"

Feeding the doves (outubro 1896)
(Alimentando as pombas)
Edison Manufacturing Company, EUA, 25"
Fotografado por James White e William
Heise

Fire in a burlesque theater (1904)
(Incêndio no teatro burlesco)
American Mutoscope and Biograph
Company, EUA, 41"
Fotografado por A. E. Weed

From the manger to the cross (1912)
(Da mangedoura à cruz)
Kalem Company, EUA

Grandma's reading glass (1900)
(A lente de aumento da vovó)

George Albert Smith, GB, 1'26"
Fotografado por G. A. Smith

Hooligan in jail (1903)
(Hooligan na prisão)
American Mutoscope and Biograph Company, EUA
Fotografado por G. W. Bitzer

How they rob men in chicago (1900)
(Como eles assaltam as pessoas em Chicago)
American Mutoscope and Biograph Company, EUA, 23"
Produzido por Wallace McCutcheon, fotografado por Arthur Marvin

Interior N. Y. subway, 14ᵗʰ Street to 42ⁿᵈ Street (maio-junho de 1905)
(Interior do metrô de Nova York, da Rua 14 até a Rua 42)
American Mutoscope and Biograph Company, EUA, 4'07"
Fotografado por G. W. Bitzer

Judith of Bethulia (1913)
(Judith de Bethulia)
American Mutoscope and Biograph Company, EUA
Dirigido por D. W. Griffith

L'arroseur arrosé (1895)
(O regador regado)
Société Lumière, França
Fotografado por Louis Lumière

L'homme à la tête de caoutchouc (1902)
(O homem da cabeça de borracha)
Star Film, França, 34"
Dirigido por Georges Méliès

La revolution en Russie (1905)
(A revolução na Rússia)
Pathé Frères, França, 3'41"
Dirigido por Lucien Nouquet

La sirène (1902)
(A sereia)
Star Film, França, 4'01"
Dirigido por Georges Méliès

Ladies' skirts nailed to a fence (1900)
(As saias das senhoras pregadas na cerca)
Bomforth and Company, Ltd., GB, 1'14"

Le melomâne (1903)
(O melômano)
Star Film, França
Dirigido por Georges Méliès

Le spectre rouge (1906)
(O espectro vermelho)
Pathé Frères, França
Dirigido por Segundo de Chomon

Le voyage à travers l'impossible (1904)
(Viagem através do impossível)
Star Film, França, 20'04"
Dirigido por Georges Méliès

Le tripot clandestin (1905)
(O cassino clandestino)
Star Film, França
Dirigido por Georges Méliès

Les cartes vivantes (1905)
(As cartas vivas de baralho)
Star Film, França, 2'49"
Dirigido por Georges Méliès

Life of an American fireman (1903)
(A vida de um bombeiro americano)
Edison Manufacturing Company, EUA,
4'28"
Fotografado por Edwin S. Porter

Lost in the Alps (1907)
(Perdido nos Alpes)
Edison Manufacturing Company, EUA
Fotografado por Edwin S. Porter

Mary Jane's mishap, or don't fool with paraffin
(1903)
(O acidente de Mary Jane, ou não brinque
com querosene)
George Albert Smith, GB, 3'46"
Fotografado por G. A. Smith, atua Mrs.
G. A. Smith)

McKinley at home (1896)
(O presidente Mckinley em sua casa)
American Mutoscope and Biograph
Company, EUA, 40"
Fotografado por W. K. L. Dickson

Next! (novembro de 1903)
(O próximo!)
American Mutoscope and Biograph
Company, EUA, 19"
Produzido por Wallace McCucheon e
Frank Marion
Fotografado por A. E. Weed

Niagara, les chutes (setembro de 1896)
(As cataratas de Niagara)
Societé Lumière, França, 46"
Fotografado por Alexandre Promio

Paisa (1946)
Itália
Dirigido por Roberto Rosselini

Panorama des rives du Nil (1895)
(Panorama das margens do Rio Nilo)
Société Lumière, França

Panorama of esplanade by night (1901)
(Panorama noturno da esplanada)
Edison Manufacturing Company, EUA, 42"
Fotografado por Edwin S. Porter

Panorama of Flatiron Building (1903)
(Panorama do Edifício Flatiron)
American Mutoscope and Biograph
Company, EUA, 27"

Par le trou de serrure (1901)
(Pelo buraco da fechadura)
Pathe Frères, França, 1'49"

Personal (1904)
(Anúncio classificado)
American Mutoscope and Biograph Company, EUA, 5'14"
Dirigido por Wallace McCutcheon

Photographing a female crook (1904)
(Fotografando a vigarista)
American Mutoscope and Biograph Company, EUA
Produzido por Wallace McCutcheon e fotografado por A. E. Weed

Reproduction of the Corbett-Fitzsimmons fight (1897)
(Reprodução da luta entre Corbett e Fitzsimmons)
Sigmund Lubin Manufacturing Company, EUA

Révolution en Russie (1905)
(Revolução na Rússia)
Pathé, Nouquet

Rescued by Rover (1905)
(Salvo pelo Rover)
Hepworth Manufacturing Company, GB, 6'28"
Dirigido por Cecil Hepworth e Lewin Fitzhammon

Rough sea at Dover (1895)
(Mar agitado em Dover)
Birt Acres, GB. 33"

Rube and Mandy at Coney Island (agosto de 1904)
(Rube e Mandy em Coney Island)
Edison Manufacturing Company, EUA, 4'38"
Produzido e fotografado por Edwin S. Porter

Sandow (março 1894)
(Sandow)
Edison Manufacturing Company, EUA, 22"
Fotografado por W. K. L. Dickson e William Heise

Scenes of the wreckage from the waterfront (setembro de 1900)
(Cenas dos escombros vista a partir do porto)
Sigmund Lubin Manufacturing Company, EUA, 47"
Fotografado por J. Blair Smith

Serpentine dance (1896)
(A dança da serpentina)
Edison Manufacturing Company, EUA, 21"
Fotografado por William Heise

Searching ruins on Broadway, Galveston, for dead bodies (setembro 1900)
(Procurando corpos nas ruínas da Rua Broadway, em Galveston)
American Vitagraph Company, EUA, 1'43"
Produzido por J. Stuart Blackton e Albert Smith

Smashing a Jersey mosquito (1902)
(Matando um pernilongo em Jersey)
Edison Manufacturing Company, EUA, 1'06"
Produzido e fotografado por Edwin S. Porter

Sorcellerie culinaire (1904)
(Feitiçaria culinária)
Star Film, França, 4'32"
Dirigido por Georges Méliès

Sortie d'usine (julho de 1895)
(A saída da fábrica)
Société Lumière, França, 49"
Fotografado por Louis Lumière

Stella and Stanley breaking the ice (1987)
(Stella e Stanley quebrando o gelo)
Symbolics
Concepção de Craig Reynolds

Stop thief! (1901)
(Pega ladrão!)
Williamson´s Kinematograph Company, GB, 1'37"
Fotografado por James Williamson

That fatal sneeze (1905)
(O espirro fatal)
Hepworth Manufacturing Company, GB, 5'39"
Dirigido por Lewin Fitzhammon

The bank robbery (1908)
(O roubo do banco)
Oklahoma Natural Mutuscente Company, EUA, 9'06"

The big swallow (1901)
(A grande engolida)
Williamson's Kinematograph Company, GB, 1'04"
Fotografado por James Williamson

The bold bank robbery (1904)
(O audacioso roubo de banco)
Sigmund Lubn Manufacturing Company, EUA, 6'06"

The Corbett-Fitzsimmons fight (1897)
(A luta entre Corbett e Fitzsimmons)
Veriscope Company
Atuam os lutadores Robert Fitzsimmons e James Corbett

The European rest cure (julho de 1904)
(A viagem de repouso para a Europa)
Edison Manufacturing Company, EUA, 8'18"
Fotografado por Edwin S. Porter

The eviction (1904)
(O despejo)
Hepworth Manufacturing Company, GB, 2'28"

The four seasons (1904)
(As quatro estações)
American Mutoscope and Biograph Company, EUA
Fotografado por G. W. Bitzer

The gay shoe clerk (1903)
(O animado vendedor de sapatos)
Edison Manufacturing Company, EUA,
1'19"
Produzido e fotografado por Edwin S. Porter

The great train robbery (novembro-dezembro de 1903)
(O grande roubo do trem)
Edison Manufacturing Company, EUA, 10'20"
Fotografado por Edwin S. Porter

The hold-up of the Rocky Mountain Express (abril de 1906)
(O assalto no Expresso da Montanha Rochosa)
American Mutoscope and Biograph Company, EUA, 6'19"
Produzido por Frank Marion, fotografado por G. W. Bitzer

The cleptomaniac (1905)
(A cleptomaníaca)
Edison Manufacturing Company, EUA,
4'22"
Fotografado por Edwin S. Porter

The lost child (1904)
(A criança desaparecida)
American Mutoscope and Biograph Company, EUA, 6'36"

The martyred presidents (1901)
(Os presidentes assassinados)
Edison Manufacturing Company, EUA,
39"
Fotografado por Edwin S. Porter

The Passion Play of Oberammergau (1898)
(A paixão de Cristo de Oberammergau)
Eden Musée, EUA
Fotografado por William Paley, dirigido por Henry C. Vincent, produzido por Richard Hollaman e Albert Eaves

The seven ages (1905)
(As sete idades)
Edison Manufacturing Company, EUA,
4'43"
Fotografado por Edwin S. Porter

The story the Biograph told (1904)
(A história que o Biograph contou)
American Mutoscope and Biograph Company, EUA, 3'16"
Produzido por Wallace McCutcheon e fotografado por A. E. Weed

The suburbanite (outubro-novembro 1904)
(Os suburbanos)
American Mutoscope and Biograph Company, EUA, 8'13"
Dirigido por Wallace McCutcheon, fotografado por A. E. Weed, roteirizado por Frank Marion e/ou W. McCutcheon. Atuam John Troiana e prováveis filhos de McCutcheon.

The tunnel workers (1906)
(Os operários do túnel)
American Mutoscope and Biograph Company, EUA, 9'10"
Dirigido por Francis Dobson

The whole Dam family and the Dam dog (1905)
(Toda a família Dam e o cachorro também)
Sigmund Lubin Manufacturing Company, EUA, 1'31"

The widow and the only man (1904)
(A viúva e o solteirão)
American Mutoscope and Biograph Company, EUA, 8'57"

Three American beauties (março-maio de 1906)
(Três belezas americanas)
Edison Manufacturing Company, EUA, 41"
Produzido por Edwin S. Porter e Wallace McCutcheon e fotografado por Edwin S. Porter

Tom, Tom, the piper's son (1905)
(Tom, Tom, o filho do flautista)
American Mutoscope and Biograph Company, EUA, 7'36"
Fotografado por Billy Bitzer

Uncle Josh at the moving picture show (1902)
(Tio Josh na sessão de cinema)
Edison Manufacturing Company, EUA, 1'27"
Dirigido por Edwin Porter

Uncle Tom´s cabin (1903)
(A cabana do pai Tomás)
Edison Manufacturing Company, EUA, 13'49"
Dirigido por Edwin Porter

Visite sous-marine du "Maine" (1898)
(Visita submarina ao "Maine")
Star Film, França, 56'
Realizado por Georges Méliès

Índice Onomástico

Este livro foi composto em
Garamond corpo 12 e impresso em
papel pólen bold 80 g/m2 pela
Imprinta Express Gráfica e Editora
Ltda. em novembro de 2005.
Tiragem: 1000 exemplares